William R. Miller, Stephen Rollnick

Motivierende Gesprächsführung

LAMBERTUS

William R. Miller, Stephen Rollnick

Motivierende Gesprächsführung

LAMBERTUS

3., unveränderte Auflage 2009

ISBN 978-3-7841-1900-7

Alle Rechte vorbehalten
© 2004, Lambertus-Verlag, Freiburg im Breisgau
Satz: Ursi Aeschbacher, Biel-Bienne (Schweiz)
Umschlag: Nathalie Kupfermann, Bollschweil
Herstellung: Franz X. Stückle, Druck und Verlag, Ettenheim

Bibliografische Information der Deutschen Bibliothek

Die Deutsche Bibliothek verzeichnet diese Publikation in der Deutschen Nationalbibliografie; detaillierte bibliografische Daten sind im Internet über http://dnb.ddb.de abrufbar.

Inhalt

Vorwort zur deutschen Ausgabe
Rigo Brueck 11

Vorwort der zweiten Ausgabe
William R. Miller, Stephen Rollnick 14

1. WAS MOTIVIERT MENSCHEN, SICH ZU ÄNDERN? 17

Teile des Puzzles *18*
Veränderung als natürlicher Prozess 18
Kurzintervention 19
Dosierung 19
Glaube und Hoffnung 20
Die Einstellung des Beraters 20
Warteliste 23
Change-Talk 25

Das fertige Puzzle: ein motivationales Verständnis
von Veränderung *26*

Absicht, Fähigkeit, Bereitschaft 27
Absicht: wie wichtig ist eine Veränderung 27
Fähigkeit: Zuversicht für eine Veränderung 28
Bereitschaft: eine Sache der Prioritäten 29

Was löst Veränderung aus? *29*

2. AMBIVALENZ – DAS DILEMMA DER VERÄNDERUNG 31

Ich will und ich will nicht *31*
Konflikt und Ambivalenz 32
Entscheidungswaage 33

Das soziale Umfeld *35*
Paradoxe Reaktionen 36
Bereitschaft wozu? 38

INHALT

3. ÄNDERUNG ERLEICHTERN –
DER „ES RICHTEN WOLLEN"-REFLEX 40

Motivation als ein zwischenmenschlicher Prozess 42
Diskrepanzen entwickeln 43
Change-Talk: Selbstmotivierende Sprache 44
Eine Definition der motivierenden Gesprächsführung 46
Einschränkungen der motivierenden Gesprächsführung 48

Integration in andere Behandlungsansätze 50

4. WAS IST MOTIVIERENDE GESPRÄCHSFÜHRUNG? 53

Der spirit der motivierenden Gesprächsführung 53
Partnerschaftlichkeit 53
Evocation 54
Autonomie 54

Wie weit ist der Horizont? 56

Vier allgemeine Prinzipien 57
1. Empathie ausdrücken 58
2. Diskrepanzen entwickeln 59
3. Widerstand umlenken 62
4. Selbstwirksamkeit fördern 64

Zusammenfassung 65

5. VERÄNDERUNG UND WIDERSTAND – ZWEI SEITEN
EINER MEDAILLE 67

Konsonanz und Dissonanz 67

Was erzeugt Dissonanz? 70

Change-Talk und Widerstand 71

Die Rolle des Therapeuten bei Widerstand 76

Zusammenfassung 78

6. PHASE 1: MOTIVATION ZUR VERÄNDERUNG AUFBAUEN 80

Dringlichkeit und Zuversicht 80

Einige vermeidbare frühe Fallen *84*
Die Frage-Antwort-Falle 84
Die Falle, Partei zu ergreifen 85
Die Expertenfalle 91
Die Etikettierungs-Falle 91
Die Falle, sich zu früh auf etwas zu konzentrieren 93
Die Schuldfalle 95

Das Erstgespräch *96*
Der Gesprächsbeginn 96
Die Agenda aufstellen 97

Fünf Strategien für den „Anfang" *98*
1. Offene Fragen stellen 98
2. Aktives Zuhören 102
3. Bestätigen 109
4. Zusammenfassen 110
5. *Change-Talk* hervorrufen 113

Methoden, um change-talk hervorzurufen *116*
Offene Fragen stellen 116
Gebrauch der Dringlichkeitsskala 117
Explorieren der Entscheidungswaage 118
Themen entwickeln 119
Extreme erwägen 119
Zurückblicken 120
In die Zukunft blicken 121
Ziele und Werte ergründen 121

Zusammenfassung *122*

7. AUF *Change-Talk* ANTWORTEN 124

Wann motivierende Gesprächsführung direktiv ist *125*
Change-Talk entwickeln 126
Change-Talk reflektieren 127
Change-Talk zusammenfassen 129
Change-Talk bestätigen 130

Wann motivierende Gesprächsführung nicht direktiv ist *131*
Ambivalenz verdeutlichen 132

INHALT

Werte verdeutlichen *133*
Zusammenfassung *138*

8. AUF WIDERSTAND ANTWORTEN 139

Überlegungen bezüglich Widerstand *139*

Reflektierende Erwiderungen *141*
Einfache Reflexion 141
Verstärkte Reflexion 143
Doppelseitige Reflexion 143

Andere Antworten anstelle von Reflexionen *145*
Den Fokus verändern 145
Umformulieren 146
Zustimmung mit einer Wendung 148
Betonung der persönlichen Wahlfreiheit und Kontrolle 149
Zur Seite treten 150

Das Drama der Veränderung *154*

9. ZUVERSICHT AUFBAUEN 155

Zuversichtsfallen *156*
„Jetzt bin ich an der Reihe" 157
„Alles wird schon in Ordnung gehen" 157
Der Tanz der Hoffnungslosigkeit 157

Hervorrufen und Verstärken von confidence-talk *158*
Hervorrufende Fragen 158
Zuversichtsskala 158
Frühere Erfolge besprechen 159
Persönliche Stärken und soziale Unterstützung 160
Brainstorming 160
Informationen und Ratschläge 162
Umformulieren 162
„Angenommen, dass …" 163
Wie man auf *confidence-talk* reagiert 164
Radikale Veränderung 165

Fallbeispiel *165*

Zusammenfassung *173*

10. PHASE 2: DIE SELBSTVERPFLICHTUNG
FÜR VERÄNDERUNGEN VERSTÄRKEN 174

Bereitschaft erkennen *174*

Gefahren in Phase 2 177
Unterschätzen der Ambivalenz 177
Zu starke Anweisung 177
Ungenügende Hilfestellung 178

Einleitung der Phase 2 .... *178*
Zusammenfassen 178
Schlüsselfragen 179
Informationen und Ratschläge 180

Einen Veränderungsplan aushandeln *183*
1. Ziele setzen 183
2. Veränderungsoptionen erwägen 185
3. Einen Plan erstellen 186
4. Hervorrufen von Selbstverpflichtung 189

Übergang *190*

11. EIN PRAKTISCHES FALLBEISPIEL 191

12. ETHISCHE ÜBERLEGUNGEN 215

Ethische Magenschmerzen in der
motivierenden Gesprächsführung *215*
Die Intentionen des Patienten 216
Die Intentionen des Therapeuten: Mitgefühl,
Meinung und Investition 217
Übereinstimmen der Intentionen 219
Macht und ihr Gebrauch 220

Ethische Komplexität und motivierende Gesprächsführung *221*

Einige Richtlinien für ethisches Vorgehen *226*

Inhalt

13. GEDANKEN ÜBER DAS LERNEN 234
Klienten als Lehrer 236
Zum Gebrauch Ihres „Dissonanz-Detektors" 237
Andere Lernhilfen 238
Zusammenfassung 240

14. LERNEN FÖRDERN 242
Einige Leitprinzipien 243
Praktiziere, was du predigst 243
Auf die Schüler hören 244
Die Expertenfalle vermeiden 245
Vermeidung des Technik-Reflexes 245
Kontakt zum Alltagsleben der Lernenden 246
Passen Sie sich individuellen Lernpräferenzen an 246
Machen Sie es einfach 247

Einige praktische Gesichtspunkte zum Schulen 248
Welche Themen sollten bearbeitet werden? 248
Wie steht es mit den *listening-skills*? 249
Wie wichtig sind Übungen, Rückmeldungen und Rollenspiel? . 250
Abstrakte Prozesse und tägliche Praxis 251

Das Schaffen von Lernmöglichkeiten 252
Nutzen und Grenzen von Workshops 252
Spezielle und hausinterne Lernmöglichkeiten 253

Schulungen evaluieren 256

Veränderung der Kultur 257

LITERATUR 262

DIE AUTOREN 267

DER ÜBERSETZER 267

Vorwort zur deutschen Ausgabe

Rigo Brueck

„Motivational Interviewing" ist weltweit der klassische Leitfaden für alle Therapeuten, die motivierende Gesprächsführung in ihrer Arbeitspraxis einsetzen. Bill Miller und Stephen Rollnick veröffentlichten die zweite Ausgabe von Motivational Interviewing im Frühjahr 2002. Zwischenzeitlich gibt es neue Entwicklungen, die das therapeutische Umfeld spürbar beeinflussen werden: Zum Einen prognostiziert der Innovationsforscher Prof. Everett Rogers für die unmittelbare Zukunft einen sprunghaften Anstieg der Anwendung von motivierender Gesprächsführung in der klinischen Praxis. Zum Anderen diskutiert das Netzwerk der von Miller und Rollnick ausgebildeten Trainer (Motivational Interviewing Network of Trainers, MINT) Maßnahmen, welche die Qualität der Ausbildung von MI-Trainern sichern und den Begriff „Motivational Interviewing" schutzen sollen. Beide Punkte möchte ich ausführen, da sie für alle, die nach Millers und Rollnicks Methode arbeiten, von unmittelbarer Bedeutung sein dürften.

Wie finden neue wissenschaftliche und therapeutische Modelle ihren Weg in die Praxis? Seit über zwanzig Jahren erforscht Prof. Everett Rogers von der University of New Mexico diese Frage und wendet sie auch auf die Verbreitung der motivierenden Gesprächsführung an. Seine Ergebnisse stellte er im September 2003 auf der 10. International Conference on Treatment of Addictive Behaviors (ICTAB) in Heidelberg zur Diskussion.

Prof. Everett Rogers und seine Arbeitsgruppe beschreiben allgemeingültige Muster und Prozesse, die bei solchen Transfers zu erkennen sind – unabhängig davon, ob es sich um die Marktdurchdringung des PC oder eben eine neue Behandlungsmethode für Alkoholkranke handelt.

Prof. Rogers fand heraus, dass ein Innovationstransfer grundsätzlich in drei Phasen verläuft. Stellt man ihn graphisch dar, bleibt die Kurve in der ersten Transferphase recht flach, steigt in der nächsten Phase sehr steil an, um dann in der dritten Phase wieder abzuflachen. Etwa 20% aller Personen der „Zielgruppe" müssen die neue Technologie in der ersten Phase übernehmen, damit es überhaupt zu dem rasanten Wachstum der zweiten Stufe kommt. Laut Rogers Untersuchungen übernehmen in dieser zweiten Phase zusätzlich 60% der Gesamtanwender die neue Technologie, was einem Zuwachs um die 300% entspricht. Die Anlaufphase und die Wachstumsphase dauern etwa gleich lang. Haben 80% der Anwender die Innovation übernommen, bleibt die Marktsituation über einen langen Zeitraum stabil (dritte Phase).

Prof. Rogers richtete sein Augenmerk auch auf die Entwicklung der motivierenden Gesprächsführung (MI). Die erste Veröffentlichung einer Studie über den klinischen Einsatz der motivierenden Gesprächsführung geht auf das Jahr 1983 zurück. Seitdem ist die Wirksamkeit dieser Form der Gesprächsführung in zahlreichen Studien nachgewiesen worden und folglich das Interesse am klinischen Einsatz stetig gewachsen. Nach 20 Jahren des Transfers von motivierender Gesprächsführung in die klinische Praxis, sieht Rogers diesen therapeutischen Ansatz nun kurz vor dem Eintritt in die zweite Phase. Behält er Recht, dann steht MI an der Schwelle einer regelrechten Wachstumsexplosion.

Diese steigende Anfrage nach MI-Therapeuten stellt eine erhebliche Herausforderung für den MINT dar. Qualitätssicherungsmaßnahmen sind nötig, damit der Begriff Motivational Interviewing, beziehungsweise motivierende Gesprächsführung, seine klare Bedeutung behält – und nicht etwa auf Grund zu vieler verschiedener Veränderungen aufgeweicht wird. Hierzu tragen schon heute die zahlreichen Adaptionen des Verfahrens in unterschiedlichen Bereichen der klinischen Forschung und Praxis bei.

Ursprünglich hatten sich die geistigen Väter von MI bewusst für einen offenen Transfer ihres Therapieansatzes entschieden: Sie stellten mit dem Buch eine Beschreibung ihrer Methode zur Verfügung, ohne Auflagen zu machen. Es war im Gegenteil jeder eingeladen, MI weiterzuentwickeln und zu verbreiten. So verzichteten Bill Miller und Stephen Rollnick auf Schutzmarken, Zertifizierungen und exklusive Ausbildungsinstitute. Allerdings wurden sie schon bald nach der Veröffentlichung der ersten Ausgabe ihres Buches im Jahr 1992 von Anfragen für Schulungen überrollt. So sehr, dass die Autoren Multiplikatoren ausbildeten, die sie entlasten sollten. Seitdem findet jährlich eine von den Autoren geleitete Schulung statt, das Training of Trainers (ToT), bei dem Miller und Rollnick ausgesuchte, MI erfahrene Anwender als Multiplikatoren ausbilden. Diese Trainer schlossen sich zum bereits erwähnten Motivational Interview Network of Trainers (MINT) zusammen, das jährlich zum

Austausch von Erfahrungen, Trainingstipps und organisatorischen Notwendigkeiten tagt.
Trotzdem gibt es bislang keine von offizieller Seite oder von Seiten der Autoren anerkannte Zertifizierung von Trainern oder Schulungsleitern. Es ist also grundsätzlich jeder berechtigt, MI-Schulungen anzubieten – ein Umstand, der Wildwuchs fördert und zu deutlichen Qualitätsverlusten führen kann; insbesondere, wenn die Anzahl der MI praktizierenden Therapeuten und Ausbildungsangebote weiterhin so stark wächst.
Für Therapeuten, die sich in MI ausbilden lassen möchten, hat dies erhebliche Nachteile: Ihnen fehlen verlässliche Anhaltspunkte dafür, ob sie einem kompetenten Schulungsleiter gegenübersitzen oder jemandem, dem das tiefere Verständnis oder die klinische Erfahrung fehlt. Der Mangel an objektiven Bewertungskriterien ist auch für Klienten ein Problem: Sie brauchen die Sicherheit, dass sie sich einem kompetenten Therapeuten anvertrauen.
Diese Problematik vor Augen, legten Miller und Rollnick im Sommer 2003 den MINT-Mitgliedern die Aufgabe in die Hände, die Qualität der MI-Ausbildung zu wahren und dem Missbrauch ihres Namens vorzubeugen. Gleichzeitig traten sie von der aktiven Leitung des MINT zurück.
Wie diese Qualitätssicherungsmaßnahmen aussehen können, wird derzeit noch diskutiert. Vorab stellt der MINT eine Liste der von Miller und Rollnick ausgebildeten MINT-Mitglieder zur Verfügung. Diese findet sich auf der Website *www.motivationalinterview.org*. Dort finden Interessierte auch einen Fragenkatalog, der als Orientierungshilfe bei der Trainersuche dient. Die deutschen Mitglieder des MINT sind auf der Seite www.motivationalinterviewing.de zu finden. In der Schweiz hat sich auch eine Interessengemeinschaft motivierende Gesprächsführung (IG-MI) gebildet, die eine Website unterhält: www. motivationalinterviewing.ch.

Freiburg, Oktober 2004

Vorwort der zweiten Ausgabe

William R. Miller, Stephen Rollnick

Es ist zehn Jahre her, seit wir in Sydney (Australien) zusammensaßen und die erste Ausgabe von *Motivierende Gesprächsführung* planten. Vor unserem Treffen im Jahr 1989 arbeiteten wir getrennt in den Vereinigten Staaten und in Großbritannien an Methoden, diesen klinischen Ansatz einzusetzen und zu lernen. Bisher war wenig darüber geschrieben worden und wir stellten uns ein Buch für Kliniker vor, das zusammenführen würde, was nicht nur wir, sondern auch andere über motivierende Gesprächsführung gelernt hatten. Das Ergebnis war ein ungewöhnliches Werk: zur Hälfte selbst verfasst, zur Hälfte editiert. Wir hatten keine Vorstellung, was daraus werden würde.

Als der Verleger (Guilford Press) an uns herantrat, um diese zweite Ausgabe vorzubereiten, hatte sich viel geändert. Im Bereich der Behandlung von abhängigem Verhalten, auf das sich die Originalausgabe konzentrierte, hatte sich die Praxis wesentlich von den konfrontierenden Methoden der siebziger und achtziger Jahre entfernt. In der Zwischenzeit hatte sich die Anwendung der motivierenden Gesprächsführung auch in vielen andere Bereichen, einschließlich allgemeiner medizinischer Behandlungen, Gesundheitsförderung, Sozialarbeit und Vollzugswesen, verbreitet. Wegen des großen Zuwachses an Anfragen nach einem klinischen Training haben wir mehr als 300 Trainer geschult, die ein internationales Netzwerk von MI-Trainern gebildet haben. Die erste Ausgabe wurde in Italienisch, Deutsch, Spanisch, Portugiesisch und Chinesisch herausgegeben und viele andere Übersetzungen sind in Arbeit. Inzwischen gibt es eine Website (www.motivationalinterview.org) und einige Kurzformen dieser klinischen Methode wurden entwickelt.

Auf Grund dieser und anderer Entwicklungen ist dies ein ganz anderes Buch als die erste Ausgabe. Der Fokus wurde von abhängigem Verhalten auf Verhaltensänderung im Allgemeinen erweitert. Mit zehn zusätzlichen Jahren an Erfahrung darin, was Menschen hilft oder sie eher verwirrt, diese klinische Methode zu lernen, haben wir einige Darstellungen ausgefeilt und andere Inhalte, die eher ablenken, ganz weggelassen. Zum Beispiel haben wir diesmal davon abgesehen, Quellen im Text anzugeben und sie eher sparsam in Schlussnoten aufgeführt. Diese und andere Veränderungen sind dazu gedacht, das Buch für eine größere Gruppe von Klinikern zugänglicher und relevanter zu gestalten und gleichzeitig Hinweise für diejenigen, die mehr über den Hintergrund und die Forschungen lesen wollen, beizubehalten.

Die ersten drei Kapitel wurden fast gänzlich neu geschrieben. Die Inhalte, die motivierende Gesprächsführung mit anderen Therapieansätzen vergleichen, wurden fast gänzlich entfernt, ebenso die frühere Gegenüberstellung mit einem konfrontativen Ansatz. Stattdessen konzentrierten wir uns darauf, eine klare Beschreibung dessen zu geben, was die Methode ist, anstelle von dem, was sie *nicht* ist. Fast alles Material über Ansätze, mit denen die motivierende Gesprächsführung oft verwechselt wurde, haben wir gestrichen: FRAMES, Befundrückmeldung, Motivationsaufbautherapie, das Transtheoretische Modell der Veränderung und die Kurzinterventionen. Diese Inhalte werden nun in separaten Kapiteln behandelt.[1]

Wir haben uns einen weiteren Schritt von dem traditionellen Konzept des Widerstandes als motiviertes Abwehrverhalten von Patienten entfernt. Wir stellen nun (in Kapitel 5) *change-talk* (vormals als Selbstmotivierende Aussagen bezeichnet) und Widerstandsverhalten als die zwei Seiten einer Medaille dar, die einfach nur die beiden Pole der Ambivalenz einer Person widerspiegeln. Nach etlichen Überlegungen haben wir uns entschieden, den Terminus „Widerstand" beizubehalten, einerseits weil er so vertraut ist, aber auch, um ihn ein wenig zu rehabilitieren. Andere Alternativen, die wir ausprobiert haben, schienen uns nicht passender oder waren nicht weniger abwertend. *Change-talk* und Widerstand werden nun als komplementäre Verhaltensweisen vorgestellt und es gibt ein Kapitel, das den Umgang mit ihnen beschreibt. Kapitel 7 ist ganz neu hinzugekommen und Kapitel 8 ist eine Überarbeitung unseres früheren Kapitels über den Umgang mit Widerstand. Wir haben das Konzept der paradoxen Intervention fallengelassen, besprechen es aber immer noch und grenzen es von der klinischen Methode der motivierenden Gesprächsführung ab.

Andere Kapitel enthalten neues Material. Diesmal schließen wir eine Definition der motivierenden Gesprächsführung mit ein (Kapitel 4). Ka-

---

[1] Aufgrund der unterschiedlichen Anwendungspraxis wurden diese Kapitel nicht in die deutsche Ausgabe übernommen (Anm. d. Übersetzers).

pitel 9 ist ganz neu und spricht ein Thema an, über das wir vorher fast gänzlich geschwiegen haben: Was sollte man tun, wenn die Dringlichkeit hoch, die Zuversicht aber gering ist? Wir stellen eine Methode zur Förderung der Zuversicht vor, die schon einige bekannte Strategien enthält, sie jedoch in den Kontext der partnerschaftlichen *change-talk* der motivierenden Gesprächsführung einreiht. Im gesamten Buch sind begleitend Fallbeispiele und neue klinische Dialoge integriert, obwohl die ausführlicheren Fallbeispiele (Kapitel 11) mit nur wenigen Änderungen beibehalten wurden. Kapitel 12 ist ein neues Kapitel, in dem es um ethische Aspekte der Anwendung geht.

Die Kapitel 13 und 14 sind fast im Ganzen neu. Anstatt besondere Methoden für Schulungen vorzustellen, haben wir uns darauf konzentriert, wie Menschen die motivierende Gesprächsführung lernen. Wir stellen unsere Gedanken über den Prozess des Lernens in Kapitel 13 vor und zeigen in Kapitel 14 allgemeine Möglichkeiten, das Lernen zu fördern.

1. Was motiviert Menschen, sich zu ändern?

Das Interesse am Thema „Motivation" beginnt oft mit dem Erstaunen darüber, weshalb Menschen sich nicht verändern. Dies ist eine alltägliche Frustration für Lehrer, Ärzte, Therapeuten, Eltern und jene, die im sozialen und juristischen Bereich arbeiten. Es scheint offensichtlich, dass das Verhalten der Person nicht funktioniert oder sogar zu Selbstzerstörung führen könnte. Man sieht einen besseren Weg, die Person bleibt jedoch stur. Am besten lässt sich dies mit den Worten „Eigentlich sollte man meinen …" ausdrücken.

Eigentlich sollte man meinen, ein Herzinfarkt sei genug, jemanden zu überzeugen, mit dem Rauchen aufzuhören, seine Ernährung zu ändern, sich mehr zu bewegen und seine Medikamente einzunehmen.

Eigentlich sollte man meinen, dass häufige schwere Kater, geschädigte Beziehungen, ein Verkehrsunfall und etliche „Filmrisse" genug wären, eine Frau davon zu überzeugen, mit dem Trinken aufzuhören.

Eigentlich sollte man meinen, es müsste jedem Jugendlichen klar sein, dass eine gute Ausbildung wichtig dafür ist, wie man den Rest seines Lebens verbringt.

Eigentlich sollte man meinen, dass die Entbehrungen eines Gefängnisaufenthaltes die Inhaftierten vor weiteren Straftaten abhalten würden.

So sollte man meinen, jedoch sind Unregelmäßigkeiten bei der Einnahme von Medikamenten die Regel, selbst bei lebensbedrohlichen Krankheiten wie Diabetes, Herzkrankheiten und HIV-Infektionen. Es ist das Kennzeichen von abhängigem Verhalten, dass es trotz scheinbar überwältigender Beweise seiner Zerstörungskraft aufrechterhalten wird. Die Härte der Bestrafung zu erhöhen, scheint wenig Abschreckungskraft zu haben. Wir sind nicht immer vernünftige Wesen.
Jedoch halten wir die Frage, warum sich Leute dann doch verändern, für viel produktiver und interessanter, denn Veränderung ist auch die Regel. Mit der Zeit gewöhnen sich Menschen an neue Lebensweisen. Die meisten Menschen mit Alkohol-, Drogen- oder Glücksspielproblemen be-

wältigen diese letzten Endes und führen dann ein relativ normales Leben und das oftmals ohne jegliche Therapie. Sich selbst zum Trotz werden Jugendliche erwachsen. Aber was ist es, das uns aufwachen lässt und eine allmähliche Kursänderung oder gar eine dramatische Umkehr verursacht?
Warum verändern sich Menschen?

TEILE DES PUZZLES

Im Gesundheitswesen arbeitende Menschen neigen zu dem Glauben, dass die Behandlungen die Veränderung verursachen, seien es Beratungen, Therapie, Aufklärung oder sonstige. Unser eigener Weg, der zur Entwicklung der Motivierenden Gesprächsführung führte, begann mit der Behandlung von Alkohol- und Drogenproblemen. Deshalb kommen viele der in diesem Buch verwendeten Beispiele und Forschungsergebnisse aus diesem Bereich. Abhängiges Verhalten ist ein hervorragendes Gebiet, um Phänomene der Verhaltensänderung zu untersuchen. Und die Forschung auf diesem Gebiet hat uns veranlasst, viele unserer früheren Annahmen, wie und warum Veränderung auftritt, in Frage zu stellen. Hier sind einige der Puzzlestücke, von denen etliche aus dem Gebiet der Forschungen über abhängiges Verhalten stammen.

Veränderung als natürlicher Prozess

Es ist mittlerweile allgemein anerkannt, dass in vielen Problembereichen positive Veränderungen stattfinden, oftmals ohne jegliche professionelle Behandlung. Die meisten Menschen, die mit dem Rauchen aufhören oder vom Alkohol oder anderen Drogen wegkommen, erreichen dies ohne jegliche Hilfe der Gesundheitsversorgung oder der weit verbreiteten Selbsthilfegruppen. Eine solche Genesung ohne jegliche Behandlung wurde früher oft als „Spontanremission" bezeichnet und als relativ seltenes und anormales Ereignis angesehen. Die Stadien und Prozesse der Veränderung scheinen jedoch dieselben zu sein, ob mit oder ohne Behandlung. In diesem Sinne kann eine Behandlung als etwas verstanden werden, das den natürlichen Prozess der Veränderung fördert.

1. Was motiviert Menschen, sich zu ändern?

Kurzintervention

Es ist offensichtlich, dass man Veränderungen beschleunigen oder fördern kann. Es ist ein ziemlich etabliertes Ergebnis, dass sogar relativ kurze Interventionen unter bestimmten Bedingungen Veränderungen auslösen können. Ein oder zwei Therapiesitzungen erzeugen oft erheblich größere Verhaltensänderungen als gar keine Therapie. Dutzende von Studien aus vielen verschiedenen Ländern untermauern die Wirksamkeit von Kurzinterventionen in der Verminderung von schwerem oder problematischem Alkoholkonsum. Ähnliche Ergebnisse für Kurzinterventionen ergeben sich auch für andere Problembereiche. Schon ein wenig Therapie kann durchaus zu einer signifikanten Veränderung führen.

Dosierung

Wenn ein wenig Therapie hilfreich ist, könnte man zu der Überzeugung gelangen, dass das Ausmaß der Veränderung mit der Menge (Dosis) an Therapie, die eine Person erhält, in Verbindung steht. Im Bereich der Alkoholismusbehandlung jedoch ist diese Beweislage gemischt. Im Allgemeinen ist es so, dass, je mehr Behandlung eine Person freiwillig absolviert (seien es Therapiesitzungen oder Medikamenteneinnahme), desto größer ist die beobachtete Verhaltensänderung. Es ist jedoch möglich, dass sowohl die Einhaltung der Behandlung, als auch die positiven Ergebnisse mit einem dritten Faktor in Verbindung stehen, zum Beispiel der Motivation für Veränderung.

Was geschieht, wenn man nach dem Zufallsprinzip Probanden in Gruppen einteilt, die mehr beziehungsweise weniger Behandlungen erhalten? Auch hier sind die Ergebnisse ziemlich konstant. In kontrollierten Studien zeigt sich zum Beispiel ein etwa gleiches Niveau von Verbesserungen, egal, ob die Probanden einer längeren oder kürzeren oder einer stationären im Vergleich mit einer ambulanten Alkoholismusbehandlung zugeteilt wurden. Im Durchschnitt bewirken Kurzinterventionen mit länger dauernden Behandlungen vergleichbare Ergebnisse. In Studien von ambulanten Behandlungen stellte sich der Großteil der Verringerung des Alkoholkonsums, der dann auch über Jahre hinaus anhielt, in der ersten oder zweiten Woche ein, was wiederum andeutet, dass eine Veränderung nach relativ kurzer Behandlungszeit auftritt.

Dies ist natürlich kein Grund, Behandlungen auf wenige Sitzungen zu beschränken. Während Untersuchungen zeigen, dass Veränderungen relativ früh in einer Behandlung auftreten können, gibt es doch erhebliche Unterschiede in der Zeitspanne bis zum Eintritt der Wirkung. Faszinierend ist, dass so viel Veränderung nach so wenig Therapie auftritt. Die meisten Psychotherapiemethoden befassen sich mit Prozessen, die eine längere Zeit für ihre Durchführung benötigen, wie zum Beispiel die Erlangung von kognitiv-behavioralen Fähigkeiten oder Verarbeitung von Übertragungen in der therapeutischen Beziehung. Diese Ergebnisse deuten darauf hin, dass wir neu darüber nachdenken müssen, welche Bedingungen signifikant für eine Veränderung sind.

Glaube und Hoffnung

Ein weiteres Puzzelstück findet man in der Forschung hinsichtlich der Wirkung von Hoffnung und Glauben in der Förderung von Veränderung. Wenn man eine Person fragt, wie wahrscheinlich es ist, dass sie Erfolg in der Durchführung einer bestimmten Veränderung haben wird, dann ist die Antwort ein relativ guter Prädiktor der Wahrscheinlichkeit einer tatsächlichen Veränderung. Heutzutage wird dieser Effekt oft als „Selbstwirksamkeit" bezeichnet, aber schon die Heiler in früheren Zeiten waren sich der Kraft von Glaube und Hoffnung bewusst. Die Auswirkung der Überzeugung, eine effektive Behandlung zu erhalten, ist so stark, dass es Standard ist, neue Medikamente gegen Placebos und nicht gegen „kein Medikament" zu testen.
Das Phänomen ist nicht auf die Überzeugung von Patienten beschränkt. Ein Therapeut, Arzt oder Lehrer „glaubt" an die Fähigkeiten einer Person, sich zu verändern, und dieser „Glaube" kann zu einer Selffulfilling Prophecy werden. In einer Studie, die in drei verschiedenen Einrichtungen für die Behandlung von Alkoholabhängigkeit durchgeführt wurde, waren ein Jahr nach Ende der Behandlung jene Patienten signifikant häufiger abstinent und berufstätig, die man dem Behandlungsteam als geeigneter für eine Abstinenz vorgestellt hatte, obwohl sie tatsächlich nach dem Zufallsprinzip ausgewählt worden waren. Die Prognose beeinflusst also die späteren Ergebnisse.

Die Einstellung des Beraters

Dies wiederum führt zu einem weiteren Puzzlestück. Welche Faktoren bestimmen bei Therapiebeginn, ob die Person die Behandlung erfolgreich beendet oder abbricht und wie es ihr nach der Behandlung geht? Ergebnisse, die sich auf Patientencharakteristiken beziehen, sind im Allgemeinen nicht eindeutig. In manchen Studien sind beispielsweise Personen mit weniger schwerwiegenden Alkoholproblemen erfolgreicher, in anderen jedoch ist eine schwerwiegendere Problematik mit besseren Ergebnissen assoziiert.

Ein Faktor, der häufig den Unterschied erklärt, ist die Therapeutin beziehungsweise der Therapeut, dem die Person zugeteilt wurde, also die so genannten „Therapeuteneffekte". Die Forschung weist darauf hin, dass bestimmte Merkmale bei Therapeuten mit einer erfolgreichen Behandlung verbunden sind, ganz unabhängig von dem Therapieansatz. Therapeuten, die in den gleichen Einrichtungen arbeiten und die gleichen Behandlungsansätze anwenden, zeigen oft deutlich unterschiedliche Zahlen bezüglich Therapieabbruch und Therapieerfolg. Diese Wirksamkeitsunterschiede zwischen Therapeuten übersteigen die Unterschiede zwischen Behandlungsansätzen. Die Mehrzahl der Therapieabbrüche in einer bestimmten Einrichtung können bei einigen wenigen Therapeuten vorkommen und die Merkmale, die eine hohe Anzahl von Therapieabbrüchen voraussagen, können so subtil sein wie zum Beispiel der Tonfall eines Therapeuten. Die Schlussfolgerung ist, dass die Art und Weise, wie man mit anderen Menschen interagiert, mindestens genauso wichtig zu sein scheint wie die psychotherapeutische Methode, der man sich verschreibt.

Carl Rogers formulierte und untersuchte eine Theorie wesentlicher Therapeutenfertigkeiten für die Förderung von Verhaltensänderung. Er behauptete, dass eine klientenzentrierte interpersonelle Beziehung, in der Therapeuten drei wesentliche Bedingungen erfüllen, die ideale Atmosphäre für das Eintreten einer Veränderung herstellen. Im Rahmen einer solchen geschützten und unterstützenden Atmosphäre ist es Patienten möglich, ihre Erfahrungen zu erforschen und selbst zu einer Lösung ihrer Probleme zu gelangen. Nach Rogers ist es nicht die Aufgabe des Therapeuten, auf eine direktive Weise Lösungen vorzuschlagen, Ratschläge zu erteilen oder zu analysieren. Vielmehr braucht der Therapeut nur folgende drei wesentliche Bedingungen anzubieten, um den Weg für eine natürliche Veränderung vorzubereiten: Empathie (auch: einfühlendes Verstehen), unbedingte Wertschätzung (auch: nicht wertendes Akzeptieren) und Kongruenz (auch: Echtheit).

Forschungsergebnisse unterstützen die Wichtigkeit dieser Bedingungen für Veränderung, insbesondere der Empathie. Diese sollte nicht mit einem Verständnis des Wortes „Empathie" verwechselt werden, im Sinne von Identifikation mit der anderen Person oder ähnlichen Erfahrungen. Tatsächlich können persönliche Erfahrungen in naher Vergangenheit oder in demselben Problembereich, zum Beispiel Alkoholabhängigkeit, die Fähigkeit des Therapeuten, diese wesentlichen Bedingungen anzubieten, auf Grund einer Überidentifizierung negativ beeinflussen. In der Definition von Rogers beinhaltet Empathie ein kunstvolles Reflektieren, das die Erfahrungen und Bedeutungen des Patienten klärt und verstärkt, ohne dass eine Vermischung mit den Bewertungen des Therapeuten stattfindet.

Die Forschungsergebnisse deuten darauf hin, dass die Empathie des Therapeuten ein signifikanter Prädiktor für die Therapieerfolge des Patienten ist. In einer Studie an der Universität von Neu Mexico haben wir herausgefunden, dass etwa zwei Drittel der Veränderungen des Alkoholkonsumverhaltens über den Zeitraum von sechs Monaten durch das Ausmaß der Empathie beim Therapeuten während der Behandlung vorhergesagt werden konnte. Zwölf Monate nach Beendigung der Behandlung konnte die Hälfte der Veränderung immer noch der Empathie des Therapeuten zugerechnet werden und nach 24 Monaten traf dies noch für ein Viertel der Verhaltensänderung zu. Andere Forscher berichten ähnliche Ergebnisse für Therapeutenempathie. Andererseits konnte ein Zusammenhang zwischen einem konfrontativen Therapiestil, hohen Abbruchraten und schlechteren Ergebnissen nachgewiesen werden. In einer anderen Studie in Neu Mexiko war es uns möglich, den Alkoholkonsum von Patienten ein Jahr nach der Behandlung auf Grund eines einzigen Therapeutenverhaltens vorherzusagen: je mehr der Therapeut während der Behandlung konfrontierte, desto mehr trank die Person.

Es scheint, dass die wesentlichen Merkmale des Therapiestils sich schon früh innerhalb des Behandlungsprozesses manifestieren, und dass sie sogar einen signifikanten Effekt innerhalb einer einzigen Sitzung haben können. Die therapeutische Beziehung scheint sich relativ schnell zu etablieren und die Qualität der Therapeuten-Patienten-Beziehung in den ersten Sitzungen sagt Behandlungsteilnahme- und Ergebnisse voraus. Was auch immer im Laufe der Behandlung erreicht wird, beginnt sehr früh.

Dies ist keine neue Einsicht. Seit Jahrzehnten hat man erkannt, dass „unspezifische" Faktoren die Behandlung beeinflussen. Ursprünglich sollte dieser Ausdruck andeuten, dass solche Faktoren nicht spezifisch zu einer bestimmten Behandlungsmethode gehören, sondern in allen Therapie-Richtungen zu finden sind. Im Wesentlichen sind dies die mysteriösen heilenden Elemente des Genesungsprozesses, von denen man vermutet, dass sie allen Formen der Psychotherapie gemeinsam sind.

Diese „unspezifischen" Faktoren sind jedoch nicht unbedingt mysteriös. Von einem anderen Standpunkt aus betrachtet, bedeutet dieser Ausdruck einfach, dass diese Bestimmungselemente der Therapieergebnisse bis jetzt noch nicht zutreffend genug spezifiziert wurden. Falls diese „unspezifischen" Faktoren für einen großen Teil des Behandlungserfolges verantwortlich sind, dann ist es wichtig, dass sie spezifiziert, untersucht, diskutiert und gelehrt werden. Es ist nicht davon auszugehen, dass alle Therapeuten diese Prinzipien kennen und sie praktizieren. Wenn man behauptet, dass diese Prinzipien der Veränderung wichtig sind und unabhängig von der Orientierung des Therapeuten existieren, heißt das immer noch nicht, dass sie gleichermaßen bei allen Klinikern oder Behandlungsansätzen auftauchen. Tatsächlich können sich Therapeuten erheblich in ihrer Effektivität unterscheiden und die einzelnen Behandlungsansätze und Psychotherapie-Richtungen unterscheiden sich in dem Ausmaß, in dem sie bestimmte therapeutische oder gar „kontra"-therapeutische Arbeitsweisen erzeugen.

Warteliste

Ein weiteres Puzzlestück ergibt sich aus Studien, die eine Warteliste als Kontrollgruppe für den Vergleich mit der Behandlungsbedingung benutzen. Aus ethischen Gründen wird dieses Studiendesign bevorzugt, weil die Probanden auf jeden Fall eine Behandlung erhalten, diese jedoch zeitlich verzögert ist. Tatsächlich existieren Wartelisten relativ häufig, weil der Bedarf an Behandlungen die Kapazitäten der Behandlungseinrichtungen oft übersteigt.

Mehrere Studien haben dieses Wartelistendesign als Kontrolle eingesetzt, um die Effektivität von Kurzzeitbehandlungen oder Selbsthilfeinterventionen zu untersuchen. Als Kontrollgruppe funktioniert die Warteliste sehr gut. Oft zeigen die Probanden auf der Warteliste wenig oder gar keine Veränderungen im Verlauf der Warteperiode. Im Vergleich dazu tun Studienteilnehmer, denen man Selbsthilfematerialien aushändigt und die man anweist, die Veränderungen selbstständig durchzuführen, genau das, was man ihnen gesagt hat, und gehen die Veränderung selbst an. Am Ende der Warteperiode wird ein großer Unterschied zwischen den Kurz-Interventions-Gruppen und den Kontrollgruppen festgestellt werden können.

Es ist jedoch etwas merkwürdig, dass Personen, die Hilfe suchen, üblicherweise schon eine Tendenz in Richtung einer positiven Veränderung zeigen, unabhängig davon, welche Behandlung sie erhalten. Sogar Personen in den Gruppen, die keine Behandlung erhalten, zeigen oft Verbesserungen, jedoch geringere als die in den Behandlungsgruppen. In unseren Studien zeigen Personen auf Wartelisten jedoch keinerlei Veränderungen.

Es sieht so aus, als ob die Leute auf der Warteliste genau das tun, was man ihnen gesagt hat: Sie warten. Die hier enthaltene Botschaft ist, dass man nicht erwartet, dass sie sich verändern, bis sie behandelt werden. Wenn sie dann endlich die Behandlung beginnen, sollten sie sich verbessern. Dies deutet darauf hin, dass es möglich ist, auf eine Weise zu intervenieren (zum Beispiel indem man einen Klienten auf eine „Warteliste" setzt), dass eine Verhaltensänderung der Person weniger wahrscheinlich ist, als wenn wir nichts unternommen hätten.

Es gibt hier eine Parallele zu der vorher beschriebenen Studie bezüglich Therapeutenempathie. Als wir die Patientenverbesserungen zwischen den Therapeuten verglichen, fanden wir große Unterschiede (von 25% bis 100%). In dieser Studie hatten wir auch eine Gruppe, die Selbsthilfe-Materialien erhielt und mit der Anweisung nach Hause geschickt wurde, diese alleine zu bearbeiten. Im Durchschnitt zeigten die Patienten, die mit einem Therapeuten arbeiteten, gegenüber denen, die alleine arbeiteten, vergleichbare Ergebnisse, Durchschnittswerte können jedoch täuschen. Die Patienten, die von Therapeuten mit hoher Empathie behandelt wurden, zeigten größere Erfolgsraten als diejenigen, die nur Selbsthilfe-Materialien erhalten hatten. Im Gegensatz dazu war die Wahrscheinlichkeit einer Verbesserung für die Patienten, die von Therapeuten mit geringer Empathie behandelt wurden, geringer, als wenn wir sie mit einem guten Buch nach Hause geschickt hätten.

Es scheint, als sei es die Art und Weise, in der man mit jemandem kommuniziert, die es wahrscheinlicher oder unwahrscheinlicher macht, ob sich eine Person verändert.

1. WAS MOTIVIERT MENSCHEN, SICH ZU ÄNDERN?

Change-Talk[2]

Die meisten Kliniker würden wohl der Aussage zustimmen, dass eine Veränderung bei widerständigen Patienten unwahrscheinlicher ist. Tatsache ist, je mehr eine Person im Laufe einer Therapiesitzung gegen eine Veränderung argumentiert, desto unwahrscheinlicher ist eine Veränderung.

Grundsätzlich besteht ein Zusammenhang zwischen dem, was eine Person im Verlauf einer Therapiesitzung sagt und dem, was wirklich eintritt. Wenn man Personen befragt, wie zuversichtlich sie sind, dass sie gewisse Veränderungen erfolgreich durchführen können, ist ihre Antwort ein relativ guter Prädiktor für das, was geschehen wird. Gibt man ihnen einen Fragebogen zu Beginn der Therapie und fragt nach dem Grad ihrer Bereitschaft für eine Veränderung, sagen die Ergebnisse den Grad der Veränderung zum Katamnesezeitpunkt voraus.

Was weniger Menschen würdigen, ist die Dimension, in der *change-talk* und Widerstand durch den Therapiestil beeinflusst werden. Wendet man einen direktiven, konfrontierenden Therapiestil an, erhöht sich der Widerstand des Patienten. Benutzt man einen reflektierenden, unterstützenden Stil, vermindert sich der Widerstand und der Anteil von *change-talk* vermehrt sich. In einer Studie wechselten Therapeuten bewusst zwischen diesen beiden Stilen in Zeiträumen von jeweils zwölf Minuten innerhalb der Therapiesitzungen. Das Widerstandsverhalten der Patienten vermehrte sich spürbar während der konfrontierenden Perioden und verminderte sich, wenn die Therapeuten zu einem klientenzentrierten Stil wechselten. In einer anderen Studie, die die gleiche Methode zur Aufzeichnung von Klienten- und Therapeutenverhalten einsetzte, zeigten Problemtrinker, die auf die Gruppe eines konfrontativen Therapiestils randomisiert worden waren, ein viel höheres Niveau von Widerstand (argumentieren, das Thema wechseln, unterbrechen, verneinen des Pro-

---

2 Der Begriff *change-talk* ließe sich mit Veränderungssprache übersetzen und bezieht sich auf Äußerungen der Klienten, die in der ersten Ausgabe „selbstmotivierende Aussagen" genannt wurden. Wir haben uns entschlossen, change-talk als einen Fachbegriff beizubehalten, um weitere Verwirrungen zu vermeiden. *Change-talk* sind die Äußerungen, mit denen Klienten ihre Fähigkeit, ihre Bereitschaft, ihre Gründe, ihre Wünsche und ihre Selbstverpflichtung für eine Veränderung zum Ausdruck bringen (Anm. d. Übersetzers).

blems) als diejenigen, die der mehr klientenzentrierten Methode der motivierenden Gesprächsführung zugeteilt waren.

DAS FERTIGE PUZZLE: EIN MOTIVATIONALES VERSTÄNDNIS VON VERÄNDERUNG

Wie kann man alle diese Puzzlestücke zusammensetzen?
- Veränderung ist ein natürlicher Vorgang.
- Was nach einer Intervention (Beratung, Behandlung, Therapie usw.) geschieht, spiegelt eher diese natürlichen Veränderungen, als dass es eine besondere Form von Veränderung darstellt.
- Nichtsdestotrotz wird die Wahrscheinlichkeit, dass eine Veränderung eintritt, sehr stark durch die interpersonelle Interaktion beeinflusst. Sogar eine relativ kurze Therapie kann Veränderungen einleiten – für die meisten Menschen allerdings zu kurz, um neue Fertigkeiten zu erlangen oder eine Veränderung der Persönlichkeit zu erfahren.
- Wenn im Rahmen einer Behandlung eine Verhaltensänderung auftritt, erscheint diese meist innerhalb der ersten paar Sitzungen und im Durchschnitt macht die gesamte Dosis der Behandlung nicht so viel Unterschied.
- Das Therapeutenverhalten beeinflusst in signifikanter Weise sowohl Behandlungsabbruch, Behandlungseinhaltung, Behandlungsfortsetzung als auch Behandlungsergebnis.
- Insbesondere scheint ein empathischer Therapiestil Veränderungsbereitschaft hervorzurufen und seine Abwesenheit Veränderung zu verhindern.
- Personen, die glauben, dass es wahrscheinlich ist, dass sie sich ändern, ändern sich. Patienten, deren Therapeuten glauben, dass es wahrscheinlich ist, dass sie sich ändern, ändern sich. Die Personen, denen man sagt, dass man nicht erwartet, dass sie sich ändern, ändern sich tatsächlich nicht.
- Was Leute über eine Verhaltensänderung sagen, ist wichtig. Aussagen, die Motivation und Selbstverpflichtung zur Veränderung spie-

geln, sagen nachfolgendes Verhalten voraus, wohingegen Argumente gegen die Veränderung (Widerstand) weniger Veränderung erzeugen. Beide Arten von Sprache können erheblich durch den interpersonellen (therapeutischen) Stil beeinflusst werden.

Eine Möglichkeit, diese Puzzelteile zusammenzusetzen, besteht darin, Motivation als grundlegend für Veränderung anzunehmen. Ein guter Grund so zu denken ist, dass das Niveau der Motivation, das Patienten für eine Veränderung haben, ein guter Prädiktor für die Ergebnisse ist. Motivation kann durch viele natürliche interpersonelle und intrapersonelle Faktoren, sowie auch durch spezifische Interventionen beeinflusst werden. Motivation scheint besonders empfindlich auf interpersonelle Kommunikationsstile anzusprechen. Effektive Kurzinterventionen scheinen nicht lang genug zu dauern, um neue Fertigkeiten zu lehren oder die Persönlichkeit zu ändern, es erscheint jedoch plausibel, dass sie die Motivation für eine Veränderung beeinflussen. Aber was ist Motivation?

ABSICHT, FÄHIGKEIT, BEREITSCHAFT

Drei wichtige Komponenten scheinen bei der Motivation von zentraler Bedeutung zu sein:

Absicht: wie wichtig ist eine Veränderung

Ein Faktor ist das Ausmaß, in dem die Person eine Veränderung will oder begehrt. Wir neigen dazu, diese Dimension als die wahrgenommene Wichtigkeit[3] einer bestimmten Veränderung zu bezeichnen.
Man kann dies auch als den Grad der Diskrepanz zwischen dem Ist-Zustand, also zwischen dem, was gegenwärtig geschieht, und den Zielen und Werten, die man für die Zukunft hat, dem Soll-Zustand, betrachten. Diskrepanz ist ein Schlüsselkonzept im Rahmen der Selbstregulations-Theorie, die einen andauernden Selbstbeobachtungsprozess postuliert, vergleichbar mit einem Thermostat. Solange die gegenwärtige Wirklichkeit als sich innerhalb wünschenswerter Grenzen bewegend wahr-

---

3 Im Original: Importance. Im Folgenden als Wichtigkeit oder Dringlichkeit übersetzt (Anm. d. Übersetzers).

genommen wird, ist keine Veränderung notwendig. Wird jedoch ein Wert außerhalb dieser Grenzen festgestellt, setzt der Veränderungsprozess ein. Wenn genügend Diskrepanz zwischen den erwünschten oder erwarteten Vorstellungen und den tatsächlichen Zuständen festgestellt wird, dann beginnt die Motivation für eine Veränderung.

Ein geringes Niveau dieser wahrgenommenen Wichtigkeit wird oft als pathologisch angesehen, als „resistent", „widerständig" oder „verleugnend". Wir bevorzugen, es so anzunehmen, wie es aussieht. Das Fehlen von ausreichender Diskrepanz, um eine Veränderung auszulösen (zu motivieren) ist eine normale Stufe im Veränderungsprozess. Das bedeutet, was man in diesem Falle tun muss, um eine Veränderung anzuregen, ist Diskrepanz zu entwickeln: die wahrgenommene Wichtigkeit einer Veränderung zu erhöhen.

Menschen funktionieren natürlich nicht ganz so einfach. Jede Person hat Dutzende hierarchisch angeordneter zentraler Werte und jeder dieser Werte spiegelt einen erwünschten Zustand: manche dieser Werte können sich sogar gegenseitig ausschließen. Die Wichtigkeit einer bestimmten Veränderung ist jedoch nur ein Teil des Puzzles.

Fähigkeit: Zuversicht für eine Veränderung

Manchmal fühlt sich eine Person willens, aber nicht fähig für eine Veränderung. Raucher und Prostituierte gestehen oft ein, wie risikoreich ihr Verhalten und wie wichtig eine Veränderung ist, aber viele sind pessimistisch bezüglich ihrer Chancen, etwas zu verändern. Die Aussage „Ich wünsche ich könnte" erfasst diese Kombination von hoher Wichtigkeit und geringer Zuversicht.

Auch hier ist die Selbstregulations-Theorie hilfreich. Wenn die Diskrepanz groß genug wird und eine Veränderung wichtig erscheint, wird die Suche nach möglichen Methoden für die Umsetzung einer Veränderung eingeleitet. Ist die Wichtigkeit groß genug und finden die Menschen einen Weg zur Veränderung, von dem sie glauben, dass er funktionieren wird (allgemeine Wirksamkeit) und von dem sie weiterhin glauben, dass sie ihn umsetzen können (Selbstwirksamkeit), werden sie oft eine Verhaltensänderung angehen. Wird eine Person durch diese Diskrepanz beunruhigt, kann aber keinen Weg für Veränderung wahrnehmen, geschieht etwas anderes. Anstatt ihr Verhalten zu verändern, vermindern Menschen ihr Unbehagen, indem sie Denkprozesse und Wahrnehmungen in einer Weise verändern, die oft als „defensiv" bezeichnet wird. Die klassischen, von Anna Freud beschriebenen Abwehrmechanismen spiegeln diese Muster: Verleugnung („es ist gar nicht so schlimm"), Rationalisierung („das habe ich sowieso nicht gewollt") und Projektion („es ist nicht mein, sondern ihr Problem").

Bereitschaft: eine Sache der Prioritäten

Man könnte meinen, dass die Kombination von hoher Wichtigkeit (Dringlichkeit) und hoher Zuversicht genug sei, um eine Veränderung einzuleiten. Aber ein Moment des Nachdenkens zeigt, dass es nicht unbedingt so ist. Man kann willens und fähig für eine Veränderung sein, aber nicht bereit dazu. Jemand sagt, „es ist wichtig für mich mit dem Rauchen aufzuhören, aber im Augenblick ist es nicht das Wichtigste". Setzt man genügend Wichtigkeit und Zuversicht voraus, dann hat diese dritte Dimension, Bereitschaft, mit der relativen Priorität zu tun: „Ich will es, aber nicht jetzt".

Wie geringe Wichtigkeit wird eine geringe Bereitschaft oft auch als pathologisch angesehen. „Ich hore morgen auf" ist zu einem Zeichen für Selbstbetrug geworden. Noch einmal, relative Prioritäten sind Teil des normalen menschlichen Funktionierens. Deshalb muss eine geringe Bereitschaft nicht als Schutz der Persönlichkeit angesehen werden, sondern kann als eine Information über den nächsten Schritt in Richtung einer Veränderung aufgefasst werden.

Alle drei dieser Elemente, Bereitschaft, Absicht und Fähigkeit, können Quellen des „Ja, aber …"-Dilemmas, des Phänomens der Ambivalenz sein, dem wir unsere Aufmerksamkeit in Kapitel 2 zuwenden werden.

WAS LÖST VERÄNDERUNG AUS?

In manchen Kulturen und Subkulturen scheint eine bestimmte Volksweisheit verankert zu sein: Veränderung sei primär dadurch motiviert, dass man Negatives vermeiden will. Wenn man Menschen nur dazu bringen kann, sich schlecht genug zu fühlen, werden sie sich ändern. Man bestraft unerwünschtes Verhalten und entfernt den Schmerz, wenn das ungewünschte Verhalten aufhört. Das heißt, Menschen werden für Veränderung motiviert, indem man sie genügend Unbehagen, Scham,

Schuld, Verlust, Bedrohung, Angst oder Demütigungen empfinden lässt. Es ist diese Sichtweise, die die bekannten Auswüchse von konfrontativer „Angriffstherapie" wie Synanon, Scared Straight und „therapeutischen" Trainingslagern als angemessen erscheinen lässt. Dieser Standpunkt vertritt die Ansicht, dass Menschen sich nicht ändern, wenn sie noch nicht genug gelitten haben.

Wir schlagen ein anderes Verständnis von Motivation vor. Viele der Patienten, die zu uns kommen, leiden auf vielfältige Art und Weise. Demütigungen, Scham, Schuld und Angst sind nicht die primären Triebkräfte für Veränderung. Ironischerweise können solche Erlebnisse Menschen sogar immobilisieren, was jegliche Veränderung noch unwahrscheinlicher erscheinen lässt. Im Gegenteil, konstruktive Verhaltensänderung scheint dann zu erfolgen, wenn die Person es mit intrinsischen Werten, etwas Wichtigem, etwas von Bedeutung, in Verbindung bringen kann. Intrinsische Motivation für eine Veränderung entsteht in einer akzeptierenden, befähigenden Atmosphäre, in der sich die Person so geborgen fühlt, dass sie die möglicherweise schmerzvolle Gegenwart in Hinsicht auf das Gewünschte und als wertvoll Erachtete untersuchen kann. Menschen fühlen sich oft gefangen, nicht, weil sie nicht in der Lage sind, die Nachteile ihrer Situation einzuschätzen, sondern weil sie zwiespältige Gefühle haben. Der Weg aus diesem Dilemma hat mit dem Erforschen und Befolgen dessen zu tun, was die Person spürt und was ihr wirklich wichtig ist.

2. Ambivalenz – das Dilemma der Veränderung

ICH WILL UND ICH WILL NICHT

Jeder kennt das Gefühl, sich zwiespältig bezüglich einer Sache oder einer Person zu fühlen. Es ist schwierig, sich eine Person vorzustellen, die gar keine Ambivalenz empfindet. Sich über etwas hundert Prozent im Klaren zu sein, ist eher die Ausnahme als die Regel.
Dieses Phänomen der Ambivalenz steht auch bei psychischen Schwierigkeiten oft im Vordergrund. Eine Person, die an Agoraphobie leidet, mag zum Beispiel sagen, „ich will ja nach draußen gehen, aber ich habe Angst, dass ich die Kontrolle verliere". Oder eine Person, die sozial isoliert, unglücklich und deprimiert ist, könnte ihre Ambivalenz etwa so ausdrücken: „Ich möchte gerne mit anderen Menschen zusammen sein und enge Freundschaften eingehen, aber ich fühle mich nicht attraktiv oder interessant genug." Bei anderen Problemen ist die Ambivalenz sogar noch zentraler. Eine Person mit einer außerehelichen Affäre pendelt zwischen Ehepartner und Liebhaber in einer emotional sehr intensiven Ambivalenz. Jemand, der an einer Zwangsstörung leidet, mag sich verzweifelt wünschen, dass er nicht immer wieder seine beeinträchtigenden Rituale durchführen muss, fühlt sich jedoch durch Angst dazu getrieben. Ein solcher Annäherungs-Vermeidungs-Konflikt ist auch typisch für abhängiges Verhalten. Menschen, die mit Alkohol, Drogen, Bulimie und Spielsucht ringen, erkennen oft die Risiken, Kosten und Gefahren, die mit ihrem Verhalten verbunden sind. Aus vielerlei Gründen fühlen sie sich jedoch zu ihrem abhängigen Verhalten hingezogen und darin verhaftet. Sie wollen trinken (oder rauchen, oder spielen, oder sich erbrechen) und sie wollen es auch nicht. Sie wollen sich ändern und gleichzeitig wollen sie sich nicht ändern.
Es ist einfach, den Fehler zu begehen, einen solchen Ambivalenzkonflikt als krankhaft zu interpretieren und daraus zu schließen, dass etwas mit der Motivation, dem Urteilsvermögen, dem Wissen oder dem mentalen Status dieser Person nicht stimmt. Von diesem Standpunkt aus gesehen macht es Sinn, zu folgern, dass diese Person informiert und überredet werden muss, das Richtige zu tun. Wir werden die Nachteile dieser Schlussfolgerung in Kapitel 3 näher untersuchen. Im Augenblick ge-

nügt es, zu sagen, dass wir Ambivalenz als einen normalen Aspekt der menschlichen Natur betrachten. Genauer gesagt, Ambivalenz ist ein natürlicher Schritt im Prozess der Veränderung. Falls jemand jedoch in der Ambivalenz *stecken bleibt*, können sich die Probleme intensivieren und fortdauern. Es macht Sinn, die Ambivalenz zu besuchen, aber man will sich dort nicht auf Dauer niederlassen.

Deshalb kann Ambivalenz eine zentrale Herausforderung darstellen, die gelöst werden muss, bevor eine Veränderung eintreten kann. Ein Grund, warum Kurzinterventionen (siehe Kapitel 1) wirksam sind, könnte genau darin liegen, dass sie Menschen helfen, ihre Ambivalenz aufzulösen. Sie ermöglichen es einer Person, Entscheidungen zu treffen und sich in Richtung einer Veränderung vorwärts zu bewegen. In diesem Sinne kann das „Fehlen von Motivation", das so oft die Arbeit von Ärzten, Therapeuten und Lehrern frustriert, als ungelöste Ambivalenz betrachtet werden. Ambivalenz zu erforschen bedeutet, am Kern des Problems „sich nicht entscheiden zu können" zu arbeiten. Bis eine Person dieses „Ich will es – ich will es nicht"-Dilemma auflösen kann, wird die Veränderung nur langsam voranschreiten und kurzlebig sein.

Konflikt und Ambivalenz

Konflikte sind ein wichtiges Konzept in vielen psychologischen Theorien und drei Arten von Konflikten sind beschrieben worden. Beim Annäherungs-Annäherungs-Konflikt muss eine Person zwischen zwei gleich attraktiven Alternativen wählen und die wichtigen Entscheidungsgründe sind alle positiv. Es ist das „Süßwarenladen"-Problem. Wenn man unbedingt einen Konflikt haben muss, sollte man diesen wählen. Zum Beispiel, wenn man sich zwischen zwei lukrativen Stellenangeboten entscheiden muss.

Im Gegensatz dazu geht es bei einem Vermeidungs-Vermeidungs-Konflikt darum, zwischen zwei Übeln zu wählen, das heißt zwischen Alternativen, die jeweils ein gehöriges Maß an Furcht, Blamage oder anderen negativen Konsequenzen enthalten. Man ist gefangen zwischen Scylla und Charybdis. Die wichtigen Entscheidungsgründe sind alle negativ und an sich zu vermeiden. Zum Beispiel, wenn man sich in einer Großstadt oder an einer großen Universität entscheiden muss, ob man sein Auto weit entfernt von seinem Ziel parkt, oder ob man einen teuren Strafzettel für falsches Parken riskiert.

2. Ambivalenz – Das Dilemma der Veränderung

Noch viel verwirrender ist der Annäherungs-Vermeidungs-Konflikt. Speziell dieser Konflikt scheint Menschen gefangen zu halten und außergewöhnlich hohen Stress zu erzeugen. Hier ist die Person sowohl angezogen als auch abgestoßen vom gleichen Sachverhalt. Der Begriff „fatal attraction"[4] hat diese Art der Liebesbeziehung beschrieben: „Ich kann nicht mit ihm und nicht ohne ihn leben." Die Person pendelt zwischen den Polen, dem Verhalten (der Beziehung, der Person, der Sache) zu widerstehen oder darin zu schwelgen. Der resultierende Jojo-Effekt ist das typische Merkmal des Annäherungs-Vermeidungs-Konflikts. Ambivalente Gedanken, Gefühle und Verhalten sind ein natürlicher Teil jedes Annäherungs-Vermeidungs-Konflikts. Man kann viele Beispiele davon in Liedertexten finden, vor allem in Blues, Jazz und Country-Music (zum Beispiel „Es geht mir so schlecht ohne dich, es ist als ob du hier wärest").

Der „Champion" aller Konflikte ist jedoch der doppelte Annäherungs-Vermeidungs-Konflikt. Hier ist die Person hin und her gerissen zwischen zwei Alternativen (Partnern, Lebensstilen, etc.), die beide sowohl verlockende positive als auch starke negative Aspekte enthalten. Je mehr sich die Person der Option A nähert, desto spürbarer werden die Nachteile von A und umso deutlicher werden die Vorteile von Option B. Wenn sich die Person dann umgekehrt in Richtung B begibt, werden die Nachteile von B deutlicher und A erscheint attraktiver.

Entscheidungswaage

Eine hilfreiche Metapher für die Darstellung von Ambivalenz ist das Bild einer Waage oder einer Schaukel. Weil beide Seiten mit Nutzen und Kosten verbunden sind, empfindet die Person widersprüchliche Motivationen (siehe Darstellung 2.1). Jede Seite der Waage hat zwei Arten von Gewichten: Eins repräsentiert den wahrgenommenen Nutzen des jeweiligen Verhaltens, das andere die wahrgenommenen Kosten oder Nachteile (zum Beispiel Blutdruckmedikamente).

---

4 Im Deutschen: Tödliche Anziehung (Anm. d. Übersetzers).

Abbildung 2.1: Stadium der Absichtsbildung: Kosten-Nutzen-Waage

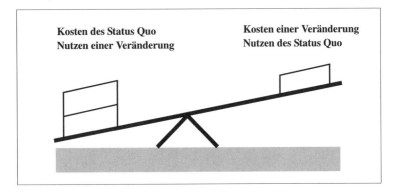

Eine andere Form der Darstellung ist die der „Bilanz". Sie kann benutzt werden, um genauer zu definieren, was die Person als den Nutzen oder die Kosten eines Verhaltens ansieht (siehe das Beispiel in Kasten 2.1).

Kasten 2.1   Arbeitsblatt zur Entscheidungswaage

Weiter trinken wie bisher		Abstinenz von Alkohol	
Vorteile	Nachteile	Vorteile	Nachteile
Hilft mir zu entspannen	könnte meine Familie verlieren	weniger familiäre Konflikte	weniger Spaß
Geselligkeit mit Freunden	schlechtes Beispiel für meine Kinder	mehr Zeit für meine Kinder	Verlust von Freunden
	gesundheitsschädlich	Wohlgefühl	wie baue ich meinen Stress ab
	kostet zuviel Geld	vermindert finanzielle Probleme	
	vermindert meine Denkfähigkeit		
	möglicher Verlust der Arbeitsstelle		
	mein Leben vergeuden		

2. AMBIVALENZ – DAS DILEMMA DER VERÄNDERUNG

Wie man sieht, kann eine Bilanz und damit auch die Ambivalenz der betroffenen Person, recht komplex sein. Jede einzelne Option, die der Person zur Verfügung steht, kann etliche Für und Wider enthalten. Es ist typisch für einen doppelten Annäherungs-Vermeidungs-Konflikt, dass die Person Ambivalenz spürt, egal welche Option sie augenblicklich verwirklicht.

Hier besteht die Gefahr einer gefährlichen Vereinfachung. Wir wollen nicht implizieren, dass Menschen sich dieses Entscheidungsprozesses immer oder sogar gewöhnlich bewusst sind, oder dass sie sich rational entscheiden könnten, wenn man es ihnen nur bewusst macht. Die Elemente dieser „Bilanz", im Gegensatz zu einer Geschäftsbilanz, lassen sich nicht einfach summieren. Die Gewichtung der einzelnen Elemente kann sich im Laufe der Zeit verschieben. Darüber hinaus sind diese Elemente miteinander verbunden und eine Veränderung eines der Elemente kann auch die anderen verändern. Es versteht sich fast von selbst, dass diese „Bilanz" voller Widersprüche ist: „Ich weiß, dass es schlecht für mich ist, aber ich genieße es." „Manchmal halte ich mich zurück und manchmal möchte ich mich zurückhalten, aber am Ende ist es mir dann doch egal." Das Erleben von Ambivalenz kann verwirrend, bestürzend und frustrierend sein.

DAS SOZIALE UMFELD

Soziale und kulturelle Faktoren beeinflussen Menschen sowohl in der Wahrnehmung als auch in der Bewertung der Nutzen und Kosten ihres Verhaltens. Selbst innerhalb derselben Stadt können die Meinungen über die Vor- und Nachteile einer Verhaltensweise, je nach Stadtteil oder sozialer Schicht, sehr auseinander gehen. In Großbritannien etwa gibt es große Unterschiede bezüglich der sozialen Bedeutung und dem Wert von gemeinsamem Trinken von einem Pub zum anderen oder sogar in einem Pub. In bestimmten amerikanischen Gruppen und Subgruppen wird Alkoholkonsum, der in „Filmrissen", Schlägereien, Erbrechen und Bewusstlosigkeit endet, als ganz normaler Teil eines gelungenen Freitagabends angesehen. Stehlen, blau machen, riskantes Verhalten und Drogenkonsum werden in manchen Gruppen viel eher akzeptiert als in anderen. Einen Sexpartner zu bitten, ein Kondom zu benutzen, kann je nach den Umständen ganz unterschiedliche Botschaften kommunizieren. Das motivationale Gleichgewicht und die Ambivalenz einer Person können außerhalb des sozialen Umfelds von Familie, Freunden und Gemeinschaft nicht verstanden werden.

Paradoxe Reaktionen

Es ist auch zu beobachten, dass ambivalente Personen in einer scheinbar unlogischen Weise reagieren. Die Antworten einer Person können unsinnig und verwirrend erscheinen, es sei denn, man versteht die Dynamik der Ambivalenz.

Ein geläufiges Beispiel findet man in der Strategie, die negativen Konsequenzen stufenweise zu verschlimmern, um als ein Abschreckungsmittel zu fungieren. Es scheint logisch, dass härtere Strafen die Anziehungskraft bestimmter Verhaltensweisen verringern sollten. Im Modell der Entscheidungswaage sollte das Auferlegen von härteren negativen Konsequenzen auf einer Seite den Vorteil ganz klar auf die andere Seite schieben. Jedoch funktioniert das nicht immer, sondern auch das Gegenteil kann geschehen. Das Nörgeln von Familienmitgliedern zum Beispiel kann ein Verhalten verstärken, anstelle es zu vermindern. In dem Buch *The fatal shore*, einem historischen Bericht über Australiens erstes Jahrhundert als britische Strafkolonie, schildert Robert Hughes, wie Verurteilte barbarische Prügelstrafen und Folter erduldeten, um weiter Tabak zu rauchen und Alkohol zu trinken. Er zitierte die nachfolgende erschütternde Strophe eines Liedes, das unter den Verurteilten Australiens im 19. Jahrhundert sehr populär war:

„Du kannst deinen Namen auf meinem Rücken einpeitschen,

meine Haut auf eine Trommel spannen,

mich auf der Pinchgut Insel anketten,

von heute bis zum Auferstehungstag!

Ich werde deinen Norfolk Knödel essen

wie eine saftige spanische Pflaume

und sogar den Newgate Reigen tanzen,

wenn du mir nur Rum zu trinken gibst!"

Die Pinchgut (Bauchknoter) Insel war ein bloßer Felsen in der Mitte des Hafens von Sydney, auf dem Gefangene ohne Essen, deshalb der Name,

2. Ambivalenz – das Dilemma der Veränderung

angekettet und für lange Zeit den Elementen ausgesetzt wurden. Der „Norfolk Knödel" war ein Synonym für hundert Hiebe mit der neunschwänzigen Katze, einer Peitsche. Der Newgate Reigen weist auf das Zucken der Beine eines Menschen hin, wenn er durch Hängen hingerichtet wird. Dieses Lied bringt zum Ausdruck, was die Gefangenen gewillt waren zu riskieren, um an Rum zu gelangen.

Kliniker wissen nur zu gut, dass Menschen mit Alkohol- und Drogenproblemen auf ähnliche Weise in ihren Gewohnheiten verharren können, trotz unglaublicher persönlicher Leiden und Verluste. Offensichtlich ist die einfache Erhöhung von schmerzhaften Konsequenzen nicht immer erfolgreich, solche Verhaltensweisen zu beenden. Manchmal erscheinen solche Konsequenzen ein Verhaltensmuster sogar nur zu verstärken und zu verfestigen.

Wie können solche scheinbar paradoxen Reaktionen eintreten? Die Theorie der psychologischen Reaktanz sagt eine *Zunahme* in der Häufigkeit und Attraktivität eines „Problem"-Verhaltens voraus, wenn eine Person wahrnimmt, dass ihre persönliche Freiheit eingeschränkt oder herausgefordert wird. Sekundäreffekte einer Veränderung innerhalb des sozialen Umfeldes einer Person können auch Erklärungen für eine nachteilige Verschiebung liefern. Zum Beispiel kann der Zusammenbruch einer Ehe, ein scheinbar schrecklicher Preis, jemandem die einzige soziale Unterstützung, die ein ungesundes Verhalten verhindert hat, entziehen und dadurch zu noch größeren Auswüchsen führen. Wenn alle diese Quellen von positiver Verstärkung blockiert sind, kann eine Person darin verhaften, die einzige übrig bleibende Belohnung zu suchen, wenn auch zu hohen Kosten. Solche scheinbar paradoxen Interaktionen sind weder mysteriös noch krankhaft. Innerhalb der Dynamik der Ambivalenz sind sie recht gut zu verstehen und sogar vorhersagbare Aspekte der menschlichen Natur.

Das Verständnis der Dynamik der Ambivalenz gibt uns also eine Alternative dazu, Menschen als „unmotiviert" anzusehen (und sie dafür zu verurteilen). Menschen sind immer zu etwas motiviert. Konflikte entstehen, wenn zwei Menschen in Richtung verschiedener Ziele motiviert sind. Diese zwei Menschen können Arzt und Patient, Eltern und Kind, Ehemann und Ehefrau oder Therapeut und Klient sein. Wenn solche Konflikte auftreten, kann eine Person die andere als „untermotiviert" betrachten.

Bereitschaft wozu?

Die bessere Frage ist nicht „Warum ist diese Person nicht motiviert?", sondern „Wozu *ist* diese Person motiviert?". Es ist nicht klug anzunehmen, dass man schon weiß, was die Kosten und der Nutzen in der Lebenssituation einer anderen Person sind, oder welche relative Dringlichkeit diese Person diesen Faktoren zuschreibt. Magenprobleme, die durch Arbeit, Stress oder Trinken verursacht werden, können von einer Person mit großer Sorge betrachtet werden, wohingegen eine andere Person diese ganz anders ansehen mag, zum Beispiel als etwas, das man halt zu ertragen hat. Die Androhung von Bußgeldern und Haftstrafen wird viele von illegalem Verhalten abhalten, für andere jedoch sind das nur „Geschäftsunkosten". Was einige hoch einschätzen, etwa gesund sein, Arbeit haben, beliebt, schlank oder gläubig sein, wird von anderen als weniger wichtig eingeschätzt. Die Motivation einer Person zu entdecken und zu verstehen, ist ein wichtiger erster Schritt in Richtung einer Veränderung.

Besonders im Bezug auf Veränderung ist es wichtig, zu verstehen, was eine Person als Resultat einer anderen Verhaltensweise wahrnimmt und erwartet: was zum Beispiel würde geschehen, wenn man auf dem gleichen Kurs bleibt oder die Richtung ändert? Menschen haben spezifische Erwartungen über die wahrscheinlichen Auswirkungen bestimmter Verhaltensweisen, sowohl positive als auch negative. Diese Erwartungen können das Verhalten stark beeinflussen. Jemand, der sich verzweifelt wünscht, mit dem Rauchen aufzuhören, mag keinerlei Anstrengungen unternehmen, es umzusetzen, weil er glaubt, dass alle Bemühungen umsonst sind. Eine Glücksspielerin will das Aufhören nicht in Betracht ziehen, weil sie glaubt, zu Recht oder Unrecht, dass Glücksspiel die Quelle des größten Kicks ist, den sie je erlebt hat, und dass ein Leben ohne diesen Kick langweilig sein würde.

Anstelle sich darauf zu konzentrieren, warum eine Person eine bestimmte Veränderung nicht umsetzen will, macht es daher mehr Sinn, zu erforschen, was eine Person sich wünscht. Das heißt nicht, dass man das Thema Veränderung ignoriert, sondern eher, dass es den Kontext für Veränderung liefert. Manchmal erscheint eine Verhaltensänderung solange nicht, bis die Person wahrnimmt, dass diese Veränderung wichtig für das Erreichen oder Erhalten einer Sache ist, die ihr *tatsächlich* mehr bedeutet.

2. Ambivalenz – das Dilemma der Veränderung

Es ist auch der Fall, dass es oft mehrere Wege gibt, ein gewünschtes Ziel anzugehen. Eine Person mit leicht erhöhtem Blutdruck kann eine Veränderung der Ernährungsweise (zum Beispiel Salz und Koffein reduzieren), Gewichtsverlust, Stressreduktion, mehr Sport, Meditation oder Medikamente in Betracht ziehen. Wenn eine von diesen Maßnahmen verordnet wird, könnte die Person „unmotiviert" sein, diese auszuführen, obwohl sie ihren Blutdruck senken will. Die Motivation kann abhängig davon variieren, welche bestimmte Verhaltensweise vorgeschlagen wird. Wenn man jedoch eine Auswahl von Möglichkeiten anbietet, kann es durchaus sein, dass die Person eine davon als einen akzeptierbaren Ausgangspunkt annimmt.

Motivation unterscheidet sich sowohl hinsichtlich spezifischer Zwecke als auch Mittel. Eine Person, die politoxikoman ist, also verschiedene legale und illegale Drogen konsumiert, mag völlig desinteressiert sein, eine bestimmte Substanz davon aufzugeben, jedoch durchaus willens, den Gebrauch einer anderen zu reduzieren und hoch motiviert, eine dritte ganz aufzugeben. Darauf zu bestehen, dass die Person von *allen* Drogen Abstand nimmt, könnte ein Hindernis für das Erreichen einer positiven Veränderung und der damit verbundenen Schadensminderung sein, die diese Person durchaus willens wäre, umzusetzen.

Um es zusammenzufassen, Ambivalenz ist eine allgemeine menschliche Erfahrung und ein Stadium im normalen Prozess von Veränderungen. Es ist auch normal, in Ambivalenz verhaftet zu sein und Annäherungs-Vermeidungs-Konflikte können besonders schwer zu lösen sein, besonders alleine. Die Auflösung von Ambivalenz kann der Schlüssel zur Veränderung sein und in der Tat, ist die Ambivalenz erst einmal aufgelöst, braucht es wenig, um die Veränderung zu vollziehen. Jedoch können Versuche, diese Auflösung in eine bestimmte Richtung zu zwingen, zum Beispiel durch direkte Überredung oder Erhöhung von Strafen für ein Verhalten, zu einer paradoxen Reaktion führen, die das Verhalten verstärken, anstatt es zu vermindern.

3. Änderung erleichtern –
der „Es richten wollen"-Reflex

Menschen scheinen das Verlangen, Dinge zu richten, in sich eingebaut zu haben. Die Stärke dieser Tendenz unterscheidet sich von Person zu Person und von einer Situation zur anderen. Es gibt kulturelle und religiöse Traditionen, wie zum Beispiel den Buddhismus, in denen ermutigt wird, sich von diesem Verlangen zu lösen. Grundsätzlich gilt jedoch, dass, wenn wir etwas als schief ansehen, wir es begradigen wollen. Wenn Menschen einen Unterschied zwischen dem, was ist und wie es sein sollte, wahrnehmen, sind sie im Allgemeinen dazu motiviert, diesen Unterschied zu vermindern. Besonders, wenn es ihnen möglich scheint, das auch zu erreichen.

Diejenigen von uns, die in Lehrberufen und im Gesundheitswesen arbeiten, scheinen besonders stark dazu zu neigen, Dinge zu berichtigen. Es ist gerade dieses Verlangen, das Leute in solche Berufe zieht. Sieht man jemanden vom Weg abkommen oder gar ziellos umherirren, setzt der Reflex ein, ihn auf den richtigen Weg zurückzuführen. Es ist grundsätzlich ein lobenswertes Verlangen, jedoch sind Menschen meist unterschiedlicher Meinung darüber, was sie als den richtigen Weg wahrnehmen.

Lassen Sie uns überlegen, was geschieht, wenn jemand mit diesem „Es richten wollen"-Reflex (R) auf jemanden trifft, der ambivalent (A) ist. Wenn A zu R über das Dilemma der Ambivalenz spricht, entwickelt R eine Meinung, was die richtige Handlungsweise für A ist. Dann fährt R fort, A zu beraten, zu belehren, zu überreden oder gar dafür zu plädieren, dass dies die richtige Lösung für As Ambivalenz sei. Man braucht kein Diplom in Psychologie, um sich vorzustellen, was die wahrscheinliche Reaktion von A auf diese Situation sein wird. Im Sinne der Ambivalenz wird A dazu neigen, für das Gegenteil zu argumentieren oder zumindest die Schwierigkeiten und Nachteile der vorgeschlagenen Lösung hervorzuheben. Es ist ganz normal, dass A sich so verhält, weil A sich zwiespältig über diese oder auch jede andere vorgeschriebene Lösung fühlen wird. Das ist ja gerade die Natur der Ambivalenz.

Was geschieht nun? R kann auf diese Herausforderung reagieren, indem er lauter wird und noch stärker für die vorgeschlagene Lösung argumentiert. Diese Neigung mag für R besonders stark sein, falls er vermutet, dass A das Problem leugnet, widerständig oder anderweitig beeinträchtigt ist, die Wahrheit einzusehen. Die natürliche Reaktion von A ist selbstverständlich, seine Gegenargumentation zu intensivieren, auszuweichen oder sich vielleicht sogar mit Unbehagen zurückzuziehen. In jedem dieser Fälle scheint die Diagnose von R bestätigt zu werden, dass A verdrängt, widerständig oder gar aufsässig ist.

Jedoch nicht jeder R nimmt den Weg der direkten Auseinandersetzung. Eine andere natürliche Reaktion für R ist es, alternative Lösungen anzubieten: „In Ordnung, wie wäre es denn mit dieser Möglichkeit?" Es ist wiederum einfach, die nächste Zeile in As Skript zu erraten. Sie wird wahrscheinlich eine „Ja, aber ..."-Qualität haben und damit die andere Seite der Ambivalenz ausdrücken. Egal, welchen dieser zwei Wege R einschlägt – stärker für seine bevorzugte Lösung zu argumentieren oder andere Lösungen vorzuschlagen – das Gespräch wird wahrscheinlich damit enden, dass beide unbefriedigt und frustriert sind. Es kann sogar den paradoxen Effekt haben, dass A weiter in Richtung des Gegenteils von dem, was R beabsichtigt, gedrängt wird.

Warum funktioniert ein direktes Plädoyer in dieser Situation nicht? Was A und R im Wesentlichen tun, ist ein Ausagieren von As Ambivalenz. R vertritt die eine Seite und A reagiert selbstverständlich damit, die andere zu verteidigen. Dies könnte natürlich einen therapeutischen Wert haben, im Sinne des Psychodramas, gäbe es nicht ein wichtiges Prinzip in der Sozialpsychologie: Wenn eine Person für eine bestimmte Position argumentiert, erhöht sie ihre Verpflichtung zu dieser Position. In der Sprache der Selbstwahrnehmungstheorie heißt das: „Wenn ich dem zuhöre, was ich sage, dann erfahre ich, was ich glaube." Umgangssprachlich können wir uns sprichwörtlich *in* etwas hinein- oder *aus* etwas herausreden. Wenn A dazu gebracht wird die Gegenseite des Ambivalenzdilemmas einzunehmen und die Nachteile der von R angebotenen Lösungen aufzuzeigen, wird es *weniger* wahrscheinlich sein, dass diese Lösungsmöglichkeiten, die R bevorzugt, auch angenommen werden. Tatsächlich werden sie A eher ausgeredet, wenn auch unbeabsichtigt. Selbst wenn A die Meinung und Expertise von R respektiert, wird A dadurch, dass er die andere Seite verteidigen muss, dieser angenähert. Dies erklärt möglicherweise unsere Forschungsergebnisse, dass, je mehr „Widerstand" in einer Therapiesitzung mit Alkoholpatienten erzeugt wurde, diese umso mehr Alkohol im darauf folgenden Jahr konsumierten. Im Gegensatz dazu ist es umso wahrscheinlicher, dass eine tatsächliche Veränderung eintritt, je mehr die Sprache der Person eine steigende Selbstverpflichtung für eine Veränderung widerspiegelt.

Wir lernen daraus, wie wichtig es ist, den „Es richten wollen"-Reflex einzuschränken. Es ist vergleichbar mit dem, was jeder lernen muss, der ein Auto bei Schnee und Eis fährt. Wenn der Wagen anfängt, nach rechts zu rutschen, ist die natürliche Tendenz nach links zu lenken, weil man ja dorthin fahren will. Tut man dies, vermindert man jedoch die Kontrolle und verstärkt das Rutschen. Egal, wie falsch sich das auch anfangs anfühlen mag, man muss in die Richtung des Rutschens lenken. Dies verbessert die Bodenhaftung und ermöglicht dem Fahrer, den Wagen zurück auf die Straße zu steuern.

MOTIVATION ALS EIN ZWISCHENMENSCHLICHER PROZESS

Was wir hier sagen wollen ist, dass Motivation in vieler Hinsicht ein *zwischenmenschlicher* Prozess ist, das Resultat einer Interaktion zwischen Personen. Dies weicht etwas von der allgemeinen Vorstellung ab, dass Motivation etwas Inneres ist, das in der Person als ein Zustand oder Charakterzug existiert. Motivation für eine Veränderung kann nicht nur durch den zwischenmenschlichen Kontext beeinflusst werden, sondern geht in direkter Weise daraus hervor.

Dies hat ganz klare Implikationen für die Psychotherapie. Wenn jemand zu einer Therapiesitzung erscheint, wird oft angenommen, dass die Person schon für eine Veränderung motiviert ist. Tatsächlich widmen viele Psychotherapieansätze der Motivation nur wenig Aufmerksamkeit und gehen davon aus, dass sie schon vorhanden ist. Setzt die Person den erteilten Rat nicht um, kann sie dann beschuldigt werden, unmotiviert zu sein, anstatt in Betracht zu ziehen, dass die Schwierigkeit – und die Lösung – vielleicht im zwischenmenschlichen Kontext liegen. Unser Standpunkt ist, dass die Exploration und die Verstärkung der Motivation für eine Veränderung in sich selbst eine angemessene Aufgabe, zeitweise sogar die wichtigste und notwendigste Aufgabe, innerhalb einer „helfenden" Beziehung wie Therapie, Gesundheitsversorgung und Ausbildung darstellt.

3. ÄNDERUNG ERLEICHTERN – DER „ES RICHTEN WOLLEN"-REFLEX

Diskrepanzen entwickeln

All dies weist in Richtung einer grundlegenden Dynamik in der Auflösung von Ambivalenz: Der Klient sollte die Argumente für die Veränderung selbst aussprechen. Wenn Sie sich in der Rolle desjenigen wiederfinden, der für eine Veränderung argumentiert, während Ihr Patient, Schüler oder Kind die Argumente dagegen ausspricht, sind Sie genau in der falschen Rolle. Therapeut und Patient nehmen in dieser Situation ergänzende Rollen ein. Obwohl die Drehbücher bekannt und vorhersehbar sind, verlassen die Parteien die Interaktion oft frustriert und unbefriedigt, jeder gibt vielleicht der anderen Seite die Schuld und sehr wenig positive Veränderung findet statt. Unser Kollege Jeff Allison schlug den hilfreichen Vergleich vor, dass sich eine solche Beziehung wie ein Ringkampf anfühlt, in dem jeder darum kämpft, die Oberhand zu gewinnen. Ein Ringkampf, der beide Teilnehmer erschöpft und wenigstens bei einem von ihnen das Gefühl der Niederlage hinterlässt. Motivierende Gesprächsführung ist eher wie tanzen: anstatt miteinander zu ringen, bewegen sich die Partner in einem harmonischen Zusammenspiel. Die Tatsache, dass einer von ihnen führt, ist eher subtil und für einen Beobachter nicht unbedingt offensichtlich. Gute Führung ist sanft, flexibel und einfallsreich.

Es ist Diskrepanz, die der wahrgenommenen Dringlichkeit für eine Veränderung zu Grunde liegt: keine Diskrepanz, keine Motivation. Diese Diskrepanz besteht im Allgemeinen zwischen dem gegenwärtigen Zustand und einem gewünschten Ziel, zwischen dem, was gerade ist und dem, wie man Dinge gerne haben möchte (Ziele). Beachten Sie, dass dies der Unterschied zwischen zwei *Wahrnehmungen* ist, und dass der Grad der Diskrepanz (auch eine Wahrnehmung) nur durch eine Veränderung in einer von beiden beeinflusst wird. Je größer die Diskrepanz, desto größer die Dringlichkeit einer Veränderung.

Weil jedoch die Wahrnehmung mit eingeschlossen ist, ist Diskrepanz viel komplexer als nur eine Subtraktion. So kann zum Beispiel das Verhalten einer Person in Konflikt mit ihren essenziellen Werten treten, ohne dass eine Veränderung des Verhaltens oder der Werte stattfindet. Dies geschieht vor allem dann, wenn eine Veränderung nicht in dem Verhalten, sondern in der wahrgenommenen *Bedeutung* des Verhaltens stattfindet. Hier ein Beispiel:

Ein Mann beendete sein Rauchen an dem Tag, an dem er seine Kinder von der Stadtbücherei abholte und ein Gewitter losbrach, als er dort ankam. Gleichzeitig bemerkte er ein bekanntes Problem, ihm waren die Zigaretten ausgegangen. Obwohl er aus dem Augenwinkel sah, dass seine Kinder das Gebäude verließen, entschied er sich, zuerst zu einem Kiosk zu fahren, um sich Zigaretten zu kaufen. Er war überzeugt, dies zu schaffen, bevor seine Kinder ernsthaft nass würden. Die Selbstwahrnehmung als ein Vater, der seine Kinder im Regen stehen lässt, um sich erst einmal Zigaretten zu beschaffen, war jedoch so demütigend, dass er mit dem Rauchen aufhörte (Premack, 1970 S. 115).

Weder das Rauchen selbst noch sein Wert, ein guter Vater zu sein, hatten sich verändert. Es war die Bedeutung seines Rauchens, die Wahrnehmung, dass es wichtiger geworden war als seine Kinder, die plötzlich unakzeptabel für ihn wurde. Wenn ein Verhalten in Konflikt mit einem essenziellen Wert tritt, ist es gewöhnlich das Verhalten, das sich ändert.

Es gibt offensichtlich eine Überschneidung zwischen Ambivalenz und Diskrepanz. Ohne eine gewisse Diskrepanz gibt es keine Ambivalenz. Deshalb ist für manche Personen der erste Schritt in Richtung Veränderung, dass sie erst einmal ambivalent *werden*. Während die Diskrepanz steigt, intensiviert sich zuerst die Ambivalenz, wenn die Diskrepanz dann weiter anwächst, kann die Ambivalenz in Richtung einer Veränderung aufgelöst werden. Wenn man sich Ambivalenz in dieser Weise vorstellt, ist sie in Wirklichkeit kein Hindernis für Veränderung, sondern die Ambivalenz macht vielmehr eine Veränderung erst möglich.

Change-Talk: Selbstmotivierende Sprache

Folglich besteht die Herausforderung erst einmal darin, die Ambivalenz zu intensivieren und sie dann, mittels der Entwicklung von Diskrepanzen zwischen der tatsächlichen Gegenwart und der erwünschten Zukunft, aufzulösen. Der „Es richten wollen"-Reflex kann einen zu einer zu direktiven oder konfrontierenden Kommunikationsweise verleiten, damit die Person „den Tatsachen ins Auge sieht". Wie wir jedoch schon erläutert haben, kann dies genau zum gegenteiligen Effekt führen, da es Argumente gegen eine Veränderung hervorruft. Folgt man dem „Es rich-

3. ÄNDERUNG ERLEICHTERN – DER „ES RICHTEN WOLLEN"-REFLEX

ten wollen"-Reflex endet man oft damit, genau die falschen Fragen zu stellen:

„Warum wollen Sie sich nicht ändern?"
„Wie können Sie mir sagen, dass sie kein Problem haben?"
„Wieso denken Sie, dass Sie kein Risiko eingehen?"
„Warum tun Sie nicht einfach ...?"
„Warum können Sie nicht …?"

Die jeweilige Antwort zu diesen Fragen ist immer eine Verteidigung des Status Quo, eine Erklärung, warum Veränderung nicht möglich oder praktikabel ist. In anderen Worten, solche Fragen rufen genau die gegenteilige Sprechweise von derjenigen hervor, die jemanden in Richtung einer Veränderung bewegt.

Veränderung wird hingegen durch eine Kommunikationsweise erleichtert, die die persönlichen Gründe und Vorteile der Person hervorruft, die für eine Veränderung sprechen. (Wir werden die praktischen Aspekte dieses Ansatzes in Teil 2 im Detail besprechen.) *Change-talk* lässt sich im Allgemeinen in eine dieser vier Kategorien einordnen:

1. Nachteile des Status Quo: Diese Aussagen belegen, dass es Gründe zur Besorgnis oder der Unzufriedenheit mit dem Ist-Zustand gibt. Dies kann, braucht aber nicht, das Eingeständnis eines „Problems" beinhalten. Diese Sprache spiegelt die Erkenntnis von ungewünschten Aspekten in dem gegenwärtigen Verhalten einer Person wider.

2. Vorteile einer Veränderung: Die zweite Kategorie von *change-talk* enthält die Erkenntnis möglicher Vorteile einer Veränderung. Während die erste Kategorie *change-talk* auf negative Aspekte des Status Quo fokussiert, betont diese zweite Kategorie die positiven Ergebnisse, die durch eine Veränderung gewonnen werden könnten. Beide Kategorien sind Gründe für eine Veränderung.

3. Optimismus bezüglich einer Veränderung: Eine dritte Art von *change-talk* drückt die Zuversicht und Hoffnung aus, die eine Person in ihre Fähigkeit hat, sich zu verändern. Dies kann in einer hypothetischen (ich könnte das tun) oder in einer deklarativen (ich kann das tun) Form erfolgen. Grundaussage ist, dass Veränderung möglich ist.

4. Absicht zur Veränderung: Wenn die Waage anfängt, sich zu neigen, beginnen Personen häufig eine Absicht, ein Verlangen, eine Bereitschaft oder eine Selbstverpflichtung zu einer Veränderung auszusprechen. Die Stärke der Absicht kann von einer eher schwachen bis zu einer sehr intensiven Selbstverpflichtungssprache reichen. Manchmal wird die Absicht auch eher indirekt ausgedrückt, zum Beispiel durch eine Vorstellung, wie Dinge sein würden, wenn eine Veränderung stattgefunden hätte.

In den nachfolgenden Erläuterungen und Kapiteln haben wir der Einfachheit halber den Ausdruck „Therapeut" für die Beschreibung der Person in der helfenden Rolle benutzt und den Ausdruck „Patient" für die Person, die diese Aufmerksamkeit erhält. Die Auswahl dieser Ausdrücke ist jedoch nebensächlich und unser grundlegender Fokus liegt auf dem Kommunikationsprozess, der sich zwischen zwei Menschen ereignet.

Eine Definition der motivierenden Gesprächsführung

Genau so, wie es möglich ist, Therapie in einer Weise durchzuführen, die Widerstand und „Gegenveränderungssprache" erzeugt, ist es auch möglich, in einer Weise zu kommunizieren, die *change-talk* hervorruft und dabei eine Person in Richtung Veränderung in Gang setzt. Dies ist der Ausgangspunkt für ein Verständnis der motivierenden Gesprächsführung (Motivational Interviewing, MI).
Zuerst einmal verdient die Wahl des Namens einen Kommentar. Der „motivierende" Teil ist offensichtlich genug, aber warum „Gesprächsführung"? Die Bedeutungen, die im Englischen mit dem Wort „Interview" verbunden sind, unterscheiden sich ziemlich von solchen Worten wie „Therapie", „Behandlung" und „Beratung". Es verbindet sich ein eher gleichberechtigtes, manchmal sogar untergeordnetes Gefühl mit dem Wort „Interview". Ein Reporter interviewt berühmte Personen. Studenten interviewen Experten, um etwas über ein neues Fachgebiet zu erfahren. Natürlich interviewen Arbeitgeber potenzielle Arbeitnehmer. Das Wort selbst deutet nicht an, wer mehr Macht hat oder wer wichtiger ist, es ist ein Interview (wörtlich: Zusammenschauen), also ein gemeinsames Betrachten eines Sachverhaltes. Ein Bild, das wir benutzen, ist das zweier Menschen, die Seite an Seite sitzen und ein Familienalbum durchblättern. Einer erzählt Geschichten, der andere hört zu, mit freundlichem und persönlichem Interesse. Der Erzähler blättert die Seiten um.

3. Änderung erleichtern – der „Es richten wollen"-Reflex

Der Zuhörer will lernen und verstehen und stellt gelegentlich freundliche Fragen bezüglich eines bestimmten Fotos oder eines Details, das nicht erwähnt wurde. Es ist ein ziemlich anderes Bild als das einer Untersuchung, Behandlung, Therapie oder Expertenberatung. Es ist ein Inter-View, ein gemeinsames Sehen und Betrachten.

Wir definieren motivierende Gesprächsführung als eine klientenzentrierte, direktive Methode zur Verbesserung der intrinsischen Motivation für eine Veränderung mittels der Erforschung und Auflösung von Ambivalenz. Die Elemente dieser Definition verdienen eine genauere Betrachtung.

Zum Ersten ist die motivierende Gesprächsführung klienten- und personenzentriert, sowohl in ihrem Fokus auf die Sorgen und Ansichten eines Individuums, als auch in unserer Anlehnung an die Arbeit von Carl Rogers und seinen Kollegen. In diesem Sinne ist motivierende Gesprächsführung eine Weiterentwicklung des klientenzentrierten Therapieansatzes, den Rogers entwickelt hat. Motivierende Gesprächsführung zielt nicht darauf ab, neue Fertigkeiten zu lehren, Kognitionen zu verändern oder die Vergangenheit auszugraben. Sie ist ganz auf die gegenwärtigen Interessen und Sorgen der Person konzentriert. Die Diskrepanzen, die exploriert und entwickelt werden, haben mit den Aspekten der Erfahrungen und Werten einer Person zu tun, die unvereinbar miteinander sind.

Zum Zweiten unterscheidet sich motivierende Gesprächsführung jedoch von der Methode, die Rogers beschrieben hat, darin, dass sie bewusst direktiv ist. Die Ausdrücke „klientenzentriert" und „non-direktiv" werden manchmal synonym benutzt, sie beziehen sich jedoch auf verschiedene Bestandteile des therapeutischen Stils. Die motivierende Gesprächsführung ist bewusst auf die Auflösung von Ambivalenz ausgerichtet, oft in einer bestimmten Richtung der Veränderung. Der Therapeut ruft *change-talk* hervor, verstärkt bestimmte Aspekte davon und reagiert auf möglichen Widerstand in einer Weise, dass dieser vermindert wird. Motivierende Gesprächsführung beinhaltet eine ganz bewusste Art, auf Sprache zu reagieren, so dass Ambivalenz aufgelöst und die Person in Richtung einer Veränderung bewegt wird.

Zum Dritten betonen wir ausdrücklich, dass die motivierende Gesprächsführung eher eine Methode der Kommunikation als eine Ansammlung von Techniken ist. Sie ist keine Trickkiste, um Menschen dazu zu bewegen, etwas zu tun, was sie nicht tun wollen. Es handelt sich nicht um etwas, das man Menschen *an*tut, sondern eher um eine bestimmte Art und Weise, mit andern Menschen zusammen und für sie da zu sein – ein Verständnis von Kommunikation, das Veränderung auf eine natürliche Weise hervorruft und fördert.

Viertens konzentriert sich motivierende Gesprächsführung auf das Hervorbringen der intrinsischen Motivation einer Person für eine Veränderung. Motivierende Gesprächsführung unterscheidet sich von motivierenden Strategien, die darauf bedacht sind, Veränderung durch extrinsische Mittel zu bewirken: Gesetzesvorschriften, Strafen, sozialer Druck, finanzieller Gewinn und ähnliches. Behaviorale Ansätze versuchen oft, das soziale Umfeld einer Person so umzugestalten, dass ein bestimmtes Verhalten verstärkt und ein anderes geschwächt wird. Wir wollen nicht den Eindruck erwecken, dass wir solche extrinsischen Ansätze ablehnen, sie können sehr effektiv in der Veränderung von Verhalten sein. Motivierende Gesprächsführung konzentriert sich jedoch immer auf die intrinsische Motivation zur Veränderung, selbst bei Personen, die anfänglich auf Grund von extrinsischem Druck (zum Beispiel einer gerichtlichen Auflage) zur Therapie kommen.

Fünftens, diese Methode konzentriert sich auf die Erforschung und Auflösung von Ambivalenz als Schlüssel, um eine Veränderung hervorzurufen. Sie zielt auf die motivationalen Prozesse innerhalb der Person, die eine Veränderung fördern. Motivierende Gesprächsführung wird nicht (und nach unserer Überzeugung: kann nicht) gebraucht werden, um Veränderungen aufzudrängen, die mit den persönlichen Werten und Überzeugungen einer Person unvereinbar sind. In diesem Punkt unterscheidet sie sich von Methoden, die versuchen, eine Veränderung aufzuzwingen. Solange eine Veränderung nicht in den eigenen Interessen einer Person begründet ist, wird sie nicht stattfinden. Im Rahmen der motivierenden Gesprächsführung entsteht Veränderung durch deren Bedeutsamkeit in Verbindung mit den Werten und Sorgen einer Person.

Einschränkungen der motivierenden Gesprächsführung

Bevor wir den Stil und die Anwendungen der motivierenden Gesprächsführung genauer darstellen, sind noch einige wichtige Punkte zu klären. Zum Ersten glauben wir, dass wir gerade erst beginnen, sie zu verstehen, obwohl wir schon zwei Jahrzehnte lang Erfahrungen in der Entwicklung und Untersuchung dieses Ansatzes gesammelt haben. Die klinische For-

3. Änderung erleichtern – der „Es richten wollen"-Reflex

schung, die die Effizienz der motivierenden Gesprächsführung untersucht, ist sehr ermutigend, jedoch immer noch in einem frühen Stadium. Es gibt empirische Beweise, *dass* motivierende Gesprächsführung in bestimmten Anwendungsbereichen wirkt, aber die Daten zeigen bisher nicht eindeutig, *wie* und *warum* sie wirkt.

Wir sehen motivierende Gesprächsführung nicht als ein Allheilmittel an, das die Antwort für die meisten oder gar alle Therapie- oder Verhaltensänderungsprobleme darstellt. Es ist eine Methode, die in Harmonie mit anderen angewendet werden kann. Wir glauben auch nicht, dass sie für jeden die beste oder einzige Methode ist, um die Motivation für eine Veränderung zu erhöhen. In vielen Rahmenbedingungen ist es natürlich angebracht, zu belehren, klare Ratschläge anzubieten, Fertigkeiten zu lehren, Zwang auszuüben oder Entscheidungen für andere zu fällen. Es gibt Leute, die, zumindest in manchen Situationen, bevorzugen, dass man ihnen einfach sagt, was sie tun sollen und sie tun es dann auch.

Es gibt auch noch keine Klarheit über die Grenzen der motivierenden Gesprächsführung. Wir haben noch keine eindeutige Antwort auf die Frage: „Mit welchem Personenkreis sollte man diesen Ansatz nicht benutzen?" Auf der Suche nach diesen Grenzen wurde die motivierende Gesprächsführung an immer neuen herausfordernden Gruppen getestet: schwerst alkohol- und drogenabhängige Personen, Jugendliche, Personen, die von der Justiz zu Behandlungen verpflichtet wurden sowie Menschen mit chronifizierten Krankheiten. Es gibt schon einige Hinweise aus Studien, dass manche Untergruppen mehr Veränderung zeigen könnten, wenn sie einen anderen Ansatz angeboten bekommen, vielleicht diejenigen, die weniger Widerstand gegen und eine größere Bereitschaft für eine Veränderung zu Beginn der Therapie haben. Eine sehr große Studie über die Wirksamkeit von Psychotherapien in der Behandlung von Alkoholabhängigkeit (Project MATCH) zeigte, dass ein Ansprechen auf die Motivationsaufbautherapie (MET) weder von Soziopathie, der Schwere der Alkoholabhängigkeit, begleitenden psychischen Problemen oder kognitiven Einschränkungen beeinträchtigt wurde. In der gleichen Studie zeigte sich, dass Leute mit angestauter Wut besonders gut auf einen auf motivierender Gesprächsführung aufgebauten Ansatz ansprachen, während die Patienten mit weniger Wut zu Beginn der Behandlung etwas besser auf kognitiv-behaviorale oder auf eine Therapie, die dem 12-Stufen-Programm der AA basierte, reagierten. Es gibt noch viel darüber zu lernen, wann motivierende Gesprächsführung mehr oder weniger effektiv ist.

INTEGRATION IN ANDERE BEHANDLUNGSANSÄTZE

Zum Schluss möchten wir einige Gedanken dazu anbieten, wie die motivierende Gesprächsführung in andere Methoden zur Förderung von Veränderungen integriert werden kann. Obwohl sich motivierende Gesprächsführung von anderen Therapieansätzen unterscheidet (siehe die erste Ausgabe unseres Buches), bedeutet das keinesfalls, dass sie unvereinbar mit anderen Methoden ist. Grundsätzlich ist motivierende Gesprächsführung für das Anregen von Veränderungen gedacht. Für manche Personen ist das alles, was sie benötigen. Sobald sie sich von der Ambivalenz zur Selbstverpflichtung bewegt haben, schreitet die Veränderung ohne zusätzliche Hilfe fort. Andere stellen nach der Behandlung mit motivierender Gesprächsführung fest, dass sie zusätzliche Hilfe benötigen, um die gewünschte Veränderung umzusetzen. In diesem Sinne können andere Veränderungsmethoden ganz natürlich an die motivierende Gesprächsführung anknüpfen.

Unsere ursprüngliche Vorstellung von der motivierenden Gesprächsführung war tatsächlich, dass sie eine Vorbereitung für weitere Behandlungen sein sollte, um Motivation und Teilnahme zu verstärken. Im Anfang war sie nicht als eine eigene Methode konzipiert. Diese Realisation kam später, nachdem Untersuchungen im Kontrollgruppen-Vergleich mit Personen, die keinerlei Therapie erhielten, zeigten, dass schon bald nach ein oder zwei Sitzungen motivierender Gesprächsführung ohne irgendwelche zusätzliche Behandlung eine Veränderung stattfand. Mehrere Studien zeigten die Effekte, die wir ursprünglich im Sinne hatten: dass nämlich die Wahrscheinlichkeit, dass Patienten, die motivierende Gesprächsführung zu Beginn einer Behandlung erhalten, länger in Behandlung bleiben, härter arbeiten, sich besser an die Behandlungsvorschläge halten und bedeutend bessere Resultate erzielen, höher ist, als für diejenigen, die die gleiche Behandlung ohne motivierende Gesprächsführung erhalten. Im Bereich der Behandlung von Substanzmissbrauch, in dem die größte Anzahl von Studien bezüglich der motivierenden Gesprächsführung durchgeführt wurde, erleichtert der Zusatz dieser Therapie die Behandlung mittels kognitiv-behavioralem Fertigkeitentraining, 12-Stufen Therapie und Methadon Substitution.

Die naheliegende Integration wäre demzufolge, die motivierende Gesprächsführung in der ersten Sitzung als Einstieg für andere Hilfen anzubieten. Das kann vor allem in den Einrichtungen hilfreich sein, wo die

3. ÄNDERUNG ERLEICHTERN – DER „ES RICHTEN WOLLEN"-REFLEX

Anzahl der Sitzungen beschränkt ist (zum Beispiel bei betriebsinternen Hilfsprogrammen) und mit Populationen, bei denen ein früher Behandlungsabbruch die Regel ist (zum Beispiel Drogenabhängigkeit). In Situationen wie diesen, in denen die motivierende Gesprächsführung die einzige Intervention darstellt, die man anbieten kann, ist es trotzdem realistisch anzunehmen, dass etwas Hilfreiches angeboten wurde. Gleichzeitig scheint die motivierende Gesprächsführung die Wahrscheinlichkeit zu erhöhen, dass Leute zu zusätzlichen Behandlungsterminen wiederkommen und dies erhöht wiederum die Möglichkeit, zusätzliche Hilfe zu erhalten. Diejenigen, die zusätzliche Hilfe zum Weiterführen einer Veränderung wünschen oder benötigen, können dann zusätzliche Behandlungen erhalten.

Überraschenderweise macht es kaum einen Unterschied, wenn die nachfolgende Behandlung nicht mit allen Prinzipien der motivierenden Gesprächsführung übereinstimmt. In einer Studie zum Beispiel wurde motivierende Gesprächsführung als die experimentale Bedingung bei der Aufnahme in ein stationäres Programm mit einem konfrontativen und sehr direktiven Ansatz eingesetzt. Die Kontrollgruppe erhielt kein MI. Die behandelnden Therapeuten, denen die Zuteilung nicht bekannt war, beurteilten die Patienten, die motivierende Gesprächsführung erhalten hatten, als motivierter und als mehr compliant. Die Ergebnisse nach der Zwölf Monats-Katamnese waren auch signifikant besser für die Gruppe, die motivierende Gesprächsführung erhalten hatte.

Eine weitere Möglichkeit der Integration ist der Gebrauch der motivierenden Gesprächsführung als Therapie- und Kommunikations-Stil für den gesamten Verlauf der Behandlung. Es gibt schon zahlreiche Integrationen dieses Stils in andere Behandlungsansätze, zum Beispiel Rückmeldung von Befunden, Schwangerschafts-Beratung und Diabetes Management. Die Informationen und Interventionen werden im Stil der motivierenden Gesprächsführung übermittelt, die sowohl direktiv als auch klientenzentriert ist. Es entsteht ein spielerisches Hin und Her zwischen dem didaktischen Inhalt und einer Ermutigung der Person, ihre eigenen Wahrnehmungen und Reaktionen einzubringen.

Noch eine Möglichkeit besteht darin, die motivierende Gesprächsführung in petto zu haben, um im weiteren Verlauf der Behandlung, wenn motivationale Themen auftreten, darauf zurückzugreifen. Ambivalenz erscheint nicht immer am Anfang der Behandlung. Neue Herausforderungen der Motivation können sich dann ergeben, wenn zum Beispiel

Hausaufgaben erteilt oder schwierige Phasen der Behandlung erreicht werden. An diesen Punkten ist es möglich, auf die motivierende Gesprächsführung zurückzugreifen, um neue Herausforderungen an die Motivation zu lösen.

Alle drei Anwendungen – als Einleitung der Behandlung, durchgängiger Bestandteil und Rückfalloption – sind in eine umfassende Intervention für Alkoholabhängigkeit im Rahmen einer Multicenterstudie integriert worden. Diese Studie ist als „Project COMBINE" bekannt. Die erste Sitzung beinhaltet hauptsächlich motivierende Gesprächsführung, zum Hervorrufen und Wahrnehmen der Sorgen und Gründe des Patienten bezüglich einer Veränderung. Eine Rückmeldung der Befunde unter Anwendung der motivierenden Gesprächsführung beginnt in der zweiten Sitzung, gefolgt von einer gründlichen funktionalen Analyse des Alkoholkonsums. Die Ergebnisse werden dann in einem Behandlungsplan zusammengefasst, der die Ziele enthält, für die sich der Patient bezüglich einer Verhaltensänderung entschieden hat. Dann werden kognitiv-behaviorale Module zum Trainieren von Fertigkeiten, die das Erreichen dieser Ziele erleichtern können, angewendet. Auch dies geschieht im Stil der motivierenden Gesprächsführung, so dass der Therapeut stets auf diese Methode zurückgreifen kann, falls Hindernisse für die Motivation auftreten. Die persönliche Freiheit und Selbstbestimmung des Patienten werden im Laufe der Behandlung immer wieder betont.

4. Was ist motivierende Gesprächsführung?

DER *SPIRIT* DER MOTIVIERENDEN GESPRÄCHSFÜHRUNG

Im Verlauf der elf Jahre seit Erscheinen der ersten Ausgabe dieses Buches haben wir festgestellt, dass unser Schwerpunkt weniger auf den Techniken der motivierenden Gesprächsführung liegt, sondern eher auf dem ihr zu Grunde liegenden *spirit*. Die Ursache dafür ist teilweise die Begegnung mit Menschen, die einige der Techniken ohne ein Verständnis für deren Zusammenhang nachahmten, jedoch glaubten, sie würden motivierende Gesprächsführung anwenden (oder lehren). Wir sahen auch Beschreibungen und Bewertungen von Interventionen, die „motivierende Gesprächsführung" genannt wurden, aber wenig Ähnlichkeit mit unserem Verständnis dieser Methode zeigten. Der umfassendere Begriff „motivierende Interventionen" (die alles Mögliche von Geld, Gutscheinen bis zu Elektroschocks beinhalten können) ist mittlerweile auch sehr gebräuchlich und wird oft mit der motivierenden Gesprächsführung verwechselt.

Dies ist natürlich ein normales Phänomen in der Verbreitung von Innovationen. Eine Möglichkeit wäre es, den Gebrauch des Terminus zu kontrollieren, Anwender zu zertifizieren und Urheberrechte zu schützen. Wir haben uns jedoch entschlossen, unsere beschränkte Zeit und Bemühungen darauf zu konzentrieren, die Qualität der Anwendung, des Trainings und der Forschung zu fördern und so klar wie möglich darzustellen, was motivierende Gesprächsführung ist und was keine motivierende Gesprächsführung ist.

Wenn motivierende Gesprächsführung eine Art und Weise des Zusammenseins mit Menschen darstellt, dann liegt der ihr zu Grunde liegende *spirit* in einem Verständnis und einer Erfahrung der menschlichen Natur, die diese Art und Weise des Seins entstehen lässt. Wie man über den Gesprächsprozess denkt und ihn versteht, ist von größter Relevanz in der Gestaltung eines Gespräches.

Partnerschaftlichkeit

Ein elementarer Bestandteil des Wesens der motivierenden Gesprächsführung ist sicherlich ihre partnerschaftliche Natur. Der Therapeut vermeidet ein autoritäres Übergeordnetsein und vermittelt stattdessen eine partnerschaftliche Beziehung. Die Methode der motivierenden Gesprächsführung zieht es vor, zu erforschen, anstatt zu ermahnen und zu unterstützen, anstatt zu überreden oder zu argumentieren. Der Therapeut versucht, eine positive zwischenmenschliche Atmosphäre zu schaffen, die Veränderung fördert, jedoch nicht erzwingt. Die partnerschaftliche Natur der Methode beinhaltet, dass der Therapeut sich seiner eigenen Erwartungen bewusst ist und diese stetig überprüft. Der zwischenmenschliche Prozess der motivierenden Gesprächsführung ist geprägt vom Zusammentreffen unterschiedlicher Intentionen. Ohne sich bewusst zu sein, was man selbst in diesen Prozess einbringt, fehlt einem die Hälfte des Bildes (siehe Kapitel 12).

Evocation

Entsprechend der partnerschaftlichen Rolle ist der Therapeut nicht darauf bedacht, Verständnis, Einsicht und Realität zu vermitteln, sondern dies eher hervorzurufen, das heißt diese im Patienten zu finden und hervorzulocken.

Wir möchten hier eine Parallele zum Bereich der „Ausbildung", im Englischen „education", ziehen. Das lateinische Verb docere, eine Wurzel für die Begriffe Doktor, Dozent und Indoktrination, suggeriert eine Expertenrolle, das Verleihen oder „Hineinstecken" von Wissen in den Schüler oder Studenten. Im Gegensatz dazu hat das Verb ducare die Bedeutung von ziehen, somit bedeutet educare etwas herausziehen, wie zum Beispiel Wasser aus einem Brunnen. Dieses Verständnis von „education" oder Ausbildung, das sich an die sokratische Tradition anlehnt, ist für uns eine passende Analogie für den Prozess der motivierenden Gesprächsführung. Es geht nicht um ein Aufpfropfen oder Eintrichtern, sondern eher um ein Hervorlocken, ein Herauskitzeln der Motivation aus der Person. Es setzt voraus, dass man die intrinsische Motivation in der Person findet und sie sichtbar macht, sie „ausbildet".

Autonomie

In der motivierenden Gesprächsführung liegt die Verantwortung für eine Veränderung beim Klienten. Dort muss sie unserer Meinung nach auch liegen, egal wie sehr Fachleute auch diskutieren, was man Men-

4. Was ist motivierende Gesprächsführung?

schen erlauben kann, was man ihnen gestatten darf oder wie sehr man sie dazu bewegen soll, bestimmte Dinge zu tun oder zu wählen. Mit anderen Worten: die Selbstbestimmung der Person wird respektiert. Der Patient hat jederzeit die Freiheit, einen Rat anzunehmen oder auch nicht. Das übergreifende Ziel ist es, die intrinsische Motivation zu erhöhen, so dass die Veränderung eher von innen heraus entsteht als dass sie von außen aufgepfropft wird. Somit dient die Veränderung auch stets den Zielen und Werten des Klienten. Wie wir schon früher betont haben: wird motivierende Gesprächsführung richtig durchgeführt, ist es eher der Klient als der Therapeut, der die Argumente für die Veränderung ausdrückt.

Kasten 4.1: Die Grundhaltung der motivierenden Gesprächsführung

Grundsätzliche Einstellungen der motivierenden Gesprächsführung	Gegensätzliche Einstellungen anderer Therapieverfahren
Partnerschaftlichkeit Es besteht eine Partnerschaft, die die Kenntnisse und Standpunkte des Klienten würdigt. Der Therapeut schafft eine Atmosphäre, die Veränderung eher fördert als erzwingt.	*Konfrontation* Da das Realitätsverständnis des Klienten beeinträchtigt ist, beinhaltet die Therapie, ihn durch Konfrontation zu einer Wahrnehmung und Akzeptanz der „Realität", die er nicht sehen oder zugeben will, zu bewegen.
Evokation Es wird angenommen, dass Ressourcen und Motivation zur Veränderung im Klienten selbst vorhanden sind. Diese intrinsische Motivation zur Veränderung wird durch Einbeziehung der Wahrnehmungen, Ziele und Werte des Klienten verstärkt.	*Ratschläge* Es wird angenommen, dass dem Klienten notwendiges Wissen, Einsicht oder Fertigkeiten, die für eine Veränderung notwendig sind, fehlen. Der Therapeut versucht, diese Defizite durch entsprechende Ratschläge auszugleichen.
Autonomie Der Therapeut bestätigt das Recht und die Fähigkeit des Klienten auf Selbstbestimmung und fördert eine ausgewogene Entscheidungsfindung.	*Autorität* Der Therapeut sagt dem Patienten, was er tun muss.

Wie weit ist der Horizont?

Ein übergeordneter Punkt, den wir hier behandeln wollen, ist die Frage, in welchen Bereichen motivierende Gesprächsführung anzuwenden ist und wo nicht. Wie der Name andeutet, ist MI gedacht, sich auf Schwierigkeiten mit der Motivation zu konzentrieren, zum Beispiel, wenn es um eine Veränderung geht, zu der eine Person noch nicht eindeutig bereit oder willens ist, oder wenn sie ambivalent ist. Die motivierende Gesprächsführung selbst ist eine kunstvolle klinische Methode, ein Stil der Beratung und Psychotherapie. Sie ist keine Sammlung von Techniken, die man schnell lernen kann, um mit ärgerlichen Motivationsproblemen umzugehen.

In diesem Zusammenhang ist von Bedeutung, wann und mit wem motivierende Gesprächsführung angewendet wird. Es gibt zum Beispiel ein großes Interesse für die Anwendung der motivierenden Gesprächsführung in medizinischen Bereichen, wo das Thema der Bereitschaft von Patienten, eine Verhaltensänderung vorzunehmen, „gang und gäbe" ist, und wo die Behandelnden nur wenige Minuten Zeit haben, dies anzusprechen. Fachpersonal in diesen Arbeitsbereichen verlangt gewöhnlich nach einer einfachen Methode, die schnell anzuwenden ist und die das Zögern der Patienten anspricht, ihr gesundheitsbezogenes Verhalten zu ändern. Dieses Verlangen ist berechtigt und es gibt zahlreiche einfachere Methoden, die in solchen Zusammenhängen hilfreich sein können. Wir unterscheiden diese jedoch von der klinischen Methode der motivierenden Gesprächsführung.

Der Unterschied ist vergleichbar mit dem zwischen einem voll ausgebildeten Arzt und einem Sanitäter oder medizinischen Assistenten, der ausgebildet ist, bestimmte Interventionen in genau definierten Situationen durchzuführen. Der Arzt, dessen medizinische Ausbildung breit gefächert ist, ist in der Lage, aus einer großen Anzahl von klinischen Kenntnissen und Fertigkeiten diejenigen auszusuchen, die für die Behandlung der Probleme seines Patienten von Nutzen sind. Ein Sanitäter erlernt eng umrissene Fertigkeiten, die sehr hilfreich, oft sogar lebensrettend sind, wenn sie rechtzeitig in eher begrenzten Situationen angewendet werden.

In der gleichen Weise hat ein Therapeut in motivierender Gesprächsführung diese breit gefächerte klinische Methode gelernt und geübt, sie flexibel auf eine Vielzahl von Motivationsthematiken anzuwenden. Es gibt praktische Feinheiten und komplexe ethische Dilemmata, mit denen ein erfahrener MI-Kliniker vertraut und durch die er vorbereitet ist, diese Methode bei einem breiten Spektrum von Personen und Problemen anzuwenden und sie zu adaptieren.

Das heißt natürlich nicht, dass vielbeschäftigte Fachleute im Gesundheitswesen die Methode der motivierenden Gesprächsführung nicht lernen könnten oder sollten. Es gibt viele, die bereits ausgezeichnet zuhören können und dadurch einen großen Vorsprung in der Entwicklung klinischen Geschicks in motivierender Gesprächsführung haben. Wir haben unter anderem Berater, Oecothrophologen, Sportphysiologen, forensische Psychiater, Krankenpfleger, Ärzte, Seelsorger, Bewährungshelfer, Psychologen, Krankengymnasten, Sachbearbeiter und Sozialarbeiter ausgebildet.

Ähnlich der Entwicklung auf dem Gebiet der medizinischen Notfallmaßnahmen, sind auch wir an der Entwicklung einfacher Techniken interessiert, die in der Praxis angewendet werden können, ohne dass man die ganze Breite der motivierenden Gesprächsführung lernen und volle klinische Meisterschaft darin entwickeln muss. Wir sind dabei vorsichtig und bezeichnen diese Adaptionen nicht als motivierende Gesprächsführung, sondern reservieren diesen Terminus für die umfassendere klinische Methode von MI.

Es gibt auch motivationale Situationen, die allen Fachleuten im Gesundheitswesen vertraut sind, für die MI, vor allen aus ethischen Gründen, keine angemessene Methode ist. Wir würden es zum Beispiel als unangemessen ansehen, die motivierende Gesprächsführung anzuwenden, um die Bereitschaft eines Patienten zur Einverständniserklärung bezüglich einer Behandlung oder Studienteilnahme zu erzielen. Ethische Sachverhalte im Gebrauch der motivierenden Gesprächsführung werden im Kapitel 12 angesprochen.

VIER ALLGEMEINE PRINZIPIEN

Um Ihnen zu helfen, den Wald zu sehen, bevor wir unser Augenmerk auf die einzelnen Bäume richten, werden wir als Nächstes vier Prinzipien beschreiben, auf deren Basis die praktische Anwendung der motivierenden Gesprächsführung aufbaut. Dies führt uns einen Schritt weiter von der oben beschriebenen geistigen Grundhaltung in Richtung der konkreten Anwendung. Sie stellen eine Verfeinerung der Prinzipien dar, die erstmals von Miller (1983) und dann in der ersten Ausgabe dieses Buches beschrieben wurden. Diese Prinzipien sind:

1. Empathie ausdrücken.
2. Diskrepanzen entwickeln.
3. Widerstand umlenken.
4. Selbstwirksamkeit fördern.

Wir werden diese vier Basisprinzipien hier erklären und in den späteren Kapiteln genauer ausführen, wie man sie umsetzt.

1. Empathie ausdrücken

Ein klientenzentrierter und empathischer Therapiestil ist das grundlegende und definierende Merkmal der motivierenden Gesprächsführung. Wir verstehen die therapeutische Fertigkeit des aktiven Zuhörens oder angemessener Empathie, wie Carl Rogers es bezeichnet hat, als das Fundament, auf dem die motivierende Gesprächsführung aufbaut. Diese Grundhaltung der emphatischen Kommunikation wird gleich zu Beginn und während des ganzen Prozesses der motivierenden Gesprächsführung angewendet.

Die diesem Prinzip der Empathie zu Grunde liegende Einstellung lässt sich als „Akzeptanz" bezeichnen. Durch kunstvolles aktives Zuhören versucht der Therapeut, die Gefühle und Betrachtungsweisen des Patienten zu verstehen, ohne sie zu werten, zu kritisieren oder Schuld zuzuweisen. Hierbei ist wichtig, zu verstehen, dass Akzeptanz nicht das Gleiche ist wie Zustimmung oder Billigung. Es ist durchaus möglich, den Standpunkt einer Person zu verstehen und zu akzeptieren, ohne diesen zu unterstützen oder ihm zuzustimmen. Eine akzeptierende Einstellung verbietet es dem Therapeuten nicht, anderer Meinung als der Patient zu sein und dies auch auszudrücken. Entscheidend ist das respektvolle Zuhören und ein Verlangen, die Perspektive der Person zu verstehen. Paradoxerweise scheint gerade diese Einstellung, Menschen so zu akzeptieren wie sie sind, ihnen die Freiheit zu gewähren, sich zu verändern, wohingegen ein fortwährendes Nichtakzeptieren („Sie sind nicht in Ordnung. Sie müssen sich ändern!") den Veränderungsprozess blockiert. Familientherapeuten bezeichnen dieses Phänomen als „ironischen Prozess", weil er – wie in der griechischen Tragödie – genau das Ergebnis erzeugt, das man vermeiden will. Glücklicherweise funktionieren Selffulfilling Prophecys in beide Richtungen. Eine akzeptierende und respektvolle Einstellung hilft beim Aufbau der therapeutischen Beziehung und unterstützt das Selbstwertgefühl des Patienten, welches wiederum die Veränderung fördert.

Ein empathischer Therapeut versucht, so auf die Sichtweisen des Patienten zu reagieren, als seien sie verständlich, nachvollziehbar und – wenigstens vom Standpunkt der Person aus betrachtet – berechtigt. Ambivalenz wird als ein normaler Teil der menschlichen Erfahrung und Veränderung akzeptiert und nicht als pathologische oder schädliche Abwehrhaltung angesehen. In Beratung und Therapie wird eher erwartet, dass der Klient zögert, sein problematisches Verhalten zu ändern. Ansonsten hätte er sich schon verändert, bevor er diesen Punkt erreicht hat. Der Klient wird deshalb nicht als krankhaft oder unfähig angesehen. Die Situation der Person wird viel eher als durch verständliche psychische Prozesse „verhaftet" verstanden.

Prinzip 1: Empathie ausdrücken

Akzeptanz fördert Veränderung.
Geschicktes aktives Zuhören ist unabdingbar.
Ambivalenz ist normal.

---

2. Diskrepanzen entwickeln

Wir sind natürlich *nicht* der Meinung, dass es Ziel der motivierenden Gesprächsführung sein sollte, dass die Klienten sich so akzeptieren, wie sie sind und dann alles beim Alten bleibt. Noch befürworten wir den Gebrauch des aktiven Zuhörens in einer Weise, die dem Klienten passiv, in welche Richtung auch immer, folgt. Eine drogenabhängige Person, die ihre Gesundheit gefährdet, sollte unterstützt werden, dieses Verhalten zu ändern. Eine Person mit der Diagnose einer koronaren Herzerkrankung oder einem Diabetes ist gut beraten, einschneidende Veränderungen in ihrem Verhalten vorzunehmen. Die Frage ist nur, wie man eine derart unangenehme Tatsache so darstellt, dass die Person sich ihr stellen und sich ändern kann.

Hier fängt die motivierende Gesprächsführung an, sich von der klassischen klientenzentrierten Psychotherapie zu unterscheiden. Motivierende Gesprächsführung ist ganz bewusst direktiv, sie bemüht sich um eine Auflösung der Ambivalenz zu Gunsten einer Veränderung. Die ausschließlich selbstexplorierende Art der klientenzentrierten Therapie ist für andere Zwecke durchaus angebracht, zum Beispiel, um Menschen zu helfen, ihr Leben zu ordnen oder schwierige Entscheidungen zu treffen. Motivierende Gesprächsführung ist jedoch explizit darauf ausgerichtet, Personen zu „befreien" und ihnen zu helfen, ihre Ambivalenz aufzulösen und sich in Richtung einer positiven Verhaltensänderung vorwärts zu bewegen. Natürlich steckt hinter der Bezeichnung „positiv" ganz offensichtlich eine ethische Bewertung. Diese werden wir in Kapitel 12 ausführlicher ansprechen.

Das zweite allgemeine Prinzip der motivierenden Gesprächsführung ist also die Erzeugung und Verstärkung einer wahrgenommenen Diskrepanz zwischen dem gegenwärtigen Verhalten des Klienten und seinen grundsätzlichen Zielen und Werten. In der ursprünglichen Version von MI wurde dies als die Erzeugung einer „kognitiven Dissonanz" beschrieben, entsprechend eines Konzeptes von Leon Festinger. Ein allgemeinerer, und wie wir mittlerweile glauben, besserer Weg, diesen Zustand zu verstehen, beschreibt ihn einfach als eine Diskrepanz zwischen dem gegenwärtigen Zustand und dem, wie man sein will. Das erspart uns, einen inneren Antrieb in Richtung einer „kognitiven Konsonanz" vorauszusetzen. Diskrepanz kann durch ein Bewusstwerden oder Unbehagen bezüglich der Kosten des gegenwärtigen Verhaltens und den wahrgenommenen Vorteilen einer Veränderung ausgelöst werden. Wenn ein Verhalten als widersprüchlich mit wichtigen persönlichen Zielen angesehen wird, wie etwa Gesundheit, Erfolg, Familienglück oder positives Selbstbild, dann wird es wahrscheinlicher, dass eine Veränderung stattfindet.

Wir sollten klarstellen, dass die Diskrepanz, so wie wir diesen Begriff in der motivierenden Gesprächsführung verstehen, mit der *Dringlichkeit* einer Veränderung in Beziehung steht. Dies ist, anders als das Ausmaß der erwünschten Verhaltensänderung, das Ausmaß des Unterschieds zwischen Ist- und Sollzustand. Diesen Unterschied wollen wir im Rahmen dieser Ausführungen als die „Verhaltenslücke" bezeichnen. Beide sind leicht zu verwechseln, aber der Unterschied ist wichtig. Falls die Verhaltenslücke sehr groß ist, kann sie die Motivation durch ein Vermindern des Selbstbewusstseins herabsetzen. Je breiter ein Graben ist, umso geringer ist das Selbstvertrauen, dass man ihn überspringen kann. Eine Verhaltenslücke kann zwar recht klein sein, aber die Dringlichkeit des Überspringens sehr groß. Obwohl es sehr einfach ist, sich eine Verhaltenslücke vorzustellen, die so groß ist, dass sie demotivierend wirken kann, ist es schwer, sich eine Veränderung vorzustellen, die zu wichtig ist, um sie durchzuführen. Genauso wie Dringlichkeit und Selbstvertrauen verschiedene Aspekte der Motivation sind (siehe Kapitel 6), beeinflussen Diskrepanz und Verhaltenslücke die Motivation auf unterschiedliche Weise.

Viele Menschen, die Hilfe suchen, nehmen bereits eine bedeutende Diskrepanz wahr zwischen dem, was geschieht und dem, was sie wollen, dass geschieht. Sie sind jedoch auch ambivalent, gefangen in einem Annäherungs-Vermeidungs-Konflikt. Ein Ziel der motivierenden Gesprächsführung ist es, Diskrepanzen zu entwickeln, sie zu nutzen und so zu verstärken, bis sie die Trägheit des Status Quo überwinden. Die Methoden der motivierenden Gesprächsführung versuchen, dies im Inneren der Person zu erreichen, anstatt sich vordringlich auf äußere und zwingende Motivatoren, wie etwa Druck vom Ehepartner, Abmahnungen oder gerichtlichen Auflagen zu verlassen. Dies bedeutet, gemeinsam die Ziele und Wünsche eines Klienten zu identifizieren und herauszufinden, welche mit dem Verhalten in Konflikt stehen. Wird sie geschickt angewendet, verändert die motivierende Gesprächsführung die Wahrnehmung der Diskrepanz durch den Klienten, ohne bei diesem den Eindruck zu erwecken, dass er gezwungen oder genötigt wurde. Dies beruht darauf, dass diese Diskrepanz zwischen einem gegenwärtigen Verhalten und bestimmten Zielen oder Werten besteht, die der Person wichtig sind. Ein Gefühl der Nötigung entsteht, wenn eine Person gezwungen wird, ihr Verhalten zu verändern, weil es mit den Wünschen und Werten von *jemand anderem* in Widerspruch steht.

Diese grundsätzliche Vorgehensweise führt dazu, dass der Klient selbst die Gründe für eine Veränderung liefert, nicht der Therapeut. Menschen lassen sich viel eher von dem überzeugen, was sie sich selbst sagen hören als von dem, was andere Leute ihnen sagen. Wenn motivierende Gesprächsführung geschickt angewendet wird, ist es nicht der Therapeut, sondern der Klient, der die Sorgen, die Gründe, die Selbstwirksamkeitsannahmen und die Veränderungsabsichten ausspricht.

> Prinzip 2: Diskrepanz entwickeln
>
> Der Klient soll die Argumente für eine Veränderung selbst liefern, nicht der Therapeut.
> Eine wahrgenommene Diskrepanz zwischen gegenwärtigem Verhalten und persönlich wichtigen Werten und Zielen motiviert zu Veränderung.

3. Widerstand umlenken

Die am wenigsten wünschenswerte Situation, will man eine Veränderung hervorrufen, ist die, dass der Therapeut für eine Veränderung plädiert, während der Patient dagegen argumentiert. Solche Argumente sind kontraproduktiv. Es ist nicht nur unwahrscheinlich, dass die ambivalente Person überredet wird, es ist sogar möglich, dass sie durch diese direkte Argumentation in die entgegengesetzte Richtung gedrängt wird, in die Richtung, die sie gezwungen ist, zu verteidigen.

Wenn man nicht für eine Veränderung argumentieren soll, was sollte man dann tun? Jay Haley und andere Pioniere der Familientherapie sprachen vom „psychologischen Judo". Sie stellten damit einen Vergleich zu den Kampfsportarten her, die einen Angriff nicht mit direkter Gegenwehr, wie im Boxen, beantworten, sondern eher die Impulse des Angreifers zum eigenen Vorteil umlenken. Es ist egal, wie man einen Meister dieser Künste angreift. Alle Schläge gehen ins Leere, und je härter man angreift, umso schneller fällt man ins Nichts.

Dieser Vergleich kann leicht zu weit geführt werden. Motivierende Gesprächsführung ist kein Zweikampf, nicht einmal eine Schachpartie, es geht nicht ums Gewinnen oder Verlieren. Der Klient ist kein Gegner, der überlistet oder besiegt werden muss. Widerstand umzulenken ist jedoch eine hilfreiche Vorstellung. Der Widerstand, den eine Person anbietet, kann geringfügig umformuliert oder umgelenkt werden, um so einen neuen Impuls in Richtung einer Veränderung zu erzeugen. Das Objekt, das sich hierbei in Bewegung befindet, ist kein Körper, sondern eine Wahrnehmung. Wie dies konkret funktioniert und was dabei schwierig werden kann, beschreiben wir später. Hier geht es erst einmal nur darum, dass motivierende Gesprächsführung Widerstand nicht direkt angeht, sondern eher mit ihm fließt oder gleitet.

Dabei ist es wichtig, der Person mit großem Respekt zu begegnen. Wie jemand mit einem Problem umgeht, ist letztendlich seine persönliche Entscheidung. Zögern und Ambivalenz werden nicht abgelehnt, sondern als natürlich und verständlich akzeptiert. Der Therapeut drückt dem Klienten keine neuen Ansichten oder Ziele auf, sondern lädt die Person eher dazu ein, neue Informationen zu bedenken und neue Perspektiven zu betrachten. „Nimm' was du willst und lass' den Rest zurück" ist die freizügige Art der Beratung, die diesen Ansatz durchzieht. Es ist ein Ansatz, gegen den zu kämpfen schwer ist.

In der motivierenden Gesprächsführung gibt der Therapeut in der Regel eine Frage oder ein Problem an den Klienten zurück. Es ist nicht seine Aufgabe, sämtliche Antworten parat zu haben und alle Lösungen zu finden. Dies würde die Person eher dazu einladen, Gegenargumente für jeden Vorschlag zu finden („Ja, aber…"). Als Grundannahme wird davon ausgegangen, dass die Person kompetent und autonom genug ist, um wichtige Einsichten und Ideen zur Lösung der eigenen Probleme zu entwickeln. Den Widerstand umzulenken, beinhaltet folglich, die Person aktiv in den Prozess der Problemlösung einzubinden.

Kurz gesagt geben die Verhaltensweisen des Klienten, die in MI als „Widerstand" bezeichnet werden, dem Therapeuten das Signal, seine Vorgehensweise zu ändern. Widerstand ist ein zwischenmenschliches Phänomen und die Reaktionen des Therapeuten darauf beeinflussen, ob er sich verstärkt oder vermindert.

Prinzip 3: Widerstand umlenken

Nicht für die Veränderung argumentieren.
Widerstand nicht direkt begegnen.
Neue Perspektiven einladen, nicht vorschreiben.
Widerstand ist ein Signal, die Vorgehensweise zu ändern.
Der Klient ist die beste Quelle für Antworten und Lösungen.

4. Selbstwirksamkeit fördern

Ein viertes wichtiges Prinzip der motivierenden Gesprächsführung betrifft das Konzept der *Selbstwirksamkeit*, die Überzeugung einer Person, dass sie fähig ist, eine bestimmte Aufgabe auszuführen und erfolgreich zu beenden. Selbstwirksamkeit ist ein Schlüsselelement für die Motivation, sich zu verändern und ein relativ guter Prädiktor für das Behandlungsergebnis. Ein Therapeut kann den ersten drei der hier beschriebenen Prinzipien folgen und damit die Erkenntnis des Klienten fördern, ein ernst zu nehmendes Problem zu haben. Hat die Person jedoch keine Hoffnung oder sieht sie keine Möglichkeit, die Veränderung umzusetzen, wird vermutlich kein Versuch einer Umsetzung unternommen und die Bemühungen des Therapeuten sind somit vergebens.

Obwohl der Terminus „Selbstwirksamkeit" relativ neu ist, haben Heiler in vielen Kulturen schon seit langem die Bedeutung von Glaube und Hoffnung als wichtige Elemente einer Veränderung erkannt. Die eigenen Erwartungen des Therapeuten bezüglich der Wahrscheinlichkeit einer Veränderung des Klienten können ebenfalls einen starken Effekt auf das Ergebnis haben, sie wirken wie eine Selffulfilling Prophecy. Das allgemeine Ziel der motivierenden Gesprächsführung ist eine Stärkung des (Selbst-)Vertrauens des Klienten in seine Fähigkeit, mit Schwierigkeiten umzugehen und eine Veränderung erfolgreich umzusetzen.

Selbstwirksamkeit und persönliche Verantwortung für eine Veränderung sind die zwei Seiten einer Medaille. Besteht man darauf, dass ein Klient dafür selbst verantwortlich ist, sich für die eigene Veränderung zu entscheiden und diese zu lenken, muss man auch gleichermaßen annehmen, dass er dazu in der Lage ist. Die Person kann nicht nur die Veränderung umsetzen, sie muss sie auch umsetzen, in dem Sinne, dass niemand anderer es für sie tun kann. Motivierende Gesprächsführung vertritt nicht die Ansicht, dass der Therapeut den Klienten verändert. „Ich werde dich verändern" ist nicht die beabsichtigte Botschaft. Eine angemessenere Haltung wäre: „Wenn Sie es wünschen, kann ich Ihnen helfen, sich zu verändern". Eine Person kann auch durch den Erfolg von anderen oder durch ihre früheren Erfolge zu einer Verhaltensänderung ermutigt werden.

4. Was ist motivierende Gesprächsführung?

> Prinzip 4: Selbstwirksamkeit fördern
>
> Der Glaube, sich verändern zu können, ist ein wichtiger Motivator. Der Klient, nicht der Therapeut, ist für die Entscheidung zur Veränderung und deren Umsetzung verantwortlich.
> Der Glaube des Therapeuten an die Fähigkeit der Person, sich zu verändern, wird zu einer Selffulfilling Prophecy.

Zusammenfassung

Bevor man anfängt, motivierende Gesprächsführung zu lernen und während man sie anwendet, ist es unabdingbar, den *spirit* und die Grundannahmen der Methode zu verstehen. Motivierende Gesprächsführung ehrt und respektiert die Entscheidungsfreiheit des Individuums. Sie ist eine partnerschaftliche, nicht vorschreibende Behandlungsmethode, in der der Therapeut den Klienten unterstützt, die der Person eigene intrinsische Motivation und Ressourcen für eine Veränderung hervorzurufen. MI beinhaltet die Überzeugung, dass jede Person Motivation und Ressourcen innehat und diese eher hervorgerufen als aufgepfropft werden müssen. Wir sind davon überzeugt, dass jede Person ein großes Veränderungspotenzial besitzt. Die Aufgabe des Therapeuten ist es, dieses Potenzial freizusetzen und den natürlichen Veränderungsprozess zu fördern. Motivierende Gesprächsführung hilft Menschen, sich aus der Ambivalenz zu befreien, die sie in sich wiederholenden Zyklen von selbstzerstörendem und selbstvernichtendem Verhalten gefangen hält.
Motivierende Gesprächsführung ist eine differenzierte klinische Methode, kein Baukasten von Techniken, die einfach zu lernen sind. Sie ist mehr als nur eine Sammlung von Kunstgriffen, um zu *therapieren*. Sie ist eine Art und Weise mit Menschen umzugehen, die sich wahrscheinlich sehr von dem unterscheidet, wie sie in der Vergangenheit behandelt wurden. Sie wurde entwickelt, um Motivationsprobleme aufzulösen, die eine positive Veränderung verhindern. Vereinfachte Methoden im Sinne der motivierenden Gesprächsführung wurden entwickelt für den Einsatz in Situationen, in denen die Zeit für Training und Beratung limitiert

ist, diese sollten jedoch nicht als motivierende Gesprächsführung verstanden werden.

Vier allgemeine Prinzipien liegen den spezifischen Methoden zu Grunde, die in den nachfolgenden Kapiteln beschrieben werden. Wir haben diese von den praktischen Elementen getrennt, um den größeren Rahmen des „Warum" abzustecken. Die Prinzipien erläutern *spirit* und Philosophie, die der motivierenden Gesprächsführung zu Grunde liegen. Diese Art des Umgangs ist natürlich nicht das Einzige, das zur Förderung von Verhaltensänderungen möglich ist. Es gibt viele spezifische Behandlungsstrategien, die recht hilfreich sein können, wenn Klienten sich verändern wollen. Motivierende Gesprächsführung beabsichtigt, Personen zu befreien und Veränderungsprozesse in Bewegung zu setzen. Erst einmal begonnen, kann die Veränderung relativ rasch und mit wenig zusätzlicher Hilfe zustandekommen, es ist jedoch auch möglich, dass eine umfangreichere therapeutische Begleitung und Unterstützung notwendig werden.

Die nun folgenden acht Kapitel erläutern konkrete Anwendungsaspekte der motivierenden Gesprächsführung. Kapitel 5 behandelt die Polarität von *change-talk* und Widerstand, die zentrale Dimension, der man sich in der Anwendung der motivierenden Gesprächsführung widmet. In Kapitel 6 stellen wir Methoden vor, die u.a. zu Beginn der Behandlung wichtig sind und die helfen, einige der üblichen Fallen zu vermeiden. Diese Methoden sind besonders angebracht beim Aufbau der Veränderungsbereitschaft, der ersten der zwei Phasen der motivierenden Gesprächsführung. In den Kapiteln 7 bis 9 erklären wir drei Schlüsselbereiche von Fertigkeiten, die grundlegend für die motivierende Gesprächsführung sind: Aktives Zuhören, Antworten auf *change-talk* und Umgang mit Widerstand. In Kapitel 10 besprechen wir dann Strategien, wie sich die Selbstverpflichtung zur Veränderung – die zweite Phase der motivierenden Gesprächsführung – stärken lässt. Kapitel 11 stellt einen klinischen Fall von Anfang bis Ende vor, um zu erläutern, wie die Methoden der motivierenden Gesprächsführung miteinander verknüpft sind. Kapitel 12 behandelt Fragen bezüglich der Ethik, Werte und Prioritäten, die aus der Anwendung der motivierenden Gesprächsführung heraus entstehen.

5. Veränderung und Widerstand – zwei Seiten einer Medaille

Konsonanz und Dissonanz

Wenn ein motivierendes Gespräch gut verläuft, hat man das Gefühl eines harmonischen Zusammenspiels, vergleichbar mit zwei Tänzern, die über eine Tanzfläche gleiten.

Es mag einige Fehlschritte geben, hier und da einen kleinen Schubser oder Gleichgewichtsverlust, gelegentlich wird sich vielleicht sogar gegenseitig auf die Zehen getreten, im Allgemeinen jedoch bewegen sich die beiden Partner im Einklang.

Das Gefühl ist ganz anders, wenn anstelle eines solchen Einklangs Therapeut und Klient sich miteinander abmühen und jeweils versuchen, die Kontrolle zu gewinnen wie in einem Ringkampf. Ein Gegner mag zwar größer und kräftiger als der andere sein, aber beide versuchen, den anderen zu Boden zu drücken, während sie bemüht sind, zu verhindern, selbst festgenagelt zu werden. Zur Verdeutlichung hier ein Ausschnitt aus einem Gespräch zwischen einem Bewährungshelfer und seinem Klienten:

Bewährungshelfer: Was haben Sie diese Woche unternommen?

Klient: Nicht sehr viel.

Bewährungshelfer: Wie sieht es aus mit der Stellensuche?

Klient: Ja, ich habe mich umgesehen.

Bewährungshelfer: Ernsthaft?

Klient: Ich habe mich umgesehen, o.k. Ich habe zwei Bewerbungen eingereicht.

Bewährungshelfer: Das ist ja sehr gut. Wo?

Klient: Bei einer Tankstelle und einem Lebensmittelladen. Hören Sie, es wäre viel einfacher, eine Arbeit zu finden, wenn ich meinen Führerschein hätte und ich nicht jede Woche hierher kommen müsste.

Bewährungshelfer: Und warum haben Sie keinen Führerschein?

Klient: Ich bin ohne Führerschein erwischt worden … auf der Stellensuche!

BEWÄHRUNGSHELFER: Und Sie haben keinen Führerschein, weil ...?

KLIENT: Sie wissen warum. Ich muss den Idiotentest machen und habe nicht das Geld dafür. Ich könnte ihn bezahlen, wenn ich eine Arbeit hätte.

BEWÄHRUNGSHELFER: Und Sie erzählen mir, Sie hätten die ganze Woche nur zwei Bewerbungen eingereicht?

Obwohl es sich anhört, als würden die beiden über dasselbe Thema reden, nämlich Stellensuche, haben sie tatsächlich sehr unterschiedliche Anliegen. Jeder will etwas vom anderen. Der Bewährungshelfer will, dass der Klient Arbeit findet und einen verantwortlichen Lebensstil unterhält. Der Klient will mehr Freiheit und vor allem seinen Führerschein wiederbekommen. Beide vermeiden das Anliegen des anderen und versuchen, das Gespräch auf ihr bevorzugtes Thema zu bringen.

Wir wählen die Begriffe „Konsonanz" und „Dissonanz" als zwei Pole eines Kontinuums, um zu beschreiben, wo sich ein Gespräch (und eine therapeutische Beziehung) zur gegebenen Zeit befindet. Im vorherigen Beispiel neigt das Gespräch eindeutig in Richtung der Dissonanz. Die Pole könnten auch mit den Begriffen „tanzen" und „ringen" beschrieben werden. In jedem Fall beschreibt die Terminologie den gegenwärtigen Zustand der Interaktion. Die therapeutische Beziehung bewegt sich auf diesem Kontinuum zwischen Konsonanz und Dissonanz.

Der Bewährungshelfer könnte das Verhalten des Klienten in diesem Beispiel als defensiv oder widerständig charakterisieren. Aus der Perspektive eines Therapeuten hieße das: „Der Klient nimmt meine Führung nicht an." In der Vorbereitung dieser zweiten Ausgabe diskutierten wir, ob wir den Begriff „Widerstand" in der Beschreibung der motivierenden Gesprächsführung beibehalten oder entfernen sollten, weil uns einige Aspekte dieses Begriffes Schwierigkeiten bereiten. An erster Stelle ist dabei die implizierte Schuldzuweisung, unkooperativ zu sein, zu nennen oder, dass Widerstand dem Krankheitsbild zugeordnet wird. Was in der vorgehenden Unterhaltung geschieht, ist jedoch nicht das Werk einer Person, sondern das zweier. Es ist das Ergebnis ihrer Interaktion. Dissonanz in einer therapeutischen Beziehung ist keine Folge des Widerstands oder des Verhaltens nur einer der beiden Personen.

Wie Sie in den folgenden Ausführungen sehen werden, haben wir uns entschlossen, das Konzept des Widerstands beizubehalten und zu rehabilitieren. Widerstand ist etwas, das nur im Rahmen einer Beziehung oder eines Systems auftritt. In der Physik der Elektrizität ist er ein Attribut, das mit dem Fluss der Spannung innerhalb eines Systems in Verbindung steht. In der menschlichen Psychologie ist Widerstand etwas, das zwischen Menschen geschieht. Die Schwierigkeit besteht darin, dass im Rahmen der Psychotherapie Widerstand gewöhnlich zur Beschreibung des Verhaltens von nur einer Person, dem Patienten, gebraucht wird. In der Psychoanalyse gibt es Übertragung und Gegenübertragung, es gibt jedoch kein äquivalentes Konzept von „Gegenwiderstand", das die Rolle des Therapeuten beim Hervorrufen und Aufrechterhalten dieser Interaktion beschreibt. Später in diesem Kapitel schlagen wir einen solchen Begriff vor und bieten eine spezifischere Verhaltensdefinition für Patientenwiderstand an.

Um die fluktuierende Natur einer Beziehung auf einer Meta-Ebene beschreiben zu können, entwickelten wir das Konzept eines Kontinuums von Konsonanz und Dissonanz. Wie in der Musik kann man Dissonanz nicht auf Grund einer einzelnen Note feststellen, sondern braucht die Beziehung zwischen den Noten. Die Beschreibung einer Zusammenarbeit als *harmonisch* im Gegensatz zu *dissonant* hat eine klare Bedeutung. Im Gegensatz zu tanzen und ringen sind dies direkte Antonyme. Unsere einzige Zurückhaltung bei der Verwendung dieser Begriffe bezog sich auf eine mögliche Verwechslung von Dissonanz mit kognitiver Dissonanz, einem Konzept, das manchmal zur Erklärung der motivierenden Gesprächsführung eingesetzt wird.

Wenn eine Beziehung dissonant wird, ist es wichtig zu verstehen, warum. Die Verwendung des Begriffes „Widerstand" als Erklärungsmodell scheint anzudeuten, dass Dinge nicht reibungslos ablaufen, weil eine Person (der Klient) ein bestimmtes Verhalten zeigt. Wir befürworten eine mehr beziehungsbezogene Betrachtungsweise, in der Widerstand seitens des Patienten höchstens als ein Zeichen von Dissonanz in der Beziehung gewertet wird. In gewisser Weise ist es ein Widerspruch in sich, zu sagen, dass eine Person nicht kooperiert. Es bedarf mindestens zweier Personen, um nicht zu kooperieren und Widerstand zu erzeugen.

Was erzeugt Dissonanz?

Im vorgehenden Dialog war eine wichtige Ursache der Dissonanz, dass beide Personen offensichtlich verschiedene Anliegen und unterschiedliche Intentionen hatten. Das Ringen bezog sich, zumindest teilweise, darauf, wessen Agenda verhandelt und wessen Ziele erfüllt würden. Im Endeffekt wurde so gut wie gar nicht verhandelt. Jeder wollte etwas anderes und beide wichen den Versuchen des anderen aus, das Thema der Unterhaltung zu bestimmen.

Neben der Situation, dass zwei Parteien verschiedene Ziele haben, gibt es viele andere mögliche Dissonanzquellen in der Kommunikation, wenn die Strategie des Therapeuten mit der Bereitschaft des Klienten nicht übereinstimmt, selbst wenn sich beide über das Thema der Unterhaltung einig sind. Wenn eine Person beispielsweise ambivalent gegenüber einer bestimmten Veränderung ist und der Therapeut vorauseilt, um darüber zu reden, wie die Person diese Veränderung umsetzen kann, entsteht Dissonanz. Dies geschieht nicht nur in therapeutischen Beziehungen, sondern in jeder Interaktion, bei der eine Person eine Bitte oder ein Verlangen nach einer Veränderung ausspricht, die weiter reicht als die Bereitschaft der anderen Person, diese Veränderung auch umzusetzen. Bringen Klient oder Therapeut schon ein hohes Maß an Ärger oder Frustration mit in die Sitzung, was zum Beispiel geschehen kann, wenn der Klient längere Zeit warten musste, kann Dissonanz gleich zu Beginn entstehen. Reagiert ein Therapeut, anstatt zuzuhören, in einer Weise, die in Kapitel 6 als Hindernis beschrieben wird, ist das Entstehen von Dissonanz sehr wahrscheinlich. Missversteht man die Absicht des anderen, kann auch das Dissonanz entstehen lassen.

Eine weitere Ursache für Dissonanz, die besonders wichtig für das Verständnis von motivierender Gesprächsführung ist, ist das Fehlen einer Einigung über die Rollen in der Beziehung. Dies geschieht häufig in Interaktionen zwischen Jugendlichen und Eltern. In der Adoleszenz ändern sich die Beziehungen von Jugendlichen zu ihren Eltern und es entsteht oft Dissonanz in Verbindung mit dem Thema Autonomie. Ein Elternteil, der stur auf einer Einstellung von „Ich habe hier das Sagen und du wirst tun, was ich dir sage" verharrt, kann mit dem Jugendlichen zusammenprallen, weil jener darauf besteht, dass „Du mir nicht sagen kannst, was ich tun soll". Die Rollen sind klar definiert und die Bühne ist für einen Machtkampf vorbereitet. Eine ähnliche Dynamik kann entstehen, wenn Therapeut und Klient verschiedene stillschweigende Annahmen darüber haben, wer das Sagen hat und wer darüber bestimmt, was der Klient tun soll.

Wenn wir also festhalten, dass Konsonanz – Dissonanz ein dynamischer Zustand ist, so stellt sich die Frage, was geschieht, wenn Dissonanz auftritt. Wir glauben, es liegt in der Verantwortung des Therapeuten, die Dissonanz wahrzunehmen, ihre Ursache zu verstehen und Wege zur Wiederherstellung der Konsonanz in der therapeutischen Beziehung zu finden. Wie man dies tut, ist ein Hauptthema von Kapitel 8.

CHANGE-TALK UND WIDERSTAND

Dies bringt uns zurück zum Thema Widerstand. Wir benutzen diesen Ausdruck, um bestimmte Arten von Patienten-Reaktionen zu beschreiben, jedoch mit der Erkenntnis, dass diese im Kontext zwischenmenschlicher Interaktionen vorkommen und von diesen beeinflusst werden. Während Konsonanz-Dissonanz den gegenwärtigen Status einer Beziehung und Interaktion beschreibt, benutzen wir Widerstand (und *change-talk*), um Patientenverhalten zu beschreiben. Verbinden wir diese beiden Konzepte, dann ist *Widerstand seitens eines Patienten ein Zeichen von Dissonanz in der therapeutischen Beziehung.*

Patientenwiderstand ist ein bedeutsames Signal. Wir haben herausgefunden, dass das Vorhandensein von Widerstand, so wie wir ihn hier definiert haben, in einer psychotherapeutischen Behandlung, in der problematischer Alkoholkonsum das Zielverhalten darstellt, das Ausbleiben einer Veränderung des Trinkverhaltens voraussagte. Je mehr Widerstand in einer Therapiesitzung aufkam, umso mehr trank die Person drei Monate, sechs Monate und zwölf Monate später. Weiterhin zeigten diese und auch andere Studien, dass das Widerstandsverhalten einer Person der Kontrolle des Therapeuten unterliegt. Wie häufig der Klient Widerstand zeigt, hängt davon ab, wie der Therapeut darauf reagiert.

So wie Konsonanz und Dissonanz die Gegenpole eines Beziehungskontinuums darstellen, hat Widerstandsverhalten einen Gegenpol, den wir *change-talk* nennen. In der ersten Ausgabe beschrieben wir diesen Pol mit dem eher unhandlichen Begriff „Selbstmotivierende Aussagen", der sich in Schulungen als eine eher verwirrende Beschreibung erwies. Zur Erinnerung, in Kapitel 3 identifizierten wir vier Arten von *change-talk*:

Nachteile des Status Quo, Vorteile der Veränderung, Optimismus bezüglich der Veränderung und Vorsatz zur Veränderung. *Change-talk* spiegelt die Bewegung einer Person *in Richtung* einer Veränderung, während Widerstand ein *Entfernen* von der Veränderung darstellt und voraussagt.

Es ist deshalb wichtig für den Therapeuten, sowohl *change-talk* als auch Widerstandsreaktionen zu erkennen. In der motivierenden Gesprächsführung gibt es spezifische Methoden, auf diese Verhaltensweisen von Personen zu reagieren. Diese Methoden bilden den Kern von Kapitel 8 und 9. Motivierende Gesprächsführung führt zu einem hohen Maß an *change-talk* und einem relativ niedrigen Maß an Widerstand. Im Gegensatz dazu neigt eine eher konfrontierende Therapie dazu, ein hohes Niveau an Widerstand und ein relativ niedriges Niveau an *change-talk* hervorzurufen. Dieses Muster wiederum sagt voraus, dass, über einen längeren Zeitraum gesehen, keine Verhaltensänderung eintreten wird.

Man kann das Widerstandsverhalten eines Patienten auf viele Weisen definieren. In unserer ersten Ausgabe konzentrierten wir uns eher auf spezifische, beobachtbare Verhaltensweisen der Person, anstatt auf unbewusste Prozesse zu schließen. Die Verhaltensmuster, die in Kasten 5.1 gezeigt werden, sind auf der Grundlage eines Beobachtungssystems entstanden, dass am Oregon Research Institute entwickelt wurde, um Patientenwiderstand während Therapiesitzungen zu untersuchen. In diesem System gibt es vier Hauptarten von Widerstandverhalten. Jede dieser vier hat sich als ein Prädiktor für das *Ausbleiben* einer zukünftigen Verhaltensänderung erwiesen. Natürlich können sich diese Kategorien überlagern. Es ist nicht unbedingt notwendig, sich über die genaue Einordnung einer bestimmten Patienten-Reaktion in eine dieser Kategorien Gedanken zu machen, es sei denn, man führt eine wissenschaftliche Studie durch. Es geht vielmehr darum, dass diese Reaktionen eine Dissonanz im therapeutischen Prozess signalisieren und andeuten, dass sich die Person möglicherweise von einer Veränderung entfernt.

5. Veränderung und Widerstand – zwei Seiten einer Medaille

Kasten 5.1   Vier Prozess-Kategorien von Klienten-Widerstandsverhalten

1. Argumentieren. Der Klient greift die Genauigkeit, Expertise oder Integrität des Therapeuten an.

1.1 Bestreiten. Der Klient bestreitet, dass das, was der Therapeut gesagt hat, zutrifft.

1.2 Abwerten. Der Klient stellt die Autorität und Expertise des Therapeuten in Frage.

1.3 Feindseligkeit. Der Klient bringt direkte Feindseligkeit gegenüber dem Therapeuten zum Ausdruck.

2. Unterbrechen. Der Klient fällt dem Therapeuten ins Wort oder unterbricht ihn in einer abwehrenden Haltung.

2.1 Darüber reden. Der Klient spricht, während der Therapeut noch redet, ohne auf eine angemessene Pause zu warten.

2.2 Unterbrechen. Der Klient unterbricht den Therapeuten, um ihm das Wort abzuschneiden. (Zum Beispiel „Jetzt aber Schluss. Ich habe so ziemlich genug gehört.")

3. Negieren. Der Klient zeigt Unwilligkeit, Probleme zu erkennen, zu kooperieren, Verantwortung zu übernehmen oder Rat anzunehmen.

3.1 Schuldzuweisung. Der Klient weist anderen Personen die Schuld für seine Probleme zu.

3.2 Ablehnen. Der Klient lehnt die Vorschläge des Therapeuten ab. Zum Beispiel die „Ja, aber"-Antwort, die nur aufzeigt, warum der Vorschlag nicht umsetzbar ist.

3.3 Ausreden. Der Klient macht Ausreden für sein Verhalten.

3.4 Bagatellisieren. Der Klient behauptet, nicht gefährdet zu sein (zum Beispiel durch den Alkoholkonsum).

3.5 Minimalisieren. Der Klient unterstellt, dass der Therapeut Risiken und Gefahren übertreibt und dass sein Problem wirklich nicht so schlimm ist.

3.6 Pessimismus. Der Klient macht verallgemeinernde Aussagen über sich und andere, die pessimistisch, defätistisch und negativ gefärbt sind.

3.7 Zögern. Der Klient äußert Zurückhaltung oder Zögern gegenüber Informationen und Ratschlägen.

3.8 Unwilligkeit, sich zu verändern. Der Klient zeigt einen Mangel an Verlangen oder eine Unwilligkeit für eine Veränderung oder äußert die Absicht, sich nicht zu ändern.

4. Ignorieren. Der Klient zeigt eindeutig, dass er den Therapeuten ignoriert oder seinen Anweisungen nicht Folge leistet.

4.1 Unaufmerksamkeit. Die Äußerungen des Klienten zeigen, dass er den Ausführungen des Therapeuten nicht zugehört hat.

4.2 Keine Antwort. In Erwiderung auf eine Frage des Therapeuten reagiert der Klient in einer Weise, die keine Antwort darstellt.

4.3 Keine Response. Der Klient reagiert weder verbal noch nonverbal auf die Aufforderungen des Therapeuten.

4.4 Ablenken. Der Klient wechselt das Thema, das der Therapeut verfolgt hat.

Nach weiteren Untersuchungen der Dynamik von MI fanden wir es als unzureichend, Widerstand einfach als Verhalten, wie zum Beispiel als Widersprechen, zu definieren. In den beiden folgenden Beispielen können die Patientenreaktionen als argumentieren codiert werden:

KRANKENSCHWESTER: Ihre Zuckerkrankheit ist sehr instabil und Sie müssen damit aufhören, Russisches Roulette mit Süßigkeiten und Insulin zu spielen.

PATIENT: So schlimm ist es nun auch wieder nicht. Ich weiß schon, was ich tue.

KRANKENSCHWESTER: Vielleicht ist dann ja die Freiheit zu essen, was Sie wollen und wann Sie wollen, so wichtig für Sie, dass Sie bereit sind, die Konsequenzen dafür auf sich zu nehmen, egal wie ernsthaft diese sind.

5. VERÄNDERUNG UND WIDERSTAND – ZWEI SEITEN EINER MEDAILLE

PATIENT: Na ja, ich weiß nicht, ob es so wichtig ist. Ich will nicht blind werden oder meine Füße verlieren oder so was.

In ähnlicher Weise kann eine Unterbrechung vorkommen, weil der Klient dem, was der Therapeut sagt, vehement widerspricht, oder es könnte das Interesse des Klienten an den Alternativen und Optionen widerspiegeln. Folglich kann Sprachverhalten, das man als Widerstand beschreiben könnte (abgesehen von negativen Aussagen), unter Umständen eine Bewegung *in Richtung* einer Veränderung darstellen.

Dies eröffnete uns eine neue Perspektive, dass Widerstand wie Motivation und Selbstwirksamkeit veränderungsspezifisch ist. Eine Person kann zum Beispiel sehr motiviert sein, ihren Kokainkonsum einzustellen, jedoch keinerlei Bedenken bezüglich ihres Alkohol- oder Cannabiskonsums haben. *Change-talk* und Widerstandssprache können nur in ihrer Beziehung zu einer bestimmten Art der Veränderung verstanden werden. Äußerungen, die Bewegung in Richtung einer bestimmten Veränderung andeuten, und die wir ursprünglich als selbstmotivierende Aussagen bezeichneten, nennen wir jetzt *change-talk*. Als Widerstand verstehen wir nun Sprache, die ein Entfernen von einer bestimmten Veränderung widerspiegelt. So gesehen kann die gleiche Aussage, „Ich habe mich entschieden, nicht mit meinem Freund Schluss zu machen", zum einen *change-talk* in Richtung Versöhnung darstellen, oder aber Widerstand, den Drogenkonsum aufzugeben, wenn der Freund zum Beispiel Drogenhändler ist.

Deshalb definieren wir Widerstand als Sprache, die eine Bewegung *weg* von einer bestimmten Art der Veränderung signalisiert. Auf diese Weise ist sie die Kehrseite von *change-talk* (siehe Kasten 5.2). Motivierende Gesprächsführung beinhaltet, diese zwei wichtigen Arten von Äußerungen zu erkennen und in einer bestimmten Weise darauf zu reagieren.

Kasten 5.2: *Change-Talk* und Widerstand

Change-Talk	Widerstand
Nachteile des Status Quo	Vorteile des Status Quo
Vorteile der Veränderung	Nachteile der Veränderung
Intention sich zu verändern	Intention sich nicht zu verändern
Optimismus bzgl. der Veränderung	Pessimismus bzgl. der Veränderung

Die Rolle des Therapeuten bei Widerstand

In einigen Kapiteln haben wir schon angedeutet, dass der Stil und das Verhalten eines Therapeuten beim Klienten Widerstand hervorrufen und intensivieren können und dadurch die Wahrscheinlichkeit einer Verhaltensänderung gemindert wird. Im Wesentlichen stellen diese Reaktionen, die den Widerstand des Klienten verstärken, ähnlich wie die Gegenübertragung, eine Ergänzung und Verstärkung der Übertragung des Klienten dar. Hier und anderswo haben wir solche Reaktionen generell als „konfrontierend" bezeichnet und weiter oben in diesem Kapitel haben wir den Begriff des „Gegenwiderstands" vorgeschlagen.

Wie sehen diese Therapeuten-Verhaltensweisen aus? Wir bezeichnen Therapeuten-Reaktionen, die Widerstand hervorrufen und verstärken, als „Bevormundung". Dieser Begriff beinhaltet aber auch, für eine bestimmte Sache zu argumentieren oder zu plädieren. Folglich ist Bevormundung genauso veränderungsspezifisch wie Motivation, Selbstwirksamkeit, *change-talk* und Widerstand. Viele der „Hindernisse" die Thomas Cook beschreibt (siehe nächstes Kapitel), sind Beispiele von Bevormundung.[5]

Wir unterscheiden sechs Arten von Bevormundung, die in Kasten 5.3 aufgeführt werden. Der Ton, der ihnen gemeinsam ist, hat etwas von „Ich weiß es besser, hör' auf mich". Noch einmal, wir verstehen Bevormundung als Verhaltenweise des Therapeuten, die zeigt, dass er versucht, seinem Patienten eine ganz bestimmte Veränderung aufzudrängen. Diese Formen von Bevormundung haben natürlich auch einen generell schädigenden und Dissonanz verstärkenden Effekt in einer therapeutischen Beziehung.

---

5 Im Originaltext werden die Begriffe „counselor advocacy" und „client advocacy" verwendet und gegeneinander abgegrenzt. „Client advocacy" umschreibt die Rolle des Therapeuten, die Rechte und Interessen seines Klienten zu vertreten und zu fördern. Im Gegensatz dazu wird der Begriff der „counselor advocacy" gesetzt, den wir mit Bevormundung übersetzt haben (Anm. d. Übersetzers.)

Kasten 5.3　　Sechs Arten der Therapeuten Bevormundung

1. Für eine Veränderung argumentieren
Der Therapeut vertritt die Seite der Ambivalenz, die für eine Veränderung spricht und versucht, den Klienten zu einer Veränderung zu überreden.

2. Die Expertenrolle einnehmen
Der Therapeut gestaltet das Gespräch in einer Weise, die vermittelt, dass er alle Antworten hat. Zeichen dafür sind zum Beispiel die Frage-Antwort-Falle, zu viele geschlossene Fragen stellen oder den Klienten belehren.

3. Kritisieren, beschämen oder Schuld zuweisen
Der Therapeut versucht, beim Klienten negative Emotionen bzgl. des Status Quo zu erzeugen und ihn dadurch zu einer Veränderung zu drängen.

4. Etikettieren
Der Therapeut drängt den Klienten, ein Etikett oder eine Diagnose, die sein Verhalten erklärt, zu akzeptieren. Die Betonung liegt eher darauf, dass der Klient etwas „hat" oder „ist", anstatt auf dem, was er „tut".

5. In Eile sein
Der Therapeut fühlt sich unter Zeitdruck und versucht, den Prozess zu beschleunigen. Dies führt oft dazu, dass er der Veränderungsbereitschaft des Klienten vorauseilt und dadurch „Brems"-Reaktionen des Klienten verursacht.

6. Vorrang beanspruchen
Der Therapeut scheint die Einstellung zu haben, dass er weiß, was das Beste für den Klienten ist, und dass der Klient sich diesen Vorstellungen unterordnen soll.

Es bedarf nur weniger solcher Bevormundungen, um eine ganze Sitzung oder therapeutische Beziehung zu beeinträchtigen. In einer Studie konnte gezeigt werden, dass Therapeuten, die in motivierender Gesprächsführung geschult waren, signifikant mehr gewünschtes Verhalten zeigten, wie aktives Zuhören, Bestätigen und offene Fragen stellen. Diese Veränderungen des therapeutischen Stils waren auch drei Monate später noch vorhanden, jedoch zeigten die Reaktionen der Klienten keine Veränderung! Dann bemerkten wir, dass wir zwar die Anzahl einiger MI-Verhaltensweisen erhöht hatten, jedoch nichts unternommen hatten, um die Anzahl der Bevormundungen zu verringern und es schien, als ob es nur wenige dieser Bevormundungen bedurfte, um die Motivation der Patienten, eine Veränderung anzugehen, negativ zu beeinträchtigen. Das Gleiche gilt für Beziehungen im Allgemeinen. Es kann eine lange Zeit dauern, um Vertrauen und Nähe aufzubauen, aber nur kurze Zeit, um sie zu zerstören.

Natürlich wollen wir damit nicht sagen, dass alle diese Verhaltensweisen, die wir hier als Bevormundung bezeichnet haben, immer negativ zu bewerten sind. Das gilt übrigens auch für die „Hindernisse" in Kapitel 6. Es gibt Situationen, in denen eine Person ausdrücklich die Expertise des Therapeuten sucht. Ein Patient, der eine Infektion oder einen Besorgnis erregenden Ausschlag hat, will gewöhnlich die Expertenmeinung und Lösungsvorschläge des Arztes hören. Das Stellen einer zutreffenden Diagnose kann ein wichtiger Schritt in der Behandlung einer bipolaren Störung oder von Tuberkulose sein. Geht es jedoch um Hilfe, die mit Verhalten zu tun hat, ist Bevormundung oft kontraproduktiv, und das Augenmerk muss auf den Aufbau der intrinsischen Motivation der Person zu einer Veränderung gerichtet werden. Diesem Thema wenden wir uns in Kapitel 6 zu.

ZUSAMMENFASSUNG

Wie sich Klienten in den Therapiesitzungen verhalten, muss immer im Rahmen der therapeutischen Beziehung gesehen werden. Dieses Verhalten wird im Wesentlichen dadurch beeinflusst, wie der Therapeut darauf reagiert. Die therapeutische Beziehung bewegt sich entlang eines Kontinuums von Konsonanz bis Dissonanz. Bestimmte Reaktionen beim Klienten, insbesondere *change-talk* und Widerstand, sind Zeichen von Konsonanz und Dissonanz und sind auch bedeutsame Prädiktoren für die Wahrscheinlichkeit einer Verhaltensänderung. Bestimmte therapeutische Reaktionen rufen Widerstand hervor und verstärken diesen. Es ist deshalb wichtig, sich daran zu erinnern, „in erster Linie keinen Schaden zuzufügen", auch, wenn die Zeit knapp ist. In der motivierenden Gesprächsführung reagiert der Therapeut in einer bestimmten Wei-

5. VERÄNDERUNG UND WIDERSTAND – ZWEI SEITEN EINER MEDAILLE

se auf *change-talk*, um diese zu verstärken und auf Widerstand, um ihn zu vermindern. Beides dient dazu, die Ambivalenz aufzulösen und eine Verhaltensänderung zu fördern. Diese beiden Arten von Klientenverhalten zu erkennen, ist daher eine wichtige Fertigkeit in motivierender Gesprächsführung.

6. Phase 1: Motivation zur Veränderung aufbauen

In unserer Vorstellung durchläuft die motivierende Gesprächsführung zwei Phasen, die unterschiedliche, jedoch überlappende Ziele haben. Phase 1 beinhaltet den Aufbau der intrinsischen Motivation für die Veränderung. Beginnt der Klient weit unten am Fuß des „Motivationsberges", kann sich dies wie ein langer und allmählicher Prozess anfühlen, etwa so wie ein schrittweiser Aufstieg. Ab einem gewissen Punkt steigt die Dringlichkeit so weit an, dass die Person anfängt, über Strategien zur Umsetzung der Veränderung zu reden, anstatt nur über die Gründe, die dafür sprechen. Phase 2 beinhaltet die Verstärkung der Selbstverpflichtung zur Veränderung und die Entwicklung eines Plans, diese umzusetzen. Dies ist oft eine einfachere Aufgabe, vergleichbar der Skiabfahrt auf der anderen Seite eines Gipfels. Hier stellt sich die Herausforderung, Buckel, Bäume und Klippen zu vermeiden.

Da das Hauptziel der Phase 1 die Auflösung der Ambivalenz und der Aufbau der Veränderungsbereitschaft ist, hängt das Ausmaß der Arbeit vom Ausgangspunkt der Person ab. Manche Menschen sind zu Beginn der Therapie schon ziemlich überzeugt, dass es genügend Gründe für eine Veränderung gibt und es bleibt nur wenig in Phase 1 zu tun, außer ein klares Verständnis für diese Gründe aus der Perspektive des Klienten zu entwickeln. Es macht keinen Sinn, die Phase 1 zu verlängern, wenn die Person schon zur Abfahrt bereit ist.

Eine Dimension, der wir in unserer ersten Ausgabe nicht genügend Aufmerksamkeit gewidmet haben, ist die Zuversicht und das Vertrauen der Person in ihre Fähigkeit, die Veränderung umzusetzen. Um bei unserer Skifahrer-Metapher zu bleiben: die Person hat zwar den Gipfel erreicht, besitzt aber keine Skier.

DRINGLICHKEIT UND ZUVERSICHT

Um die Ambivalenz einer Person zu verstehen, ist es hilfreich, ihre Wahrnehmung bzgl. Dringlichkeit und Zuversicht zu kennen. Beides muss in Phase 1 angesprochen werden, weil beides Bestandteil der intrinsischen Motivation für Veränderung ist. Eine einfache Methode, die

6. Phase 1: Motivation zur Veränderung aufbauen

wir anwenden, ist, eine Skala mit Markierungen von eins bis zehn für jede dieser Kategorien zu benutzen. Manchmal stellen wir eine Frage unter Zuhilfenahme dieser Skala.

„Wie dringend ist es für Sie zu …? Auf einer Skala von 0 bis 10, wobei 0 gar nicht wichtig und 10 extrem wichtig ist, wo würden Sie sich einordnen?"

0	1	2	3	4	5	6	7	8	9	10
gar nicht wichtig										extrem wichtig

„Was würden Sie sagen, wie zuversichtlich sind Sie, falls Sie sich schon entschieden hätten, … umzusetzen? Auf einer Skala von 0 bis 10, wobei 0 gar nicht zuversichtlich und 10 extrem zuversichtlich ist, wo würden Sie sich einordnen?"

0	1	2	3	4	5	6	7	8	9	10
gar nicht zuversichtlich										extrem zuversichtlich

Es ist nicht unbedingt notwendig, den Klienten diese Skala zu zeigen, obwohl dies sehr hilfreich sein kann. Oft reicht es aus, die Skala mit Worten zu beschreiben. Manche Therapeuten benutzen keine Skala, sondern sprechen einfach über Dringlichkeit und Zuversicht, um sich so einen Eindruck zu verschaffen, wo der Patient in jeder dieser beiden Kategorien steht. Wie auch immer Sie vorgehen, es geht letztlich darum, als Therapeut zu wissen, wie wichtig eine Veränderung für die Person ist und wie zuversichtlich sie ist, diese auch umzusetzen. Beachten Sie auch, dass die zweite Frage so formuliert ist, dass die Zuversicht von Dringlichkeit getrennt wird. Dadurch kann die Person eine Einschätzung ihrer Zuversicht geben, ohne dass eine Erklärung der Dringlichkeit erfolgen muss.

Um das zu vereinfachen, stellen wir uns jede dieser beiden Dimensionen als entweder hoch oder niedrig vor. Dies ergibt folgende vier Möglichkeiten.

Kasten 6.1 Vier Klienten Profile

Gruppe A: Geringe Dringlichkeit, geringe Zuversicht
Diese Klienten sehen die Veränderung weder als wichtig an noch sind sie zuversichtlich, Erfolg zu haben, wenn sie versuchen, eine Veränderung umzusetzen.

Gruppe B: Geringe Dringlichkeit, hohe Zuversicht
Diese Klienten sind zuversichtlich, dass sie eine Veränderung umsetzen könnten, wenn sie diese für wichtig erachten würden. Sie sind jedoch nicht davon überzeugt, dass eine Veränderung wichtig ist.

Gruppe C: Hohe Dringlichkeit, geringe Zuversicht
Diese Klienten erachten eine Veränderung als wichtig, haben jedoch wenig Zuversicht, diese erfolgreich umzusetzen.

Gruppe D: Hohe Dringlichkeit, hohe Zuversicht
Diese Klienten erkennen die Wichtigkeit einer Veränderung und haben die Zuversicht, diese erfolgreich umsetzen zu können.

Für die Gruppen A, B und C ist es notwendig, in Phase 1 weiter zu arbeiten. Für A und B ist es notwendig, an der Dringlichkeit zu arbeiten, denn es ist unwahrscheinlich, dass eine Veränderung stattfinden kann, solange die Person dies nicht als wichtig genug erachtet. In Gruppe C ist genügend Dringlichkeit vorhanden. Diese Menschen brauchen Selbstwirksamkeit und einen Weg, um diese Veränderung zu erreichen, von dem sie glauben, dass sie damit Erfolg haben werden. Dies ist auch wichtig für Gruppe A, da hier sowohl Dringlichkeit als auch Zuversicht niedrig ausgeprägt sind.

Die Wirklichkeit ist natürlich viel komplexer als dieses Schema. Anstatt sich in zwei Gruppen, hoch und niedrig, zu bewegen, befinden sich Menschen eher auf einem Kontinuum dieser Dimensionen. Außerdem behandeln diese beiden Skalen nur die Aspekte Absicht und Fähigkeit zur Motivation, jedoch nicht die dritte Dimension, Bereitschaft. Gruppe D sagt, dass sie zwar willens (Dringlichkeit) und fähig (Zuversicht) sind, sich zu ändern, aber möglicherweise immer noch nicht *bereit* dazu.

Diese drei Aspekte – bereit, willens und fähig – sind in komplexer Weise miteinander verflochten. Bereitschaft bedeutet, dass ein Mindestmaß an Dringlichkeit und Zuversicht vorhanden ist. Wenn ein Mensch eine

Veränderung nicht als wichtig ansieht, ist es unwahrscheinlich, dass er zu einer Veränderung bereit ist. In ähnlicher Weise ist es unwahrscheinlich, dass Menschen, die eine Veränderung für unmöglich halten, sagen würden, dass sie dazu bereit wären. Falls die Dringlichkeit stark genug ist, könnten selbst Personen mit geringer Zuversicht immer noch sagen, dass sie trotzdem bereit sind, es zu versuchen. Dringlichkeit und Zuversicht können auch auf andere Weisen interagieren. Eine Person mit sehr geringer Zuversicht mag zögern, eine Veränderung als wichtig zu erachten. Hohe Dringlichkeit mit geringer Zuversicht (Gruppe C) ist ein sehr unangenehmer Standort, weil solche Leute die Gefahr erkennen, aber keinen Ausweg sehen. Oder sie sehen einen Ausweg, der jedoch jenseits ihrer Einflussnahme liegt. Wenn die Zuversicht gering ist, könnte eine Person eher zurückhaltend sein, die Dringlichkeit zu erwägen, denn „welchen Sinn hat es überhaupt darüber nachzudenken?" Warum sollte jemand überhaupt von Gruppe A nach Gruppe C wollen? Geringe Zuversicht kann deshalb ein Hindernis für Gruppe A bei der Entwicklung von Diskrepanz (Dringlichkeit) in der Phase 1 sein.

Deshalb kann die Phase 1 beinhalten, an der Dringlichkeit oder der Zuversicht oder sogar an beidem zu arbeiten. Wenn Arbeit an beidem notwendig ist, kann die Reihenfolge flexibel sein. Es mag notwendig sein, die Zuversicht zuerst anzusprechen, bevor die Person in der Lage ist, die Dringlichkeit zu besprechen. Das kann zum Beispiel bei einem entmutigten Raucher der Fall sein, der schon viele erfolglose Versuche hinter sich hat, mit dem Rauchen aufzuhören. Andere werden zuerst mit der Dringlichkeit ringen und sich dann der Zuversicht widmen. Oftmals bearbeitet man Dringlichkeit und Zuversicht gleichzeitig oder wechselt zwischen den beiden hin und her.

Der Fokus dieses Kapitels ist der Beginn von Phase 1. Wir beschreiben hier einige Methoden des Einstiegs in die motivierende Gesprächsführung, die es Ihnen ermöglichen sollen, die Prinzipien anzuwenden, die in Kapitel 5 beschrieben wurden. Zu Beginn erläutern wir einige Fallen, denen man schon früh begegnen kann und verdeutlichen mit spezifischen Beispielen von Therapiedialogen, wie Therapeuten in diese tappen oder sie vermeiden können. In gewisser Weise sind diese Fallen Formen der „Therapeuten-Bevormundung", die in Kapitel 5 beschrieben wurden.

Einige vermeidbare frühe Fallen

Die Frage-Antwort-Falle

Zu Beginn des therapeutischen Prozesses ist es einfach, in ein Muster zu fallen, in dem der Therapeut Fragen stellt und der Klient kurze Antworten gibt. Ähnliches kann einem Arzt bei einer Befundaufnahme widerfahren, wenn ein Patient nur mit „Ja" oder „Nein" auf eine lange Liste von möglichen Problemen antwortet. Grund dafür kann beim Therapeuten das Gefühl sein, dass er noch spezifische Informationen benötigt. Es kann aber auch eine Reaktion auf Ängstlichkeit sein: Beim Therapeuten, der befürchtet, die Kontrolle zu verlieren oder beim Patienten, der sich in der passiven Rolle sicherer fühlt. Tatsächlich wurde Ängstlichkeit bei Therapeuten mit weniger emphatischen Reaktionen in Verbindung gebracht und dies könnte ein Bevorzugen des strukturierten Formats von Fragen und Antworten begünstigen. In dieser Falle kontrolliert der „Experte" (Therapeut) die Sitzung, indem er Fragen stellt, während der Patient nur mit kurzen Antworten reagiert. Hier ein Beispiel.

THERAPEUT: Sie sind gekommen, um über Ihre Spielsucht zu reden, nicht wahr?

PATIENT: Das ist richtig.

THERAPEUT: Glauben Sie, dass Sie zu viel spielen?

PATIENT: Wahrscheinlich.

THERAPEUT: Was ist denn Ihr Lieblingsspiel?

PATIENT: Black Jack.

THERAPEUT: Trinken Sie normalerweise, wenn sie spielen?

PATIENT: Gewöhnlich ja.

THERAPEUT: Haben Sie sich schon einmal ernsthaft verschuldet wegen ihres Spielens?

PATIENT: Ja, ein- oder zweimal.

THERAPEUT: Wie hoch waren denn die Schulden?

PATIENT: Einmal musste ich mir 8000 Euro leihen, um die Schulden zurückzuzahlen.

6. Phase 1: Motivation zur Veränderung aufbauen

THERAPEUT: Sind Sie verheiratet?
PATIENT: Nein, ich bin geschieden.
THERAPEUT: Seit wann sind Sie geschieden?
PATIENT: Seit zwei Jahren.

So etwas kann sehr leicht geschehen. Dieses Muster hat einige negative Auswirkungen. Erstens lehrt es die Person, kurze einfache Antworten zu geben, anstelle von Erläuterungen, wie wir sie in der motivierenden Gesprächsführung bevorzugen. Zweitens gibt es auf subtile Weise zu verstehen, dass es sich hier um eine Interaktion zwischen einem aktiven Experten und einem passiven Patienten handelt: Stellt man nur genug Fragen, dann wird man die Antwort schon finden. Es eröffnet dem Klienten kaum Möglichkeiten, ihre Motivation zu erforschen und *change-talk* anzubieten.

Diese Falle ist jedoch relativ einfach zu vermeiden. Falls Sie zu Beginn konkrete Informationen benötigen, empfehlen wir, dass Sie die Person einen Fragebogen vor der Sitzung ausfüllen lassen und weitere Fragen nach spezifischen Sachverhalten auf später verschieben. Das wird Ihnen helfen, ein Inventar von Fragen und kurzen Antworten zu vermeiden. Offene Fragen zu stellen und aktiv zuzuhören, Methoden, die wir später in diesem Kapitel erläutern, sind auch sehr hilfreich, um diese Frage-Antwort Falle zu vermeiden.

Es gibt jedoch noch eine subtilere Art dieser Falle, die mit offenen Fragen zu tun hat. Gewöhnlich ist es der beste Ansatz, eine offene Frage zu stellen und dann auf die Antwort des Klienten nicht mit einer weiteren Frage, sondern mit einer Reflexion zu reagieren. Eine Reihe offener Fragen hintereinander zu stellen, ohne genügend zu reflektieren, kann jedoch einen sehr ähnlichen Effekt haben wie das Stellen einer Reihe von geschlossenen Fragen. Die Person wird in eine passive, Fragen beantwortende Rolle gedrängt. Als eine allgemeine klinische Leitlinie gilt, nie mehr als zwei Fragen hintereinander zu stellen.

Die Falle, Partei zu ergreifen

Vom Standpunkt der motivierenden Gesprächsführung aus gesehen, ist „Partei zu ergreifen" die wichtigste Falle, die vermieden werden muss – und sie ist in der Tat eine sehr geläufige. Viele Therapeuten tappen in diese Falle durch ihre eigenen guten Absichten und durch ein bestimmtes Verständnis des Motivationsprozesses. Eröffnet ein Therapeut die Interaktion mit den falschen Zügen, spielen die meisten Klienten bei diesem Muster willig mit.

Wie funktioniert diese Falle? Das Skript ist Ihnen sicher bestens vertraut. Der Therapeut erhält einige Informationen, die auf ein Problem hinweisen, zum Beispiel Alkoholabhängigkeit. Er fängt an, der Person zu erklären, dass sie ein schwerwiegendes Problem hat und beginnt, eine bestimmte Vorgehensweise zu verordnen. Die Person zeigt Zurückhaltung, indem sie Äußerungen macht, die zwei allgemeinen Richtungen folgen: „So schwerwiegend ist das Problem nun auch wieder nicht", oder „Ich brauche mich wirklich nicht so sehr zu verändern".

Diese Reaktionen sind normal und vorhersagbar. Da die meisten Personen eine Therapie üblicherweise in einem Zustand von Ambivalenz anfangen, fühlen sie sich zwiespältig gegenüber ihrer gegenwärtigen Situation: Einerseits wollen sie etwas verändern und andererseits wollen sie es auch nicht. Sie denken, dass sie sich vielleicht ändern sollten, zögern jedoch noch, ihr gegenwärtiges Verhalten tatsächlich aufzugeben. Sie befinden sich in einem Konflikt. Falls der Therapeut in dieser Situation für eine Seite der Ambivalenz plädiert, ist es ganz natürlich für den Klienten, die andere Seite zu verbalisieren. Hier ein Beispiel:

THERAPEUT: Gut, es scheint mir ganz klar zu sein, dass Sie ein schwerwiegendes Problem mit Alkohol haben. Sie zeigen viele der Anzeichen von Alkoholabhängigkeit.

PATIENT: Was meinen Sie damit?

THERAPEUT: Sie haben einen Filmriss gehabt, es wird Ihnen ganz unwohl, wenn Sie nicht trinken können und Sie verlieren die Kontrolle über Ihr Trinken.

PATIENT: Aber viele der Leute, die ich kenne, trinken genauso wie ich.

THERAPEUT: Das mag schon so sein, aber wir reden hier nicht über die anderen Leute, sondern wir reden über Sie.

PATIENT: Aber ich glaube nicht, dass es so schlimm ist.

THERAPEUT: Nicht schlimm! Sie haben einfach Glück gehabt, dass Sie noch nicht verhaftet worden sind, oder dass Sie jemanden getötet haben, während Sie betrunken Auto gefahren sind.

PATIENT: Ich habe doch gesagt, dass ich ganz gut fahren kann. Damit hab ich noch nie ein Problem gehabt.

THERAPEUT: Und was ist mit Ihrer Familie? Die glauben doch auch, dass Sie zu viel trinken und dass Sie aufhören sollten.

PATIENT: Nun ja, meine Frau stammt aus einer Familie, wo gar nicht getrunken wurde. Mit mir ist da nichts im Argen. Die glauben doch schon, dass jeder, der drei Bier trinkt, ein Alkoholiker ist.

Indem der Therapeut die „Problem-Veränderungs"-Seite des Konfliktes ergreift, ruft er beim Klienten die entgegengesetzten „Kein-Problem"-Argumente hervor. Wenn der Therapeut stärker für eine Seite argumentiert, wird der Patient die andere Seite mit umso größerem Eifer verteidigen. Dies ist ein vertrautes Skript und eines, das die Person in der Regel schon vorher mit anderen durchgespielt hat. In dieser Situation kann sich die Person sprichwörtlich aus einer Veränderung herausreden. Wenn Sie sich selbst eifrig argumentieren hören, dass Sie gar kein Problem haben und sich nicht zu verändern brauchen, werden Sie sich davon überzeugen. Sehr wenigen Menschen macht es Spaß, eine Argumentation zu verlieren oder das Gefühl zu bekommen, dass sie Unrecht haben.

Ein Therapeut kann unvorhergesehen in diese Falle tappen, selbst wenn er nicht bewusst vorhat, eine bestimmte Seite zu verteidigen oder zu befürworten. Betrachten Sie die beiden folgenden Beispiele, bei denen es um eine mit Ambivalenz behaftete Entscheidung geht: Die Entscheidung, ob man Kinder haben sollte oder nicht.

KLIENTIN: Ich glaube, die wichtigste Sache für mich ist, eine Familie zu haben. Ich bin jetzt schon über 30 und falls ich jemals Kinder haben will, wird es jetzt Zeit.

THERAPEUT: Ihre biologische Uhr ist am Ticken.

KLIENTIN: Jawohl. Ich muss jetzt wirklich zu einer Entscheidung kommen.

THERAPEUT: Und deshalb fragen Sie sich, ob Sie eine Familie haben wollen oder nicht?

KLIENTIN: Ich habe eigentlich immer gedacht, dass ich einmal Kinder haben werde. Es war nur so, dass wir beide erst das Studium fertig machen wollten und dann haben wir angefangen, zu arbeiten und plötzlich bin ich nun 34.

THERAPEUT: Natürlich haben Frauen heutzutage auch Kinder, wenn sie älter sind.

KLIENTIN: Aber ist das nicht riskant?

THERAPEUT: Die Risiken steigen natürlich, aber sie sind immer noch relativ gering und es gibt sehr gute Schwangerschaftsvorsorge.

KLIENTIN: Wenn ich schwanger wäre und dann herausfinden würde, dass etwas nicht stimmt, wüsste ich nicht, was ich tun sollte.

THERAPEUT: Es gibt da schon verschiedene Möglichkeiten.

KLIENTIN: Ich weiß das, aber ich glaube, ich bin nicht ganz sicher, ob ich wirklich dieses Risiko auf mich nehmen will.

THERAPEUT: Warum nicht?

KLIENTIN: Zum einen ist es eine solch lange Verpflichtung. Man investiert 20 Jahre seines Lebens oder sogar mehr, weil Eltern-sein niemals aufhört.

THERAPEUT: Natürlich gibt es auch etliche Belohnungen. Es ist eine sehr besondere Art der Beziehung, die man mit keinem anderen menschlichen Wesen in einer solchen Weise haben kann.

KLIENTIN: Ich bin mir aber nicht sicher, ob ich wirklich eine solche Beziehung mit nur einem oder zwei Kindern haben will. Ich bin Lehrerin und in gewisser Weise kann ich viel mehr Gutes für Kinder tun, wenn ich nicht für 20 Jahre damit beschäftigt bin, meine eigenen aufzuziehen. Und es ist heutzutage so *teuer* Kinder großzuziehen!

THERAPEUT: Und trotzdem ist da das Gefühl, dass Sie etwas vermissen könnten.

KLIENTIN: Egal wie ich mich entscheide, werde ich etwas vermissen. Wenn ich meine eigenen Kinder habe, werde ich all die Möglichkeiten verpassen, die ich in der Zeit, die ich ihnen widme, hätte wahrnehmen können.

THERAPEUT: Wie wäre es denn mit nur einem Kind?

KLIENTIN: Ich denke, es ist nicht fair, jemanden zu einem Einzelkind zu machen. Man braucht einen Bruder oder eine Schwester. Das ist eine ganz besondere Beziehung.

THERAPEUT: Ähnlich der, eine Mutter zu sein.

KLIENTIN: Ja und nein. Normalerweise verbringt man nicht den besseren Teil seines Lebens damit, eine Schwester oder einen Bruder aufzuziehen.

THERAPEUT: Ich glaube, was ich eigentlich sagen will, ist, dass es mir Sorgen macht, dass Sie ihre biologische Uhr zu Ende laufen lassen und es dann später bedauern könnten.

KLIENTIN: Aber ich glaube, das ist besser als das Gegenteil. Ich kenne Eltern, die es bedauern, Kinder gehabt zu haben. Normalerweise geben sie es nicht zu, aber ganz im Innern stellen sie sich die Frage, wie ihr Leben hätte sein können, wenn sie die Kinder nicht gehabt hätten. Ich glaube, Kinder spüren das.

THERAPEUT: Ich bin mir sicher, dass dies manchmal passiert, aber die meisten Eltern finden es sehr belohnend. Es ist zwar wahr, dass Mutter zu sein einem viel abfordert und doch gibt es einem etwas ganz Besonderes.
...

Betrachten Sie nun die gleiche Klientin und Situation, dieses Mal jedoch tendiert der Therapeut – aus welchen Gründen auch immer – in die andere Richtung.

KLIENTIN: Ich glaube, die wichtigste Sache für mich ist, eine Familie zu haben. Ich bin jetzt schon über 30 und falls ich jemals Kinder haben will, wird es jetzt Zeit.

THERAPEUT: Ihre biologische Uhr tickt.

KLIENTIN: Jawohl. Ich muss jetzt wirklich zu einer Entscheidung kommen.

THERAPEUT: Und deshalb fragen Sie sich, ob Sie eine Familie haben wollen oder nicht?

KLIENTIN: Ich habe eigentlich immer gedacht, dass ich einmal Kinder haben werde. Es war nur so, dass wir beide erst das Studium fertig machen wollten und dann haben wir angefangen, zu arbeiten, und plötzlich bin ich 34.

THERAPEUT: So dass es vielleicht ein bisschen spät ist, eine Familie zu gründen.

KLIENTIN: Ich weiß nicht. Viele Leute haben heutzutage Kinder, obwohl sie älter sind als wir. Es ist eine ziemlich normale Sache.

THERAPEUT: Ich will nicht sagen, dass dies ungewöhnlich ist. Ich meine nur, ich hätte da so ein Zögern in ihrer Stimme rausgehört.

KLIENTIN: Natürlich bin ich etwas zögerlich. Es ist eine große Lebensveränderung, aber ich hatte immer das Gefühl, dass ich zu einem bestimmten Zeitpunkt Kinder haben werde und jetzt ist es Zeit.

THERAPEUT: Warum? Was spricht Sie so an, eine Familie zu haben?

KLIENTIN: Das ist wirklich schwer zu sagen, es ist mehr ein Gefühl, das ich habe. Ich glaube, es ist etwas Gutes, Kinder zu haben, wenn man alt wird, jemanden, der sich um einen kümmert.

THERAPEUT: Natürlich, aber das geschieht nicht immer.

KLIENTIN: Ich weiß. Es ist aber auch eine Erfahrung, die ich nicht missen möchte. Die Arbeit ist nicht das ganze Leben. Ich habe nur das Gefühl, es würde schön sein, Mutter zu sein.

THERAPEUT: Welche anderen Vorteile sehen Sie?

KLIENTIN: Es sind nicht wirklich *Vorteile*.

THERAPEUT: Ist es nicht in Wahrheit so, dass man Kinder in der Erwartung möchte, etwas von ihnen zu bekommen?

KLIENTIN: Genau! Es ist ein bisschen wie Teil eines neuen Lebens zu sein, ein Teil der Zukunft.

THERAPEUT: Hört sich ziemlich romantisch an.

KLIENTIN: Ja, ich glaube, das ist wahr! Ich weiß, es ist nicht alles nur rosig und es kostet ein Vermögen und man öffnet sich für eine Menge Schmerzen. Es dauert auch eine lange Zeit, Kinder aufzuziehen. Man muss wirklich eine Menge geben.

THERAPEUT: Es kostet Sie eine Menge, nicht nur an Geld, sondern auch an Zeit.

KLIENTIN: Und trotzdem habe ich das Gefühl, dass es die Sache wert ist.

…

Die Klientin des ersten Beispiels könnte die Sitzung mit dem Gefühl verlassen, nicht so sehr an einer Familie interessiert zu sein. Im zweiten Beispiel könnte die *change-talk*, die der Therapeut durch das Einnehmen der einen Seite bei ihr hervorgerufen hat, bewirken, dass die Patientin die andere Richtung, ein Kind zu haben, bevorzugt. Die Methoden, die in Kapitel 8 beschrieben werden, können besonders hilfreich sein, die Falle „Partei zu ergreifen" zu vermeiden. In manchen Situationen will man es ganz vermeiden, Partei für eine Seite zu ergreifen. Bei anderen Gelegenheiten, in denen ein direktiver Ansatz eher angemessen ist, besteht die Kunst darin, die Versuchung zu vermeiden, die „gute" Seite des Argumentes einzunehmen.

Die Expertenfalle

Ein engagierter und kompetenter Therapeut kann ungewollt in die Expertenfalle tappen, indem er den Eindruck vermittelt, dass er alle Antworten parat hat. Wie bei der Frage-Antwort-Falle ist der Effekt zumeist, dass Klienten in eine passive Rolle gedrängt werden. Dies ist natürlich unvereinbar mit dem Grundziel der motivierenden Gesprächsführung, Menschen die Gelegenheit zu geben, ihre Ambivalenz für sich selbst zu erforschen und aufzulösen. Der ernsthafte Wunsch zu helfen kann einen Therapeuten dazu verleiten, die Situation für den Patienten „reparieren" zu wollen, fertige Problemlösungen anzubieten und Antworten und Lösungen zu verordnen. Es gibt einen Zeitpunkt, an dem die Expertenmeinung angemessen ist (siehe Kapitel 9), aber in Phase 1 geht es darum, zuerst einmal die Eigenmotivation des Patienten aufzubauen und es ist unwahrscheinlich, dass dies geschieht, wenn der Patient in die Rolle des passiven Empfängers von Experten-Ratschlägen gedrängt wird.

In der motivierenden Gesprächsführung ist die Person selbst der wirkliche Experte. Keiner weiß mehr über ihre Situation, Werte, Ziele, Sorgen und Fertigkeiten. Niemand ist in einer besseren Lage, abzuschätzen, wie sich eine Veränderung in das Leben dieses Menschen einfügen wird. Es macht Sinn, sich hier an das Bild aus Kapitel 3 zu erinnern, wo zwei Menschen nebeneinander sitzen und ein Familienalbum durchblättern. Das unterscheidet sich sehr von dem Bild eines Jüngers, der Erleuchtung zu Füßen eines Meisters sucht. In der motivierenden Gesprächsführung geht es um Zusammenarbeit, nicht darum, etwas aufzudrängen.

Die Etikettierungs-Falle

Therapeuten und Klienten können sich auch schnell durch das Anheften eines diagnostischen Etiketts verheddern. Manche Therapeuten glauben, es sei ungeheuer wichtig für einen Klienten, die Diagnose des Therapeuten („Sie sind ein Alkoholiker", „Sie sind am Verleugnen", usw.) zu akzeptieren oder gar sie „sich einzugestehen". Da solche Etikettierungen bestimmte Stigmata in der Öffentlichkeit mit sich tragen, ist es nicht verwunderlich, dass Menschen mit einem gesunden Selbstwertgefühl eine solche Etikettierung widerstrebt. Selbst auf dem Gebiet der Alkoholismusbehandlung, wo die Betonung der Etikettierung relativ stark gewesen ist, gibt es wenig Beweise, dass es Personen irgendeinen Nutzen gebracht hat, sie zur Akzeptanz eines Etiketts wie „Alkoholiker" zu nötigen. Die Philosophie der Anonymen Alkoholiker (AA) spricht sich besonders gegen ein solches Etikettieren anderer aus.

Oft hat diese Etikettierungsdebatte eine unterschwellige Dynamik. Es mag sich hier um einen Machtkampf handeln, bei dem der Therapeut versucht, Kontrolle und Expertise geltend zu machen. Bei Familienmitgliedern mag dieses Etikett eine verurteilende Kommunikation darstellen. Bei einigen Menschen kann schon eine scheinbar harmlose Aussage wie „Sie haben ein Problem mit ...", das unangenehme Gefühl auslösen, in eine Ecke gedrängt zu werden. Natürlich besteht auch die Gefahr, dass dieser Etikettierungskampf Dissonanz erzeugt, was schnell dazu führen kann, dass „Positionen" bezogen werden und dadurch jeglicher Fortschritt aufgehalten wird.

Wir empfehlen deshalb, Etikettierungen im Rahmen von MI zu vermeiden. Probleme können ausgiebig exploriert werden, ohne Etiketten anzuheften, die unnötige Dissonanz erzeugen. Solange das Thema einer Etikettierung nicht zur Sprache kommt, ist auch nicht notwendig, es zu thematisieren. Oft jedoch wird der Patient selbst das Thema ansprechen und es kann dann sehr wichtig sein, wie Sie darauf reagieren. Wir empfehlen eine Mischung von Reflexion und Umformulierung, zwei Techniken, die später in diesem Kapitel beschrieben werden. Hier ein kurzes Beispiel, wiederum aus dem Bereich der Abhängigkeit, wo dieses Thema oftmals eine starke Bedeutung hat. Hier ergreift der Therapeut schnell die Seite der Person und bietet dann eine Umformulierung an.

KLIENT: Sie meinen also, dass ich süchtig bin?

THERAPEUT: Nein, mir geht es überhaupt nicht um irgendwelche Etiketten. Es hört sich jedoch so an, als ob Ihnen das Sorgen macht.

KLIENT: Nun ja, ich mag es nicht, wenn man mich einen Süchtigen nennt.

THERAPEUT: Wenn das passiert, wollen Sie gleich erklären, dass ihre Situation gar nicht so schlimm ist.

KLIENT: Genau! Ich will nicht sagen, dass ich keine Probleme hätte …

THERAPEUT: Aber Sie wollen nicht abgestempelt werden als „jemand, der ein Problem hat". Das klingt Ihnen zu heftig.

KLIENT: Ja, genau.

THERAPEUT: Das ist völlig normal, wie Sie sich sicher vorstellen können. Viele Menschen, mit denen ich rede, mögen es nicht, wenn sie abgestempelt werden. Das ist gar nicht so selten. Ich mag es selbst auch nicht, wenn Leute mich abstempeln.

KLIENT: Es fühlt sich so an, als würde man in eine Schublade gesteckt.

THERAPEUT: Genau. Erlauben Sie mir zu erläutern, wie ich das sehe und dann machen wir weiter? Für mich ist es egal, wie wir ein Problem *bezeichnen*. Mich interessiert es nicht, es „Sucht" oder „Problem" oder etwa „Rumpelstilzchen" zu nennen. Wir brauchen ihm gar keinen Namen zu geben. Falls ein Etikett ein wichtiges Thema für Sie ist, dann können wir darüber sprechen, aber für mich ist es kein besonders wichtiges Thema. Was wirklich wichtig ist, ist zu verstehen, wie der Kokainkonsum Sie schädigt, und was, wenn überhaupt, Sie damit machen wollen. Das ist es, was mir wichtig ist.

Als eine Schlussbemerkung wollen wir hinzufügen, dass wir auch keine gewichtigen Gründe haben, Leute zu entmutigen, ein Etikett anzunehmen, wenn sie das wollen. Mitglieder der AA zum Beispiel berichten oft, dass es wichtig für sie war, ihre Identität als Alkoholiker zu erkennen und zu akzeptieren. Es hat wenig Sinn, sich einer solchen Selbsterkenntnis zu widersetzen. Hier geht es darum, eine Verstrickung in sinnlose Debatten und Kämpfe über Etiketten zu vermeiden.

Die Falle, sich zu früh auf etwas zu konzentrieren

Selbst wenn der Therapeut es vermeidet, zu etikettieren oder eine Seite der Ambivalenz der Person zu vertreten, kann es zu Widerstand kommen, falls sich Klient und Therapeut auf unterschiedliche Schwerpunkte konzentrieren wollen. Therapeuten wollen oft herausfinden, was für sie das Problem der Person ist und sich dann darauf konzentrieren. Im Gegensatz dazu kann die Person andere dringendere Sorgen haben und mag die Bedeutung, die der Therapeut diesem „Problem" zumisst, nicht teilen. Tatsächlich ist einer der häufigsten Gründe für das klinische Interesse an der motivierenden Gesprächsführung die Situation, in der ein Klient eine Veränderung als weniger wichtig erachtet als der Therapeut. Hier geht man in die Falle, wenn man darauf besteht, die Person dazu zu bewegen, über unsere Vorstellung des „Problems" zu reden. Das Bewährungshelfer-Beispiel in Kapitel 5 war ein klares Beispiel einer solchen Dissonanz. Der Therapeut will sich auf ein Thema konzentrieren, aber der Klient hat andere, vielleicht darüber hinausgehende Sorgen. Es könnte zu einem Tauziehen kommen, wie viel Aufmerksamkeit auf den Bereich gelegt werden soll, den der Therapeut als das Problem ansieht. Aus der Sicht des Klienten könnten die Sorgen des Therapeuten nur einen relativ kleinen Teil der Thematik darstellen und es könnte weniger offensichtlich sein, ob und wie diese mit den größeren Sorgen des Klienten in Verbindung stehen. Wenn der Therapeut zu schnell darauf drängt, das Gespräch zu konzentrieren, entsteht Dissonanz. Die Person fühlt sich dann schnell abgelehnt und wird defensiv. Hier sollte man vermeiden, in einen Streit darüber verwickelt zu werden, was das angemessene Thema für den Gesprächsanfang darstellt. Man vermeidet dies, indem man die Besorgnisse des Klienten aufgreift und nicht die des Therapeuten. Sehr oft führt ein Explorieren der Sachverhalte, die dem Klienten Sorgen bereiten, zu den Themen zurück, die für den Therapeuten von Bedeutung sind, besonders, wenn diese Bereiche miteinander in Verbindung stehen. Auf jeden Fall ist es sinnvoll, etwas Zeit darauf zu verwenden, dem Patienten zuzuhören, sowohl um die Person zu verstehen, als auch um eine harmonische Beziehung herzustellen, die für eine spätere Exploration anderer Themen wichtig ist.

Eine Einrichtung für die Behandlung von Suchtproblemen von Frauen in Neu Mexiko verdeutlicht diese Situation. Das Behandlungsteam stellte fest, dass die Frauen, die zu dieser Einrichtung kamen, im Allgemeinen dringendere Sorgen hatten als ihren Konsum von Alkohol und anderen Drogen. Sie hatten oft Probleme mit ihrer Gesundheitsversorgung, Erziehungsschwierigkeiten, Probleme mit der Betreuung ihrer Kinder, benötigten eine Unterkunft oder waren durch derzeitigen oder früheren körperlichen oder sexuellen Missbrauch traumatisiert. Diese Frauen hatten viel, worüber sie reden mussten und wenn ein Therapeut versuchte, sich auf den Substanzmissbrauch zu Beginn der Behandlung zu konzentrieren, war es wahrscheinlich, dass die Frauen die Behandlung abbrachen. Wenn der Therapeut jedoch den gegenwärtigen Sorgen der Frauen Aufmerksamkeit schenkte und diese ansprach, kam das Gespräch unausweichlich auf die Rolle des Alkohols und anderer Drogen in ihrem Leben zurück.

Es geht also darum, eine frühzeitige Eingrenzung auf Themen zu vermeiden, die dem Therapeuten wichtig erscheinen, aber für den Klienten weniger wichtig sind. Falls Sie Dissonanz bei einer frühen Eingrenzung auf ein bestimmtes Thema begegnen, greifen Sie die Sorgen der Person auf, hören Sie ihrer Geschichte zu und gewinnen Sie ein breiteres Verständnis ihrer Lebenssituation, bevor Sie zu dem Thema zurückkehren.

Die Schuldfalle

Ein weiteres häufiges Hindernis im Erstgespräch sind die Angst und der Widerstand eines Klienten bezüglich Schuldzuweisungen. Wer ist Schuld an dem Problem? Wenn dieses Thema auftaucht und nicht angemessen behandelt wird, können viel Zeit und Energie mit nutzlosen Rechtfertigungen verschwendet werden. Für den therapeutischen Kontext stellt sich die Frage der Schuld nicht. Gewöhnlich kann man deren Irrelevanz deutlich machen, indem man die Besorgnisse der Person reflektiert oder umformuliert. Sie könnten der Person zum Beispiel sagen:

„Es hört sich an, als machten Sie sich Gedanken darüber, wer Schuld daran ist. In der Therapie geht es aber nicht darum, zu entscheiden, wer Schuld hat. Dafür sind Richter zuständig, aber keine Therapeuten. Mir geht es nicht darum herauszufinden, wer Schuld hat, sondern was Ihnen Sorgen macht und was Sie dagegen tun könnten."

Ängste vor Schuldzuweisungen können auch durch eine kurze strukturierende Aussage wie die obige zu Beginn der Therapie verhindert werden. Hat die Person erst einmal ein klares Bild vom Ziel der Therapie, können Ängste über Schuldzuweisungen oft vermieden werden.

Das Erstgespräch

Das Erstgespräch kann sehr entscheidend sein, da es sowohl die Atmosphäre als auch die Erwartungen für die Therapie festlegt. Das Verhalten des Therapeuten während einer einzigen Sitzung kann einen starken Einfluss auf *change-talk* einer Person und auf ihre Langzeitergebnisse haben. Entsteht in der ersten Sitzung das Gefühl einer positiven Zusammenarbeit, hat dies einen Einfluss darauf, ob die Person wiederkommen wird oder nicht. Es ist also wichtig, gleich zu Beginn den richtigen Einstieg zu finden und zu verhindern, in die gerade beschriebenen Fallen zu tappen, die einen Fortschritt schnell untergraben können. Dieser Abschnitt wird einige praktische Punkte beschreiben, die man zu Beginn jeder Therapie im Hinterkopf haben sollte. Anschließend stellen wir dann fünf Strategien vor, die gleich von der ersten Sitzung an hilfreich sein können. Zur Erinnerung: wir konzentrieren uns hier auf den Einsatz der motivierenden Gesprächsführung in typischen psychotherapeutischen Situationen und beschäftigen uns noch nicht mit Adaptionen von MI für Situationen, in denen üblicherweise der Zeitrahmen knapp bemessen ist, wie zum Beispiel in der Arztpraxis.

Der Gesprächsbeginn

Klienten kommen mit den unterschiedlichsten Erwartungen zu einer Psychotherapie. Sie erwarten zum Beispiel kritisiert, geheilt, beraten, befragt, beschuldigt, belehrt, getröstet oder medikamentös behandelt zu werden. Das heißt, Personen beginnen eine Behandlung mit sehr unterschiedlichen Erwartungen, Befürchtungen, Hoffnungen und Sorgen. Daher kann es hilfreich sein, der Person zu Beginn eine kurze und einfache Erklärung über Struktur und Ablauf der ersten Sitzung und des Therapieprozesses im Allgemeinen zu geben. Eine gute strukturierende Aussage kann der Person helfen, sich zu entspannen und der Therapie zu einem guten Start zu verhelfen. Hier einige Elemente, die darin enthalten sein sollten:

- Der zur Verfügung stehende Zeitraum.
- Eine Erklärung Ihrer Rolle und Ziele.
- Eine Beschreibung der Patientenrolle.
- Eine Erwähnung der Details, denen sie sich widmen müssen.

6. PHASE 1: MOTIVATION ZUR VERÄNDERUNG AUFBAUEN

- Eine offene Frage.

Hier ein Beispiel:

„Wir haben heute etwa 50 Minuten und in dieser Zeit würde ich gerne einen Einblick gewinnen, was Sie zu mir führt. Ich werde wahrscheinlich die meiste Zeit damit verbringen, Ihnen zuzuhören, damit ich verstehen kann, wie Sie die Dinge sehen und was Ihr Anliegen ist. Sie haben sicherlich auch einige Vorstellungen darüber, was hier geschehen soll und was nicht und es ist mir wichtig, mehr davon zu erfahren. Gegen Ende unserer Sitzung brauche ich noch einige genauere Informationen, aber lassen Sie uns erst einmal beginnen. Was liegt Ihnen am Herzen?"

Die Agenda aufstellen

Das Aufstellen einer Agenda ist ein Thema, das Sie gleich zu Beginn des ersten Gespräches im Hinterkopf haben sollten. Die grundsätzliche Frage ist, „Worüber werden wir uns unterhalten?" Manchmal wird ein Thema durch die Zusammenhänge diktiert. Kommt der Klient mit einer Gerichtsauflage wegen häuslicher Gewalt oder ist es ein Gespräch mit einem Ernährungsberater in einer Diabetesklinik, ist mindestens ein Gesprächsthema vorbestimmt. Selbst in diesen Fällen ist das augenscheinliche Thema nicht unbedingt *das* Thema, das als Erstes oder als Einziges zu besprechen ist.

Bestehen Zweifel über die Gesprächsthemen, kann es hilfreich sein, einige Minuten darauf zu verwenden, klarzustellen, welche Agenda die Person hat und natürlich auch, was Ihr Verständnis der Situation ist. Hier zwei Beispiele:

Eine Ernährungsberaterin zu einem Patienten, der Beratung in einer Diabetes-Klinik sucht:

„Wie Sie wissen gibt es eine Anzahl von Themen, über die wir uns heute unterhalten könnten, zum Beispiel Überwachung Ihres Blutzuckerspiegels, gesunde Ernährung, Sport und Medikamente, aber was besorgt Sie am meisten? Was würden *Sie* heute gerne besprechen? Vielleicht gibt es andere Themen, deren Besprechung für Sie wichtiger ist."

Ein Therapeut oder Bewährungshelfer mit einem Täter nach einer Festnahme wegen häuslicher Gewalt:

„Ich weiß aus dem Bericht, dass Sie hier sind, um sich mit mir über diesen Vorfall mit häuslicher Gewalt zu unterhalten und das können wir auch tun. Zuerst möchte ich jedoch verstehen, was Ihre Gefühle und Gedanken darüber sind, dass Sie hierher kommen müssen und wie es in Ihrem Leben aussieht. Was sind die Anliegen, die *Sie* gerne besprechen möchten?"

Anfänglich mag es einen Zeitraum der Ungewissheit geben, während Sie besprechen, was die Agenda sein wird. Falls dem so ist, ist die Zeit, die Sie mit Zuhören verbringen, sehr gut investiert. Es wird helfen zu vermeiden, dass Sie kopfüber in den Bereich hineinstürzen, den *Sie* für das Thema der Unterhaltung halten, die so genannte vorzeitige Eingrenzungsfalle.

FÜNF STRATEGIEN FÜR DEN „ANFANG"

Es gibt fünf bestimmte Strategien, die gleich zu Anfang der ersten Sitzung, aber auch im gesamten Verlauf der motivierenden Gesprächsführung hilfreich sein können. Wir nennen Sie „Anfangs"-Strategien, nicht weil man sie nur am Anfang benutzt und dann aufgibt, sondern weil sie gleich von Anfang an wichtig sind. Miteinander verbunden, bilden sie das Gerüst der motivierenden Gesprächsführung. Die ersten vier stammen aus der klientenzentrierten Gesprächsführung und werden in MI ganz gezielt eingesetzt, um Personen zu helfen, ihre Ambivalenz zu erforschen und persönliche Gründe für eine Veränderung zu finden. Die fünfte ist eindeutig direktiv und spezifisch für die motivierende Gesprächsführung. Sie integriert und bestimmt den Einsatz der anderen vier Strategien.

1. Offene Fragen stellen

In der Anfangsphase der motivierenden Gesprächsführung ist es wichtig, eine Atmosphäre der Akzeptanz und des Vertrauens entstehen zu lassen, in der die Patienten ihre Sorgen ausloten können. Das heißt, die Person sollte in dieser Phase die meiste Zeit reden, während der Therapeut aufmerksam zuhört und die Person ermutigt. Analysiert man Sitzungen von geschickten MI-Therapeuten, reden die Patienten gewöhnlich mehr als die Hälfte der Zeit. Das ist auch deshalb wichtig, weil MI darauf abzielt, bestimmte Arten von Patientensprache hervorzurufen

6. Phase 1: Motivation zur Veränderung aufbauen

und zu beeinflussen. Die ersten vier dieser fünf Anfangsstrategien unterstützen dieses Ziel, Personen zum Reden zu ermutigen.

Stellen Sie offene Fragen, um Patienten zum Reden zu ermutigen, das heißt Fragen, die keine kurzen Antworten provozieren. Natürlich können geschlossene Fragen durchaus notwendig sein, sie sollten in der Anfangsphase der motivierenden Gesprächsführung jedoch spärlich und weit verstreut eingesetzt werden. Es ist besser, Fragen zu verwenden, die eine weitere Exploration durch den Patienten ermöglichen. Einige Personen kommen in die Sitzung und scheinen fast zu platzen und es bedarf nur der kleinsten Einladung und ihre Geschichte sprudelt heraus. Andere sind eher zurückhaltend und benötigen mehr Ermutigung. Wie Sie auf die ersten Aussagen einer Person reagieren, hat einen starken Einfluss darauf, was als Nächstes geschieht und das werden wir im Rahmen der nächsten Strategien ansprechen. Hier geht es uns erst einmal darum, gute offene Fragen zu stellen.

Wenn Sie im Voraus wissen oder anderweitig spüren, dass die Person eine ganz klare Agenda zu besprechen hat, kann eine einfache Einladung genügen. Hier einige Beispiele:

„Auf Grund der Tatsache, dass Sie hier sind, vermute ich, dass Sie etwas haben, worüber Sie reden möchten. Was möchten Sie gerne besprechen?"

„Ich würde gerne verstehen, wie Sie die Dinge sehen. Was hat Sie zu mir geführt?"

„Ich verstehe, dass … Ihnen einige Sorgen macht. Erzählen Sie mir bitte etwas darüber."

„Sie sagten am Telefon, dass Sie einige Probleme mit … haben und gerne darüber reden möchten. Wie wäre es, wenn Sie von Anfang an berichten, worum es geht und mich auf den heutigen Stand bringen?"

Der Unterschied zwischen offenen und geschlossenen Fragen mag simpel erscheinen, ist aber mitunter komplizierter als man denkt. Kasten 6.2 enthält eine Reihe von Fragen die ein Therapeut stellen könnte. Wie würden Sie diese einordnen: offen oder geschlossen?

Kasten 6.2: Ist es eine offene oder geschlossene Frage?

1. Was gefällt Ihnen am Trinken?
2. Wo sind Sie aufgewachsen?
3. Ist es nicht wichtig für Sie, einen Sinn für Ihr Leben zu haben?
4. Sind Sie bereit, zu einer weiteren Sitzung zu kommen?
5. Was führt Sie heute zu mir?
6. Wollen Sie in dieser Beziehung bleiben?
7. Haben Sie jemals Walken als eine mögliche Form der sportlichen Betätigungen in Betracht gezogen?
8. Was wollen Sie bzgl. ihres Rauchens unternehmen: Aufhören, einschränken oder weiterrauchen wie bisher?
9. Wie haben Sie schwierige Hindernisse in der Vergangenheit überwunden?
10. Welches Datum wollen Sie festlegen als den Tag, an dem Sie aufhören?
11. Welche der möglichen Langzeit-Auswirkungen des Diabetes besorgt Sie am meisten?
12. Sorgen Sie sich um ihre Gesundheit?
13. Was sind die wichtigsten Gründe für Sie, um mit dem Fixen aufzuhören?
14. Wollen Sie das für eine Woche probieren?
15. Ist dies eine offene oder geschlossene Frage?

Die Antworten sind am Ende des Kapitels auf Seite 123.

Will man ein Kernproblem mit hoch ambivalenten Personen besprechen, kann es sehr hilfreich sein, beide Seiten des Sachverhaltes zu beleuchten oder eine Reihe von relativ neutralen offenen Fragen zu stellen, die mit der Thematik verbunden sind. Einige Therapeuten bevorzugen es, erst nach den positiven Aspekten und Vorzügen ihres derzeitigen

6. Phase 1: Motivation zur Veränderung aufbauen

"Problem"-Verhaltens oder -Situation zu fragen und dann erst nach den negativen. Hier einige Beispiele:

„Erzählen Sie mir etwas über Ihren Kokainkonsum. Was gefällt Ihnen daran? ... (Dann später:) Und wie sieht es mit der anderen Seite aus? Was macht Ihnen Sorgen?"

„Erzählen Sie mir, was Ihnen im Laufe der Jahre an Ihrer Ehe aufgefallen ist. Welche Veränderungen haben Sie festgestellt und wie haben diese Sie berührt?"

„Soweit ich weiß, sind Sie hier, um über Ihr Glücksspiel zu sprechen. Helfen Sie mir bitte, einen Eindruck zu gewinnen. Was gefällt Ihnen am Glücksspiel und was sind die negativen Aspekte?"

Behalten Sie die Faustregel im Gedächtnis, keine drei Fragen nacheinander zu stellen, was auch auf offene Fragen zutrifft. (Jedes der drei dargestellten Beispiele besteht grundsätzlich aus einer einzelnen offenen Frage, da der Patient nicht auf die einzelnen Elemente geantwortet hat.) Im Prozess der motivierenden Gesprächsführung geht es darum, Menschen zu helfen, ihre eigenen Erfahrungen offen zu erforschen, ein schließlich ihrer Ambivalenz. Selbst offene Fragen können die Aufmerksamkeit einer Person umlenken. Das Grundmuster der motivierenden Gesprächsführung ist es, eine offene Frage zu stellen und damit ein Thema für die Exploration vorzuschlagen, gefolgt von aktivem Zuhören und den anderen im Folgenden beschriebenen Reaktionsweisen.

Offene Fragen sind Einleitungen, die Ihnen Möglichkeiten eröffnen, die anderen Strategien anzuwenden. Natürlich reagieren Menschen unterschiedlich auf offene Fragen. Einige werden darauf brennen, über ihre Schwierigkeiten zu reden. In diesen Fällen ist es Ihre Aufgabe, die Person mit Hilfe der in diesem und in den folgenden Kapiteln beschriebenen Strategien in ihrer Exploration zu unterstützen. Andere werden relativ wenig anbieten, das Thema wechseln oder sich gar in Richtung einer der vorher beschriebenen Fallen bewegen. Geschickte motivierende Gesprächsführung umfasst spezielle Reaktionen auf das, was eine Person erwidert, wenn man offene Fragen stellt.

2. Aktives Zuhören

Aktives Zuhören ist eine der wichtigsten und gleichzeitig schwierigsten Fertigkeiten, die in der motivierenden Gesprächsführung notwendig sind. Im Allgemeinen bedeutet Zuhören, einfach still zu sein, wenigstens für eine Weile und dem zuzuhören, was jemand zu sagen hat. Der kritische Punkt beim aktiven Zuhören ist jedoch, wie der Therapeut auf das reagiert, was der Klient gesagt hat. Thomas Gordon hat zwölf Arten von Reaktionen beschrieben, die nicht mit aktivem Zuhören vereinbar sind:

1. Befehlen, anordnen, kommandieren.
2. Warnen, ermahnen, drohen.
3. Beraten, Lösungen geben, Vorschläge machen.
4. Vorhaltungen machen, belehren, logische Argumente anführen.
5. Zureden, moralisieren, predigen.
6. Urteilen, kritisieren, widersprechen, beschuldigen.
7. Loben, zustimmen.
8. Beschimpfen, lächerlich machen, beschämen.
9. Interpretieren, analysieren, diagnostizieren.
10. Beruhigen, mitleiden, trösten, unterstützen.
11. Forschen, fragen, verhören.
12. Zurückziehen, ablenken, aufheitern, zerstreuen.

Gordon bezeichnete diese Reaktionen als „Kommunikationssperren", weil sie dazu neigen, eher hinderlich zu sein. Sie lenken die Person von ihrem Gedankengang ab. Um ihre Gedanken in gleicher Richtung weiterzuverfolgen, muss sich die Person mit dem Hindernis beschäftigen, es umgehen und zu ihrer ursprüngliche Richtung zurückkommen. Kommunikationssperren haben die Auswirkung, zu blockieren, anzuhalten, abzulenken oder die Richtung zu ändern. Wie wir später beschreiben werden, gibt es Zeitpunkte, diese Reaktionen ganz bewusst und direktiv einzusetzen, wie zum Beispiel das Stellen einer offenen Frage, um die Richtung der Unterhaltung zu bestimmen. Ist die Frage aber erst einmal gestellt, ist es an der Zeit, zuzuhören.

Weiterhin deuten Kommunikationssperren auf eine ungleiche oder hierarchische Beziehung hin. Die unterschwellige Botschaft scheint zu sein: „Höre mir zu, ich kenne mich am besten aus!" Anstatt weiter zu explorieren, muss die Person sich mit dieser Kommunikationssperre beschäftigen. Hier das Beispiel eines wohlwollenden, aber wenig hilfreichen Therapeuten, der mit einer Person spricht, die sich zwiespältig im Bezug auf eine wichtige Entscheidung fühlt (in Klammern jeweils die Nummer der Kommunikationssperren aus Gordons Liste):

KLIENT: Ich weiß einfach nicht, ob ich ihn verlassen soll oder nicht.

THERAPEUT: Sie sollten tun, was immer Sie für richtig halten. (Nr. 5)

KLIENT: Aber das ist ja genau der Punkt! Ich weiß nicht was das Richtige ist!

THERAPEUT: Natürlich wissen Sie das, in Ihrem Herzen. (Nr. 6)

KLIENT: Ich fühle mich einfach wie gefangen, unterdrückt in unserer Beziehung.

THERAPEUT: Haben Sie schon einmal daran gedacht, sich für eine Weile zu trennen, um zu sehen, wie Sie sich dann fühlen? (Nr. 3)

KLIENT: Aber ich liebe ihn und es würde ihn so sehr verletzen, wenn ich gehen würde!

THERAPEUT: Aber wenn Sie es nicht tun, könnten Sie ihr Leben vergeuden. (Nr. 2)

KLIENT: Aber wäre das nicht selbstsüchtig?

THERAPEUT: Sie müssen es tun, um sich selbst zu schützen. (Nr. 4)

KLIENT: Ich weiß einfach nicht, wie ich das anstellen könnte, wie ich damit zurechtkommen würde.

THERAPEUT: Ich bin mir sicher, dass Sie das schaffen werden. (Nr. 10)

Dieser Person wurde sicher nicht geholfen, ihre Ambivalenz zu ergründen, stattdessen wurde sie frühzeitig in Richtung einer Lösung gedrängt. Der Therapeut hat in dieser Situation niemals richtig zugehört, hat dem Klienten niemals die Möglichkeit geboten, mit dem Erzählen und Explorieren fortzufahren. Die Person hat ihre Zeit damit verbracht, den Hindernissen auszuweichen.

Geschah noch etwas anderes? Wenn man allen diesen Hindernissen ausweichen muss, was bleibt einem dann noch zu sagen? Wir wollen hier nicht zu verstehen geben, dass es falsch ist, diese zwölf Reaktionen zu benutzen. Es gibt eine Zeit und einen Ort für jede von ihnen. Wir wollen jedoch sagen, dass aktives Zuhören sich sehr von diesen Reaktionen unterscheidet.

Der Hauptpunkt einer Therapeuten-Response, im Sinne des aktiven Zuhörens, ist eine Einschätzung der *Bedeutung* dessen, was der Gesprächspartner gesagt hat. Bevor eine Person spricht, hat sie eine bestimmte Botschaft, die mitgeteilt werden soll. Diese Botschaft wird in Worte gefasst, oft jedoch ungeschickt. Menschen sagen nicht immer das, was sie meinen. Der Zuhörer muss die Worte richtig verstehen und dann deren Bedeutung entschlüsseln. Demzufolge gibt es drei Etappen auf diesem Weg, an denen die Kommunikation verunglücken kann: verschlüsseln, hören und entschlüsseln. Ein aktiv Zuhörender formuliert das, was er als die Bedeutung des Gesagten verstanden hat und spiegelt es der Person in Form einer Aussage zurück.

Eine Aussage? Warum nicht eine Frage? Letztendlich ist sich der Zuhörer doch nicht sicher, ob seine Annahme richtig ist. Der Grund ist ein praktischer: Eine gut formulierte reflektierende Aussage erzeugt wahrscheinlich weniger Widerstand. Eine Frage verlangt nach einer Antwort. Dadurch wird eine Distanz zwischen der Person und ihrem Erleben geschaffen. Sie tritt einen Schritt zurück und fragt sich, ob sie das zum Ausdruck gebrachte wirklich fühlt oder fühlen sollte. Der Unterschied ist subtil und nicht jeder bemerkt ihn. Vergleichen Sie einmal den Unterschied in diesen Reflexionen:

„Sie fühlen sich unwohl?"

„Sie fühlen sich unwohl."

„Sie sind ärgerlich auf ihre Mutter?"

„Sie sind ärgerlich auf ihre Mutter."

Der Unterschied ist das „Fragezeichen". Am Ende einer Frage hebt sich die Stimme, bei einer Aussage fällt sie leicht nach unten ab. Die reflektierenden Aussagen des aktiven Zuhörens sollten am Ende leicht abfallen. Sie sind Aussagen über das, was man verstanden hat.

Um aktiv zuzuhören, müssen Sie zuerst lernen, reflektiv zu denken. Das heißt vor allem, sich klar zu machen, dass die Bedeutung, die Sie einer Äußerung geben, nicht unbedingt mit der der Person übereinstimmt. Die meisten Aussagen können verschiedene Bedeutungen haben. Emotional gefärbte Attribute wie „depressiv" oder „ängstlich" bedeuten für jeden Menschen etwas anderes. Was will ein Mensch zum Beispiel ausdrücken, wenn er sagt: „Ich wäre gern geselliger"? Hier einige mögliche Bedeutungen:

Ich fühle mich einsam und hätte gerne mehr Freunde.

Ich wäre ganz nervös, wenn ich mit Fremden reden müsste.

Ich sollte mehr Zeit darauf verwenden, Leute kennen zu lernen.

Ich wünschte, ich wäre beliebt.

Wenn ich mit Leuten zusammen bin, fällt mir nichts ein.

Ich werde nie auf Partys eingeladen.

Reflektiv zu denken heißt, diesen Prozess bewusster zu machen. Jedes Mal, wenn man eine Aussage hört, erwägt man, was es bedeuten könnte und macht eine Annahme über die wahrscheinlichste Bedeutung. Viele Menschen halten ihre Annahmen für die tatsächliche Bedeutung und reagieren dementsprechend. Aktives Zuhören ist eine Möglichkeit, Ihr Verständnis der Mitteilung zu überprüfen, anstatt es von vorneherein für das einzig Richtige zuhalten.

Aktives Zuhören beinhaltet das Anbieten einer Aussage, die dem Sprecher mitteilen soll, was Sie als die Bedeutung seiner Äußerung verstanden haben, ohne das diese Rückmeldung zu einem Kommunikationshindernis wird. Hier das Beispiel einer Therapiesitzung mit einem ambivalenten Klienten mit einem Alkoholproblem. Zur Verdeutlichung ist jede Aussage des Therapeuten in diesem Ausschnitt eine reflektierende Aussage. Beachten Sie auch, dass sich die Reflexionen des Therapeuten eher vorwärts bewegen, als dass sie einfache Wiederholungen dessen sind, was der Patient gesagt hat. Im Wesentlichen versucht der Therapeut, den nächsten Satz des Klienten vorwegzunehmen, anstatt nur den letzten wiederzugeben. Dies ist eine geschickte Form der Reflexion, die wir „den Absatz weiterführen" nennen.

KLIENT: Ich habe manchmal Angst, dass ich vielleicht mehr trinke, als gut für mich ist.

THERAPEUT: Sie haben in letzter Zeit ziemlich viel getrunken.

KLIENT: Ich habe nicht das Gefühl, dass es so viel ist. Ich kann viel trinken, ohne etwas zu merken.

THERAPEUT: Mehr als die meisten anderen Menschen.

KLIENT: Ja. Ich trinke die meisten Leute unter den Tisch.

THERAPEUT: Und das beunruhigt Sie.

KLIENT: Ja, das tut es und auch, wie ich mich fühle. Am Morgen danach bin ich gewöhnlich in ziemlich schlechter Verfassung. Ich fühle mich zittrig und kann Gedanken nicht zu Ende denken.

THERAPEUT: Und das kommt Ihnen nicht richtig vor.

KLIENT: Nein, ich glaube nicht. So viel habe ich nun auch wieder nicht darüber nachgedacht, aber ich glaube, dass es nicht gut für mich ist, die ganze Zeit „verkatert" zu sein und manchmal habe ich sogar Schwierigkeiten, mich an Dinge zu erinnern.

THERAPEUT: An Dinge, die sich während Ihres Trinkens ereignen.

KLIENT: Das auch. Manchmal habe ich einfach einen Filmriss für ein paar Stunden.

THERAPEUT: Aber das haben Sie nicht gemeint, als Sie sagten, Sie haben Schwierigkeiten, sich an Dinge zu erinnern.

KLIENT: Nein. Selbst wenn ich nicht trinke, kommt es mir manchmal vor, als ob ich Dinge öfters vergesse und ich nicht mehr klar denken kann.

THERAPEUT: Und Sie wundern sich, ob das etwas mit Ihrem Trinken zu tun hat.

KLIENT: Ich weiß nicht, was es sonst sein könnte.

THERAPEUT: Es ist Ihnen nicht immer so ergangen.

KLIENT: Nein! Nur in den letzten drei Jahren. Vielleicht werde ich einfach älter.

THERAPEUT: Das geschieht vielleicht jedem, wenn er erst mal 45 wird.

KLIENT: Nein, es ist wahrscheinlich doch mein Trinken. Ich kann auch nicht gut schlafen.

THERAPEUT: Vielleicht schädigen Sie Ihre Gesundheit, Ihren Schlaf und Ihr Gehirn, weil Sie so viel trinken.

KLIENT: Eins will ich aber klarstellen, ich bin kein Säufer. Das war ich nie.

6. PHASE 1: MOTIVATION ZUR VERÄNDERUNG AUFBAUEN

THERAPEUT: So schlimm geht's Ihnen nun doch nicht. Trotzdem sind Sie besorgt.

KLIENT: „Besorgt" ist vielleicht zu viel gesagt, aber ich schätzte, ich denke schon öfter mal darüber nach.

THERAPEUT: Und Sie fragen sich, ob Sie etwas unternehmen sollen und das ist der Grund, warum Sie hierher gekommen sind.

KLIENT: Ich schätze schon.

THERAPEUT: Sie sind sich nicht ganz sicher.

KLIENT: Ich bin mir nicht sicher, was ich daran ändern will.

THERAPEUT: Wenn ich Sie soweit richtig verstehe, glauben Sie, dass Sie zuviel getrunken haben und dass Sie damit Ihre Gesundheit schädigen, aber Sie sind sich noch nicht sicher, ob Sie etwas daran ändern wollen.

KLIENT: Das macht nicht viel Sinn, oder?

THERAPEUT: Ich kann verstehen, dass Sie sich an diesem Punkt vielleicht etwas verwirrt fühlen.

Beachten Sie, dass der Therapeut in diesem Gespräch keinerlei Kommunikationssperren aufgestellt hat. Es wäre sicherlich einfach gewesen, einige Hindernisse an Stelle der Reflexionen zu verwenden. Das wurde jedoch verhindert, da es die Absicht war, weitere Aussagen des Patienten, vor allem *change-talk*, hervorzurufen.
Reflektierende Aussagen können recht einfach sein. Manchmal genügt die Wiederholung von nur ein oder zwei Worten, um die Selbstexploration der Person in Gang zu halten. Eine subtilere Art der Reflexion ersetzt die Worte des Patienten durch andere (Paraphrasieren) oder bietet eine Hypothese der Bedeutung des Gesagten an. Manchmal ist es auch hilfreich, die vermutete Gefühlslage der Person zu reflektieren. Einfach zu wiederholen, was die Person gesagt hat, führt manchmal zu einer Verlangsamung des Prozesses, während „Den Absatz fortsetzen" oft die Geschwindigkeit der Selbstexploration beschleunigt.
Mit der Kunstfertigkeit des Therapeuten erhöht sich die Qualität der Reflexionen. Manchmal fühlt sich ein Therapeut frustriert beim aktiven Zuhören, weil es scheinbar nur im Kreis herum zu gehen scheint und man nicht vorwärts kommt. Wir haben herausgefunden, dass in einem solchen Fall das Problem gewöhnlich in einer unzureichenden Qualität der Reflexion besteht. Der Therapeut bleibt zu nahe an dem Wortlaut

dessen, was der Klient gesagt hat, wie ein Echo, und das Gespräch geht ins Leere. Geschicktes Reflektieren führt die Person über das bereits Gesagte hinaus, springt aber nicht zu weit voraus. Diese Fertigkeit ist mit dem geschickten Einsatz von Interpretationen in einer Psychoanalyse vergleichbar. Wenn sich die Person dagegen auflehnt, sind Sie zu schnell oder zu weit vorausgegangen.

Benutzt man Reflexionen, um eine weitere persönliche Exploration anzuregen, was ja das grundlegende Ziel von aktivem Zuhören ist, ist es oft hilfreich, das vom Patienten Gesagte etwas abzuschwächen. Besonders, wenn es sich um emotionale Inhalte handelt. Es gibt eine reichhaltige Sprache zum Umschreiben von Gefühlen. Zum Beispiel gibt es Umschreibungen für die Emotion Wut, die sich sehr stark in ihrer Intensität unterscheiden. Es gibt Ausdrücke mit geringer Intensität wie zum Beispiel „verärgert" und „erbost", während „Wut"-Worte wie „zornig" und „ausrasten" eine sehr hohe Intensität haben. Die Intensität kann durch Worte wie „ein wenig", „etwas" oder „ein bisschen" verringert werden. Sie kann aber auch erhöht werden durch Worte wie „ziemlich", „sehr" oder „total". Prinzipiell gilt: Erhöhen Sie die Intensität der beschriebenen Emotion in der Reflexion, neigt die Person dazu, das Gefühl abzuschwächen oder zu minimieren, das heißt sich von ihrer ursprünglichen Aussage zurückzuziehen. (Dieses Prinzip wird ganz bewusst in Kapitel 8 angewandt beim Gebrauch einer verstärkten Reflexion als Erwiderung auf Widerstand.) Schwächen Sie jedoch die Intensität der Emotion leicht ab, ist es wahrscheinlicher, dass die Person in ihrer Exploration fortfährt und Ihnen darüber berichtet. Wenn Sie Gefühle reflektieren, tun Sie es auf die englische Art, untertreiben Sie:

Übertreiben

KLIENTIN: Ich kann es einfach nicht ausstehen, wie sie sich über meine Kindererziehung auslässt.

THERAPEUT: Sie sind richtig wütend auf Ihre Mutter.

KLIENTIN: Na ja, nicht wirklich wütend. Sie ist immerhin meine Mutter.

Untertreiben

KLIENTIN: Ich kann es einfach nicht ausstehen, wie sie sich über meine Kindererziehung auslässt.

THERAPEUT: Das geht Ihnen auf den Wecker.

KLIENTIN: Ja, es regt mich halt auf, das sie mich immer kritisiert und verbessert.

Reflektieren ist kein passiver Prozess. Er kann recht direktiv sein. Der Therapeut entscheidet, was reflektiert und was ignoriert wird, was verstärkt und was abgeschwächt wird und welche Worte gebraucht werden, um die Bedeutung zu beschreiben. Auf diese Weise können Reflexionen dazu benutzt werden, bestimmte Aspekte des Gesagten zu verstärken oder in seiner Bedeutung leicht zu verändern. Darum wird in der motivierenden Gesprächsführung *change-talk* bevorzugt reflektiert, damit Personen ihre eigenen Aussagen wenigstens zweimal hören. Diese direktiven Anwendungen von Reflexionen werden in Kapitel 7 weiter ausgeführt.

Vor allem in der Anfangsphase der motivierenden Gesprächsführung empfehlen wir, dass Reflexionen einen erheblichen Teil der Therapeuten-Antworten ausmachen. Reflexionen sind besonders wichtig nach offenen Fragen. Nachdem Sie eine offene Frage gestellt haben, reagieren Sie auf die Patientenantwort mit einer Reflexion. Fragen zu stellen, ist für einen Therapeuten viel einfacher als aktives Zuhören. Daher ist es sehr einfach in die Frage-Antwort-Falle zu tappen, das heißt, eine Frage nach der anderen zu stellen, anstatt die Aussagen des Patienten zu reflektieren. Dies kann jedoch eher Widerstand anstelle von *change-talk* hervorrufen. Merken Sie sich deshalb: Nach einer Frage erst einmal eine Reflexion anbieten, anstatt weitere Fragen zu stellen. Therapeuten mit viel Geschick in MI benutzen im Durchschnitt zwei oder drei Reflexionen pro Frage, und etwa die Hälfte aller ihrer Antworten (ausgenommen die kurzen „uhum" Aussagen) sind Reflexionen. Analysiert man im Gegensatz dazu „normale" Therapiesitzungen, findet man ein Verhältnis von Fragen zu Reflexionen von etwa 10 zu 1, wobei Reflexionen nur einen relativ geringen Teil aller Antworten ausmachen.

3. Bestätigen

Eine direkte Bestätigung der Person während des therapeutischen Prozesses ist eine weitere Möglichkeit, um ein positives Verhältnis aufzubauen und eine offene Exploration zu verstärken. Dies kann in Form von Anerkennung, Komplimenten oder Verständnis vermittelnden Aussagen geschehen. Der Prozess des aktiven Zuhörens kann in sich selbst schon recht bestätigend sein, direkte Bestätigung hat jedoch auch einen Platz in der Psychotherapie. Hier einige Beispiele:

„Vielen Dank, dass Sie heute wieder pünktlich sind."

„Sie haben wirklich einen großen Schritt getan, indem Sie heute zur Sitzung gekommen sind."

„Das ist ein Zeichen großer Stärke, dass Sie diese schwierige Situation so lange ausgehalten haben."

„Das ist ein sehr guter Vorschlag."

„Ich muss Ihnen ehrlich sagen, wenn ich in Ihrer Situation wäre, wüsste ich nicht, wie ich diesen Stress meistern sollte."

„Ich gewinne den Eindruck, dass Sie wirklich einen starken Willen haben."

„Es macht Ihnen wirklich Spaß, andere Leute zum Lachen zu bringen."

„Ich habe unsere heutige Sitzung richtig genossen."

Wie in vielen anderen Aspekten der Gesprächsführung, unterscheiden sich hier die Normen von einer Kultur zur anderen. So erscheinen zum Beispiel die vielen Bestätigungen amerikanischer Therapeuten aus der deutschen oder britischen Perspektive als eher übertrieben. Eine ähnliche Thematik eröffnet sich im Training sozialer Kompetenz. Der Grundgedanke der sozialen Kompetenz, ein Mittelmaß zwischen aggressiver und passiver Kommunikation zu finden, hat Hand und Fuß. Da es jedoch eine große Bandbreite innerhalb von Gesellschaften gibt, was eine angemessene im Gegensatz zu einer aggressiven Reaktion darstellt, passt man den Inhalt an die sozialen Normen an. In einer vergleichbaren Weise werden sich das angemessene Niveau und die Häufigkeit von Bestätigungen in einer Psychotherapie dem sozialen Kontext anpassen. Es geht hier darum, die Stärken und Bemühungen des Patienten wahrzunehmen und in einer angemessenen Weise zu bestätigen.

4. Zusammenfassen

Die vierte Methode, die man sowohl zu Beginn als auch im Verlauf der motivierenden Gesprächsführung einsetzen sollte, ist das Zusammenfassen. Zusammenfassende Aussagen können Gesprächsthemen verbinden und verstärken. Haben Sie bei einer Person *change-talk* hervorgerufen, ist es klug, diese gelegentlich zusammenzufassen:

„Ihr Herzinfarkt hat bei Ihnen das Gefühl der Verwundbarkeit hinterlassen. Es ist nicht das Sterben selbst, das Sie wirklich verängstigt. Was Sie wirklich besorgt, ist die Möglichkeit, nur halb lebendig zu sein, behindert oder eine Last für Ihre Familie zu werden. Wenn es darum geht, wofür Sie leben wollen, erwähnten Sie, dass Sie sehen wollen, wie Ihre Enkelkinder aufwachsen und dass Sie die Aspekte Ihrer Arbeit weiterverfolgen möchten, die besonders bedeutend für Sie sind, obwohl Sie die Intensität der Arbeit einschränken wollen. Habe ich etwas Wichtiges ausgelassen?"

Solche gelegentlichen Zusammenfassungen verstärken, was gesagt wurde, zeigen, dass Sie aufmerksam zugehört haben und ermutigen den Patienten, fortzufahren. Weiterhin erlauben Sie der Person, ihre eigene *change-talk* ein drittes Mal zu hören.

Mindestens drei Arten von Zusammenfassungen sind hilfreich in der motivierenden Gesprächsführung. Die erste, oben beschriebene *sammelnde* Zusammenfassung wird im Verlauf der Exploration angeboten, besonders, nachdem man *change-talk* in mehreren Themenbereichen gehört hat. So wie man einzelne Blumen pflückt, sie zu einem Strauß zusammenstellt und dann jemandem überreicht. Sammelnde Zusammenfassungen sind in der Regel eher kurz, nur ein paar Sätze lang und sollten die Ausführungen der Person eher fördern als unterbrechen. Es ist hilfreich, sie mit einem „Was gibt es sonst noch?" oder einer anderen Einladung zur Weiterführung zu beenden. Beachten Sie, dass „Was gibt es sonst noch?" eine offene Frage ist und zu weiterführender Exploration einlädt, während „Gibt es sonst noch etwas?" eine geschlossene Frage ist, da sie mit Ja oder Nein beantwortet werden kann, und die Antwort „Nein" provoziert. Zu häufige sammelnde Zusammenfassungen können das Gefühl der Künstlichkeit haben, einem sogar auf die Nerven gehen und damit den natürlichen Prozess der Exploration unterbrechen. Verwenden Sie diese Art der Zusammenfassung, wenn sie eine Reihe von neuen „*change-talk*-Blumen" gesammelt haben (siehe Kapitel 7).

Verbindende Zusammenfassungen verknüpfen, was eine Person gerade gesagt hat mit Inhalten, die schon vorher behandelt wurden, vielleicht in einer früheren Sitzung. Die Grenze zwischen verbindenden und sammelnden Zusammenfassungen ist fließend, sie dienen jedoch unterschiedlichen Zwecken. Sammelnde Zusammenfassungen bringen *change-talk* zusammen und laden die Person ein, fortzufahren. Verbindende Zusammenfassungen sollen den Patienten ermutigen, über die Beziehung zwischen zwei oder mehr zuvor besprochenen Themen nachzudenken. Verbindende Zusammenfassungen können besonders hilfreich sein, um die Ambivalenz einer Person deutlich zu machen. Die typische innere Wahrnehmung von Ambivalenz ist ein Hin-und-her-Schwingen zwischen Gründen für eine Veränderung und Gründen für den Status Quo. Eine verbindende Zusammenfassung ist eine Möglichkeit, dem Patienten zu erlauben, das Positive und das Negative gleichzeitig zu betrachten, gewissermaßen als Anerkennung, dass beide existieren. Wenn Sie Ambivalenz reflektieren, verwenden Sie eher „und" anstelle von „aber", um die widersprüchlichen Komponenten zu verbinden. Dies hat den Effekt, die gleichzeitige Präsenz beider Pole zu betonen.

Die Konjunktionen „jedoch" und „aber" haben eine andere Funktion. Sie dienen dazu, das zuvor Gesagte abzuschwächen oder zu verstärken, deshalb auch der Hin-und-her-Gedankenprozess der Ambivalenz. Andere Verbindungsformen, wie zum Beispiel „einerseits ... und andererseits", können auch hilfreich sein:

„Es hört sich so an, als seien Sie dazu geneigt, in zwei verschiedene Richtungen zu gehen. Einerseits sind Sie besorgt über die möglichen Langzeitauswirkungen Ihres Diabetes, falls Sie diesen nicht gut in den Griff bekommen. Es beunruhigt Sie sehr, über mögliche Auswirkungen wie Blindheit, Amputation und Ähnliches nachzudenken. Dass Sie kürzlich in die Notaufnahme mussten, ängstigt Sie sehr und es ist Ihnen klar, dass Ihre Kinder jetzt ohne ihren Vater dastehen würden, wenn man Sie nicht gefunden hätte. Andererseits sind Sie jung und fühlen sich die meiste Zeit recht gesund. Sie genießen es, zu essen, was Sie mögen und die Langzeitauswirkungen scheinen in der Ferne zu liegen. Sie sind besorgt, aber zur gleichen Zeit auch nicht besorgt."

Andere Informationsquellen können auch in einer verbindenden Zusammenfassung übernommen werden. Die Ergebnisse von objektiven Erhebungen oder Informationen von Familienmitgliedern oder anderen Institutionen können mit den eigenen Aussagen der Person verbunden werden.

Schließlich gibt es *überleitende* Zusammenfassungen, die einen Wechsel von einem Thema auf ein anderes ankündigen oder markieren. Eine derartige Zusammenfassung kann sehr gut als Vorbereitung des Abschlusses gegen Ende einer Therapiesitzung eingesetzt werden. Die Bereitschaft des Patienten zum Übergang von Phase 1 zu Phase 2 (siehe Kapitel 10) kann mittels einer solchen Zusammenfassung getestet werden. Besonders am Ende der ersten Sitzung kann es sehr hilfreich sein, eine umfassende überleitende Zusammenfassung anzubieten, um alles, was bisher gesagt wurde, thematisch zu verbinden. Denken Sie daran, dass Sie die Entscheidung haben, was Sie in diese Zusammenfassung einschließen und betonen. Es ist auch hilfreich anzukündigen, dass Sie nun eine überleitende Zusammenfassung geben möchten. Wir empfehlen dies nicht bei sammelnden oder verbindenden Zusammenfassungen, da diese sehr gut in den natürlichen Ablauf einer Unterhaltung passen und der Ablauf durch eine Ankündigung ins Stocken geraten kann. Hier ein Beispiel für eine überleitende Zusammenfassung am Ende eines Erstgespräches, komplett mit einleitender Ankündigung:

„Wir kommen zum Ende unserer heutigen Stunde und ich möchte gerne einmal zusammenfassen, was Sie bis jetzt gesagt haben, damit wir sehen können, wo wir angelangt sind und wo wir hingehen. Sagen Sie mir bitte, wenn ich etwas Wichtiges, das Sie gesagt haben, auslasse … Ist das eine zutreffende Zusammenfassung? Habe ich etwas Wichtiges vergessen?"

Die überleitende Zusammenfassung ist eine gute Methode, die erste Sitzung zu beenden. Bemerken Sie den partnerschaftlichen Ton der Zusammenarbeit, der dem Patienten erlaubt, die Zusammenfassung zu korrigieren oder zu ergänzen. Eine kürzere Zusammenfassung kann zu Beginn der nächsten Sitzung benutzt werden, um das Gespräch in Gang zubringen.

5. Change-Talk hervorrufen

Die gerade beschriebenen vier Fertigkeiten sind grundlegend für die motivierende Gesprächsführung. Wären dies jedoch die einzigen Fertigkeiten, die eingesetzt würden, wäre es recht einfach, in der Ambivalenz stecken zu bleiben. Es ist daher wichtig, eine Strategie zu haben, die zur Auflösung der Ambivalenz führt. Das ist der Zweck der fünften Fertigkeit, die bewusst sehr direktiv ist. Die anderen vier Fertigkeiten helfen dabei das Ziel, Auflösung der Ambivalenz, zu erreichen.

Die motivierende Gesprächsführung ist gewissermaßen das Gegenteil eines konfrontativen Ansatzes, in welchem der Therapeut für eine Änderung eines problematischen Verhaltens plädiert, während die Person dagegen argumentiert. Wir glauben, dass ein solcher konfrontativer Dialog gerade deshalb nachteilig ist, weil er die Person dazu zwingt, die Position, die gegen eine Veränderung spricht, zu verteidigen. Der Grundgedanke der motivierenden Gesprächsführung ist gerade das Gegenteil, es geht darum, dem Klienten zu erlauben, die Argumente für eine Veränderung zu äußern. Es ist die Aufgabe des Therapeuten, es der Person zu erleichtern, *change-talk* auszudrücken.

Da wir hier einen bewusst direktiven Aspekt besprechen, scheint es eine angemessene Stelle zu sein, noch einmal die partnerschaftliche Grundeinstellung der motivierenden Gesprächsführung zu betonen. Einige Leute missverstehen diese Methode als eine Möglichkeit, mit Motivation zu spielen, Patienten zu manipulieren oder Personen zu überlisten, das tun zu wollen, was man für richtig hält. Wir vergleichen es eher mit einem Tanz, es sind beide Partner, die ihre Wünsche zur Tanzfläche bringen. Beide haben Hoffnungen und Erwartungen, was geschehen soll. Die Vorstellungen des Therapeuten sollten jedoch nicht dominieren, sie sollten nicht das Modell sein, nach welchem die Person modelliert wird. Stattdessen ist die motivierende Gesprächsführung ein Prozess einer gemeinsamen Entscheidungsfindung, Exploration und Verhandlung. Es ist ein Prozess, der von den Meinungen, Beiträgen und Machtansprüchen der beiden Partner geformt und unter Umständen auch verkompliziert wird. Wir werden einige dieser ethischen Aspekte der motivierenden Gesprächsführung in Kapitel 12 erörtern.

Wie schon in Kapitel 3 besprochen, lässt sich *change-talk* in vier Kategorien unterteilen. Die erste beinhaltet das Erkennen der Nachteile der gegenwärtigen Situation, des Status Quo:

Erkennen der Nachteile des Status Quo

„Ich vermute, es ist ein größeres Problem als ich dachte."

„Es war mir gar nicht bewusst, wie sehr meine Familie davon betroffenen ist."

„Das ist wirklich ernst!"

„Vielleicht bin ich zu viele unnötige Risiken eingegangen."

„Auf lange Sicht wird mich das fertig machen, wenn ich nichts daran ändere."

Die Kehrseite ist *change-talk*, die mögliche Vorteile einer Veränderung widerspiegelt.

Erkennen der Vorteile einer Veränderung

„Ein Vorteil wäre, dass ich mehr Zeit habe und es würde mich auch finanziell entlasten."

„Meinen Kindern würde das gefallen. Die sagen mir dauernd, dass ich aufhören soll."

„Ich würde mich wahrscheinlich viel besser fühlen."

„Dann wäre ich wenigstens das Gericht los."

„Dann lebe ich wahrscheinlich lange genug, um an meinen Enkelkindern Spaß zu haben."

Change-talk kann auch Optimismus und Zuversicht bzgl. einer möglichen Veränderung ausdrücken. Solche Aussagen spiegeln Selbstwirksamkeitserwartungen, etwas in dem Problembereich verändern zu können.

Zuversicht bezüglich einer Veränderung

„Ich glaube, ich könnte das schaffen, wenn ich mich dazu entschließe."

„Ich kann recht stur sein. Wenn ich mir einmal etwas in den Kopf setze, dann gebe ich auch nicht auf, bis es getan ist."

„Vor ein paar Jahren habe ich mit dem Rauchen aufgehört. Das war schwierig und ich brauchte ein paar Anläufe, aber ich habe es geschafft."

Die vierte Art von *change-talk* drückt eine direkte oder implizierte Absicht aus, etwas zu verändern.

Veränderungsabsicht

„Ich glaube, es ist an der Zeit für mich, über das Aufhören nachzudenken."

„Ich will auf keinen Fall so weitermachen wie bisher."
„Ich muss da etwas ändern."
„Das ist nicht, was ich für meine Familie will. Was kann ich tun?"
„Ich weiß nicht so richtig, was ich tun soll, aber ich werde es durchstehen."

Diese vier Arten von Aussagen umfassen die kognitive, emotionale und behaviorale Dimension der Verpflichtung zur Veränderung. Von unserem Standpunkt aus gesehen, erhöht jede dieser Aussagen die Wahrscheinlichkeit einer Veränderung.

Einige Personen erscheinen zu den Sitzungen mit diesen oder ähnlichen Aussagen und brauchen nur etwas Hilfe, um ihre Selbstverpflichtung zu festigen und einen Plan für die Umsetzung festzulegen. Ist dies nicht der Fall, was kann ein Therapeut tun, um solche Aussagen aus einem ambivalenten Patienten hervorzulocken? Das Hervorrufen von *change-talk* ist einer der Schlüsselfertigkeiten der motivierenden Gesprächsführung. Es ist auch eine sehr komplexe Fertigkeit, gerade weil es so viele Möglichkeiten gibt, dies zu erreichen.

Methoden, um *change-talk* hervorzurufen

Offene Fragen stellen

Die einfachste und direkteste Methode ist, nach solchen Aussagen zu fragen. Offene Fragen können eingesetzt werden, um die Wahrnehmungen und Besorgnisse des Patienten zu ergründen. Fragen Sie nicht, ob die Person solche Besorgnisse hat (zum Beispiel „Glauben Sie, dass Sie ein Problem haben?"). Nehmen Sie einfach an, dass die Person solche Besorgnisse hat und ambivalent ist. Einige Vorschläge für Fragen, um die vier Arten von *change-talk* hervorzurufen, werden im Kasten 6.3 aufgeführt. Beachten Sie, dass es sich bei allen um offene Fragen handelt.

Wie wir in diesem und im nächsten Kapitel beschreiben werden, verlangt dieser Prozess mehr, als nur das Stellen offener Fragen. Es gibt bestimmte Methoden, die von Patienten angebotene *change-talk* zu spiegeln und zu verstärken.

6. Phase 1: Motivation zur Veränderung aufbauen

Gebrauch der Dringlichkeitsskala

Die schon früher beschriebenen Skalen können auch zum Hervorrufen von *change-talk* eingesetzt werden. Eine geläufige Methode ist, eine Bewertung der Dringlichkeit zu erheben und dann zwei Fragen zu stellen:

Kasten 6.3 Beispiele offener Fragen zum Hervorrufen von *Change-talk*

---

1. Nachteile des Status Quo

Was beunruhigt Sie an der gegenwärtigen Situation?

Was führt Sie dazu, zu glauben, dass Sie etwas für ihren Blutdruck tun müssen?

Was könnten Sie oder andere an Ihrem Alkoholkonsum Besorgnis erregend finden?

Inwiefern gibt Ihnen das zu denken?

Wie hat dies Sie davon abgehalten, bestimmte Dinge in ihrem Leben zu unternehmen?

Was glauben Sie wird geschehen, wenn Sie nichts verändern?

2. Vorteile einer Veränderung

Wie hätten sie gerne, dass Dinge anders wären?

Was wäre denn das Gute an einem Gewichtsverlust?

Wie möchten Sie denn, dass ihr Leben in fünf Jahren aussieht?

Wenn Sie mit einem Zauberstab Ihre Situation sofort ändern könnten, was wäre dann besser?

Was sind Ihrer Ansicht nach die Hauptgründe für eine Veränderung?

Was wären die Vorteile einer solchen Veränderung?

3. Optimismus bezüglich der Veränderung

Was gibt ihnen die Zuversicht, eine solche Veränderung erfolgreich umsetzen zu können?

Wer könnte zum Erfolg dieser Veränderung beitragen?

Wann haben Sie schon einmal eine Veränderung in Ihrem Leben unternommen?

Welche persönlichen Stärken und Ressourcen können Ihnen bei der Veränderung helfen?

Wer könnte Sie in diesem Prozess unterstützen und Ihnen Mut machen?

4. Veränderungsabsicht

Wie denken Sie zur Zeit über ihr Glücksspiel?

Was glauben Sie, sollten Sie tun?

Was wären sie bereit, zu versuchen?

Wie wichtig ist das für Sie?

Welche dieser Möglichkeiten hört sich für Sie am besten an?

Was beabsichtigen Sie, zu tun?

„Warum sind Sie bei ... und nicht bei Null?"

„Was wäre nötig, um Sie von ... auf ... zu bringen?"

Die Antworten auf diese Fragen werden sehr wahrscheinlich *changetalk* beinhalten. Beachten Sie, dass Sie nicht fragen sollten, „Warum sind Sie bei ... und nicht bei 10?", weil eine Antwort auf diese Frage ein Argument gegen die Veränderung darstellt.

Explorieren der Entscheidungswaage

Wie schon beschrieben, kann es für Menschen hilfreich sein, die positiven und negativen Aspekte ihres gegenwärtigen Verhaltens, des Status Quo, zu ergründen und gegenüberzustellen. So kann man sie fragen, was sie an ihrem gegenwärtigen Muster mögen, als Vorbereitung für eine Untersuchung der Nachteile dieser Verhaltensweisen. Das hat einerseits den Vorteil, die Person zum Erzählen anzuregen und sich wohler zu fühlen und andererseits hilft es, beide Seiten der Ambivalenz aufzuklären. Einfach nach einer Seite zu fragen, hilft oft, die andere Seite hervorzurufen. Es kann von Nutzen sein, ein Arbeitsblatt mit einer Entscheidungswaage auszufüllen, siehe Kapitel 2, um der Person zu erlauben, die Vor- und Nachteile gleichzeitig zu erfassen, sozusagen eine direkte Darstellung der Ambivalenz.

Themen entwickeln

Sobald ein Grund für eine Veränderung genannt wird, neigen Therapeuten oft dazu, fortzufahren und weitere zu finden. Es kann jedoch sehr hilfreich sein, den Klienten diesen Punkt weiterentwickeln zu lassen, bevor man fortfährt. Zum einen ist es eine Möglichkeit, weitere *change-talk* hervorzurufen und es hilft auch, die Veränderungsbereitschaft zu verstärken.
Es gibt etliche Möglichkeiten, eine Themenentwicklung anzuregen, wenn ein Grund für eine Veränderung genannt wurde. Zum Beispiel:

- Um eine Klarstellung bitten: In welcher Weise? Wie viel? Wann?
- Um ein Beispiel bitten.
- Um eine Beschreibung bitten, wann dies zum letzten Mal geschah.
- Nach anderen Aspekten dieses Veränderungsgrundes fragen: Was gibt es sonst noch?

Hier ein weiteres Beispiel:

Zu Beginn eines MI-Gespräches, wenn noch wenig change-talk zur Entwicklung vorliegt, kann es von Nutzen sein, die Person zu bitten, einen typischen Tag zu schildern.

Dies bietet viele Möglichkeiten, weitere Details der Verhaltensmuster und Stimmungen zu explorieren und in der Regel erscheinen in einem solchen Gespräch die Sorgenbereiche wie von selbst.

Extreme erwägen

Wenn scheinbar wenig Verlangen nach einer Veränderung vorliegt, bietet das Erwägen von Extremen eine weitere Möglichkeit, *change-talk* hervorzurufen. Hier bittet man die Person, die Extreme ihrer Besorgnisse (oder die anderer) zu beschreiben. Dies kann man auch mit extremen Konsequenzen des zu verändernden Verhaltensmusters machen.

„Was sind Ihre Sorgen bzgl. des hohen Blutdrucks für die Zukunft?"

„Angenommen, Sie machen weiter wie bisher ohne Änderungen. Was könnte das Schlimmste sein, das geschieht?"

„Was wissen Sie über die Auswirkungen von Alkoholkonsum während der Schwangerschaft, selbst wenn man diese Auswirkungen nicht spürt?"

Es kann natürlich auch hilfreich sein, die positiven Extreme einer Verhaltensänderung zu erforschen:

„Was stellen Sie sich als die besten Auswirkungen einer Verhaltensänderung vor?"

„Falls Sie mit dieser Verhaltensänderung Erfolg haben, was wäre dann anders?"

Zurückblicken

Manchmal ist es hilfreich, den Patienten nach der Zeit, bevor das Problem auftrat, zu fragen und ihn zu bitten, dies mit der Gegenwart zu vergleichen:

„Können Sie sich an eine Zeit erinnern, als es Ihnen noch gut ging? Was hat sich da geändert?"

„Wie war es, bevor Sie mit dem Drogenkonsum angefangen haben? Was für eine Person waren Sie damals?"

„Erzählen Sie mir, wie Sie beide sich zum ersten Mal getroffen haben, was hat Sie damals gegenseitig angezogen? Wie war das?"

„Was sind die Unterschiede zwischen der Helga vor zehn Jahren und der heutigen Helga?"

„Wie hat Ihr Schmerz Sie als Person verändert oder Ihre Entwicklung eingeschränkt?"

Ein Rückblick auf die Zeit, bevor die Problematik entstand, kann sowohl die Diskrepanz mit dem gegenwärtigen Zustand verdeutlichen, als auch die Möglichkeit eines besseren Lebens aufzeigen. Sollte ein Rückblick zeigen, dass die Probleme eher schlimmer waren, kann man explorieren, was zu den gegenwärtigen Verbesserungen geführt hat.

6. PHASE 1: MOTIVATION ZUR VERÄNDERUNG AUFBAUEN

In die Zukunft blicken

Personen zu helfen, eine Vision für eine veränderte Zukunft zu entwickeln, ist ein weiterer Einstieg zum Hervorrufen von *change-talk*. Hier fragen Sie die Klienten, wie es nach einer Veränderung aussehen könnte:

„Sollten Sie sich entscheiden, etwas zu verändern, wie könnte die Zukunft dann aussehen?"

„Wie hätten Sie gerne, dass ihr Leben in zehn Jahren aussieht?"

„Sie fühlen sich gegenwärtig sehr frustriert. Was hätten Sie gerne anders?"

In gleicher Weise können Sie die Person einladen, in die Zukunft zu blicken und zu beschreiben, wie sie aussehen könnte, wenn keine Verhaltensänderung umgesetzt wird:

„Angenommen, Sie ändern nichts und machen weiter wie bisher, wie denken Sie, wird Ihr Leben in zehn Jahren aussehen?"

Natürlich gibt es hier Überschneidungen mit dem Erforschen von Extremen. Bei diesem Blick in die Zukunft explorieren Sie jedoch die realistischen Erwartungen der Patienten bzgl. der Auswirkungen einer durchgeführten Verhaltensänderung, beziehungsweise einer unterlassenen Verhaltensänderung.

Ziele und Werte ergründen

Hier erforschen Sie, was im Leben Ihres Patienten den höchsten Stellenwert hat. Letztendlich ist niemand wirklich „unmotiviert". Jede Person hat Ziele und Werte, deren Prioritäten sich jedoch sehr von denen des Therapeuten unterscheiden können. Sie können wichtige Bezugspunkte darstellen, denen man den Status Quo gegenüberstellen kann. Vom Standpunkt der motivierenden Gesprächsführung aus gesehen, ist der Sinn dieser Exploration aufzudecken, inwieweit das gegenwärtige Verhalten mit diesen Zielen und Werten im Konflikt steht oder sie untergräbt. Sind die wichtigen und zentralen Werte und Ziele der Person definiert, können Sie erörtern, wie das Problem, das Sie besprechen, zum Beispiel Alkoholkonsum, zu diesem Bild passt. Im Zentrum stehen da-

bei das Auffinden und Entwickeln von Dissonanzen zwischen diesen Werten und Zielen und dem Verhalten der Person. Kapitel 19 beschreibt ausführlicher, wie Werte in die motivierenden Gesprächsführung eingeschlossen werden.
Diese Methode lässt sich auch sehr gut mit dem „Blick in die Zukunft" verbinden.

ZUSAMMENFASSUNG

In der motivierenden Gesprächsführung ist das Hervorrufen von *change-talk* eine primäre Methode zur Entwicklung von Diskrepanz. Sich selbst zuzuhören, wenn man Gründe für eine Veränderung angibt, erhöht das Bewusstsein der Diskrepanz zwischen eigenen Zielen und dem gegenwärtigen Verhalten. Je größer diese Diskrepanz ist, umso größer ist die wahrgenommene Dringlichkeit einer Veränderung. Die vier Einstiegsmethoden der motivierenden Gesprächsführung (OARS) können in die fünfte, dem Hervorrufen von *change-talk*, integriert werden, indem man:

1. offene Fragen stellt, die *change-talk* hervorrufen;

2. die Person für ihre *change-talk* bestätigt und verstärkt;

3. manchmal selektiv die *change-talk* der Person reflektiert, was dazu führt, dass sie diese ein zweites Mal hört;

4. Zusammenfassungen der *change-talk* anbietet, die es der Person erlauben, ihre Aussagen noch einmal zu hören.

Andere Methoden, wie zum Beispiel eine Befundrückmeldung oder Wertebestimmung, können auch dazu dienen, die wahrgenommene Diskrepanz zu erhöhen. Phase 1 der motivierenden Gesprächsführung zielt primär auf diesen Prozess der Bildung intrinsischer Motivation durch die Verstärkung und Klärung von Diskrepanzen ab.
Das Hervorrufen von *change-talk* kann jedoch nicht nur in den frühen Sitzungen wichtig sein, sondern während des gesamten Verlaufs der Therapie. Gewöhnlich verschwindet Ambivalenz nicht vollständig, sondern verringert sich erst im Übergang zu Phase 2 mit der Einleitung der Umsetzung einer Veränderung. Das Hervorrufen von *change-talk* kann als eine kontinuierliche Erinnerung der Gründe für eine Selbstverpflichtung zur Veränderung dienen.

Die Antworten zu Kasten 6.2
1. Offene Frage.
2. Geschlossene Frage, da sie nach einer ganz spezifischen Information fragt. Eine offene Frage wäre „Erzählen Sie mir von ihrer Kindheit".
3. Geschlossene Frage, die durch ihre Struktur eine Ja oder Nein Antwort impliziert. Eine offene Frage wäre „Was gibt Ihrem Leben Sinn?"
4. Geschlossene Frage, die mit Ja oder Nein beantwortet wird. In einer offenen Form könnte sie so lauten: „Was sind Ihre Gedanken bzgl. Ihrer Teilnahme an weiteren Sitzungen?"
5. Offene Frage.
6. Geschlossene Frage, die mit Ja oder Nein beantwortet wird. Eine offene Form wäre: „Was sind die Vor- beziehungsweise Nachteile, diese Beziehung fortzusetzen?"
7. Ein als geschlossene Frage verschleierter Ratschlag, für die Ja oder Nein als Antwort in Frage kommt. Eine offene Form wäre: „Wenn Sie sich entschließen würden, mehr Sport zu betreiben, welche Sportarten kämen für Sie in Frage?"
8. Geschlossene Frage. Ließe man die drei Optionen wegfallen, wäre es eine offene Frage.
9. Offene Frage.
10. Geschlossene Frage, die nach einer ganz spezifischen Information fragt, einem Datum.
11. Offene Frage.
12. Geschlossene Frage. Eine offene Form wäre: „Inwieweit ist eine gute Gesundheit für Sie von Bedeutung?"
13. Offene Frage.
14. Geschlossene Frage, die mit Ja oder Nein beantwortet wird.
15. Geschlossene Frage, da sie nur zwei Möglichkeiten anbietet.

7. Auf *Change-Talk* antworten

In den vorangegangenen Kapiteln haben wir die motivierende Gesprächsführung als einen direktiven, jedoch klientenzentrierten Beratungsstil bezeichnet. Einerseits ist MI immer direktiv, da sie bewusst auf die Auflösung von Ambivalenz und Förderung einer Veränderung abzielt. Andererseits hängt das Ausmaß dieser Direktivität von der Richtung ab, in die die Veränderung gelenkt werden soll. Überlegen Sie einmal, wie sich motivierende Gesprächsführung mit diesen Personen unterscheiden würde:

> Ein Ehepaar, das entscheiden will, ob es ein Kind adoptieren soll oder nicht.
>
> Eine übergewichtige Person, die schon mehrmals ihr Gewicht drastisch verminderte, aber immer wieder zugenommen hat.
>
> Eine Person mit Diabetes, die wegen unzureichender Kontrolle des Blutzuckers in der Notaufnahme gelandet ist.
>
> Eine Person, der die Teilnahme an einer Psychotherapie anstelle einer Freiheitsstrafe auferlegt wurde.

Es ist offensichtlich, dass sich diese vier Beispiele in dem Ausmaß unterscheiden, in dem der Therapeut eine klare Vorstellung davon hat, was das gewünschte Ergebnis der Behandlung sein sollte. Im ersten Beispiel hat der Therapeut wahrscheinlich keine Meinung oder Referenz, wie sich das Ehepaar entscheiden sollte. In Bezug auf Übergewicht gibt es unterschiedliche Meinungen, wie sinnvoll andauernde Anstrengungen zur Gewichtsreduktion sind. Da ein unkontrollierter Diabetes lebensbedrohlich sein kann, ist eine eindeutige Veränderung in Richtung einer wirksamen Blutzuckerkontrolle als Ziel der motivierenden Gesprächsführung zu erwarten. Im letzten Falle sind sowohl die Interessen des Verurteilten als auch die möglicher Opfer und die der Gesamtgesellschaft in Erwägung zu ziehen.

Es gibt klare Fälle, in denen motivierende Gesprächsführung auf eine ganz bestimmte Verhaltensänderung, die der Therapeut als wünschenswert ansieht, ausgerichtet ist, selbst wenn die Person im Augenblick we-

7. AUF CHANGE-TALK ANTWORTEN

der bereit, willens oder fähig ist, dieses Ziel anzustreben. Tatsächlich ist dies der Rahmen, in dem die motivierende Gesprächsführung ursprünglich entwickelt wurde: Die Entwicklung der intrinsischen Motivation zu einer Veränderung bei Personen mit persistierendem abhängigen Verhalten, das zu Schäden für sie und andere führt. Diese Unterschiede zwischen den Zielen der Klienten und Therapeuten wirft komplexe und interessante ethische Fragen auf, die in Kapitel 12 erörtert werden.

Motivierende Gesprächsführung kann natürlich auch eingesetzt werden, um Personen dabei zu helfen, Ambivalenzen aufzulösen und mit einer Veränderung fortzufahren, wenn der Therapeut völlig unparteiisch bezüglich der Richtung der Veränderung ist. Hilfestellung bei einer Entscheidungsfindung ist ein durchaus legitimer und hilfreicher Prozess.

Wie man im Rahmen der motivierenden Gesprächsführung auf *change-talk* antwortet, ist daher davon abhängig, inwieweit man die intrinsische Motivation für eine bestimmte Veränderungsrichtung fördern will.

WANN MOTIVIERENDE GESPRÄCHSFÜHRUNG DIREKTIV IST

Wenn eine bestimmte Verhaltensänderung das Ziel der motivierenden Gesprächsführung darstellt, ist es nicht ausreichend, *change-talk* einfach nur hervorzurufen. Wie man auf die Aussagen der Person reagiert, hängt davon ab, ob sie sich dem Veränderungsziel nähert (*change-talk*) oder sich davon entfernt (Widerstand). Wie wir schon früher angemerkt haben, reagieren die meisten Therapeuten schon selektiv, jedoch eher unbewusst. Geschicktes MI beinhaltet ein bewusstes Einsetzen dieses Prozesses des selektiven Antwortens.

Man sollte hier betonen, dass im Rahmen der motivierenden Gesprächsführung die Begriffe *change-talk* und „Widerstand" durch ihre Beziehung zu dem expliziten Veränderungsziel definiert werden. Man braucht sich nur einige Therapiesitzungen anzuhören, um festzustellen, dass Personen über alle möglichen Arten von Veränderung reden. Je nachdem, was die Person als Veränderungsziel gewählt hat, kann eine Aussage entweder „Widerstand" oder *change-talk* ausdrücken.

Hier ein Beispiel:

„Ich weiß, ich sollte mich aus dieser Beziehung zurückziehen. Es ist schwer, aufzuhören, wenn die Person, mit der man lebt, weiterhin trinkt."

Ich hätte gern mein eigenes Leben und einen richtigen Beruf, ich möchte meine Kinder in einer besseren Umgebung aufziehen. Aber ich liebe ihn und es fällt mir schwer, mir vorzustellen, ihn zu verlassen."

Was ist hier *change-talk* und was Widerstand? Es hängt natürlich davon ab, was das Ziel der Veränderung sein soll. Geht es hier um häusliche Gewalt, Substanzmissbrauch, Paartherapie oder Berufsberatung? Gibt es erst einmal ein klares Ziel der Veränderung, dann beinhaltet motivierende Gesprächsführung nicht nur das Hervorrufen von *change-talk*, sondern auch eine bestimmte Weise der Reaktion auf *change-talk*. Die Methoden zum Hervorrufen von *change-talk* wurden in Kapitel 6 bereits beschrieben. Dieser Abschnitt befasst sich mit Interventionen zur Verstärkung und Förderung von *change-talk*. Die vier Basisstrategien sind Ihnen mittlerweile schon bekannt: Entwickeln, Reflektieren, Zusammenfassen und Bestätigen. Kapitel 8 wird sich mit dem Thema Widerstand beschäftigen, das heißt, der Art von Sprache, die sich von dem gewünschten Veränderungsziel entfernt.

Change-Talk entwickeln

Ob eine Person mit *change-talk* fortfährt oder davon abweicht, hängt davon ab, wie Sie darauf antworten. Wenn eine Person eine Aussage macht, die in Richtung des Veränderungsziels deutet, wenn auch nur zögerlich, reagieren Sie mit Interesse, sowohl verbal (indem Sie um Erläuterung bitten) als auch nonverbal (zum Beispiel mit Nicken). Ist dieser Prozess erst einmal in Gang gekommen, sind Ermutigungen oft erfolgreich:

„Was gibt es da sonst noch?"

„Können Sie mir ein Beispiel geben?"

„Was haben Sie sonst noch bemerkt?"

„Wie könnte man das noch anders machen?"

„Warum glauben Sie, dass Sie das schaffen können?"

„Gibt es noch andere Gründe, warum Sie das ändern wollen?"

7. Auf Change-Talk antworten

Change-Talk reflektieren

Reflektieren klärt die Bedeutung dessen, was eine Person gesagt hat und ermutigt zu einem weiteren Explorieren der reflektierten Thematik. Einfaches Reflektieren von *change-talk* führt somit zu einer Fortführung des Explorationsprozesses.

Bewusst oder unbewusst, Reflektieren ist immer selektiv. Es ist unmöglich, den gesamten Inhalt, alle Schattierungen der Bedeutung oder alle Nuancen dessen, was eine Person gesagt hat, zurückzuspiegeln. Angefangen damit, dass man nur die Aspekte reflektieren kann, die man auch wahrgenommen hat. Innerhalb dieser wahrgenommenen Inhalte hat man die Wahl, was man reflektiert und was man ungesagt lässt. In der motivierenden Gesprächsführung ist dieser Auswahlprozess bewusst und zielstrebig. *Change-talk* einer Person wird selektiv reflektiert.

KLIENTIN: Vielleicht ist es einfacher, zusammenzubleiben und an unserer Beziehung zu arbeiten, wenigstens bis meine Tochter mit der Schule anfängt.

THERAPEUT: Wie ihre Tochter durch ein Zusammenbleiben oder eine Trennung berührt wird, ist für Sie ein wichtiges Entscheidungskriterium.

KLIENTIN: Genau, ich will nicht auch noch ihr Leben durcheinander bringen, nur weil meins schon durcheinander ist. Es ist vielleicht besser für sie, beide Eltern um sich zu haben, denke ich mal, obwohl er in vieler Hinsicht kein guter Einfluss für sie ist.

THERAPEUT: In welcher Weise denn?

KLIENTIN: Na ja, wie ich Ihnen schon gesagt habe, wird er ziemlich schnell wütend. Er hat sie bisher noch nie geschlagen, aber sie hat gesehen, wie er mich geschlagen hat und das hat sie sehr verstört.

THERAPEUT: Sie glauben, es ist nicht gut, dass sie sieht, wenn er Sie misshandelt und Sie machen sich Sorgen, dass er sie auch körperlich verletzen könnte.

KLIENTIN: Das muss doch schlimm sein. Das letzte Mal war es wirklich schrecklich. Sie hat geweint und geschrieen, aber das hat ihn nicht davon abgehalten.

Der „korrigierende" Reflex kann in einer solchen Situation sehr stark werden. Man kann sich leicht vorstellen, dass der Therapeut in dieser Situation geneigt ist, Ratschläge zu geben, Warnungen auszusprechen, an das Verantwortungsbewusstsein zu appellieren oder sogar Befehle auszusprechen. Das mag manchmal auch angemessen sein, es ist jedoch wichtig, die Annahmen, die diesen Kommunikationssperren zu Grunde liegen und durch ihren Gebrauch kommuniziert werden, einmal gründlich zu untersuchen. Obwohl es nicht ausgesprochen wird, vermitteln sie, dass diese Mutter nicht in der Lage ist, die Gefahr angemessen zu erkennen, unfähig, die richtigen Entscheidungen zu treffen und einen Außenstehenden braucht, der die Kontrolle übernimmt und ihr sagt, was sie tun muss. Es gibt natürlich Situationen, in denen eine solche Vorgehensweise notwendig ist, wie zum Beispiel bei einer intoxikierten Person oder jemandem mit einer akuten Depression, der Selbstmordgedanken und einen Plan hat, diese auch umzusetzen. In anderen Situationen jedoch halten wir es für wirksamer, die intrinsische Motivation und einen Veränderungsplan aus der Person selbst hervorzulocken, als zu versuchen, einen vorzuschreiben.

Es gibt eine Gefahr beim selektiven Reflektieren von *change-talk*, die man beachten sollte. Sie erinnern sich, dass eine ambivalente Person gewöhnlich die andere Seite des Arguments einnimmt, das Sie vertreten. *Change-talk* zu reflektieren kann manchmal den paradoxen Effekt haben, dass die andere Seite der Ambivalenz (Widerstand) hervorgerufen wird. Sollte dies geschehen, kann man dem einfach durch eine doppelseitige Reflexion begegnen. Es ist wichtig, nicht in eine Verteidigung der Veränderung zu verfallen und die Person so zu zwingen, gegen die Veränderung zu argumentieren.

KLIENT: Meine Eltern sind wirklich zu streng und ich hasse das, aber ich glaube, das ist nur, weil sie sich um mich sorgen.

THERAPEUT: Sie sind Ihren Eltern so wichtig, das sie Ihnen Grenzen setzen.

KLIENT: Aber ihre Regeln sind einfach zu unfair!

THERAPEUT: Sie wünschen sich manchmal, dass Ihre Eltern sich nicht so sehr um Sie sorgen würden, weil sie dabei oft zu weit gehen in ihrem Wunsch, Sie zu beschützen.

KLIENT: Genau! Ich weiß, dass sie sich um mich sorgen. Ich hätte es nur gerne, wenn sie mir mehr Freiheit zugestehen würden und mehr Vertrauen in mich hätten.

Halten Sie sich immer vor Augen, dass es darum geht, dass die Person selbst die Seite der Veränderung vertritt und sich letztendlich in diese Richtung bewegt.

Change-Talk zusammenfassen

Eine dritte Möglichkeit auf *change-talk* zu reagieren, ist es, Aussagen zusammenzufassen, die jemand bezüglich einer Veränderung gemacht hat. In dem vorangegangenen Kapitel haben wir zwischen verknüpfenden, überleitenden und sammelnden Zusammenfassungen unterschieden. Sie alle erfüllen jedoch eine ähnliche Funktion: Sie erlauben der Person, noch einmal ihre eigene *change-talk* zu hören.
Wie Reflexionen sind auch Zusammenfassungen bewusst selektiv. Im Allgemeinen sind Zusammenfassungen eine Sammlung von Aussagen, die eine Person bezüglich einer Veränderung gemacht hat, wie zum Beispiel Nachteile des Status Quo, Gründe für eine Veränderung, Optimismus bzgl. einer Veränderung und das Verlangen nach einer Veränderung (Kapitel 6). Vor allem in überleitenden Zusammenfassungen, die gewöhnlich etwas länger sind, ist es wichtig, die andere Seite der Ambivalenz mit einzuschließen. Beide Seiten anzusprechen, kann verhindern, dass die Person auf ihre Zusammenfassung mit „Ja, aber ..." antwortet. Hier ein Beispiel einer überleitenden Zusammenfassung, das Elemente von „Widerstand" integriert:

„Es hört sich so an, als ob Sie eine einschneidende Änderung in Ihrer Lebensführung verwirklichen wollen. Und es scheint eine eher umfassende Veränderung notwendig zu sein, damit es auch funktioniert. Sie wollen in einen anderen Stadtteil umziehen, einen neuen Freundeskreis aufbauen, eine geeignete Arbeitsstelle finden und vielleicht sogar eine tiefere Bedeutung für Ihr Leben finden. Ein Teil von Ihnen will an Ihrem alten Leben festhalten, da Sie vieles, was Ihnen vertraut ist, aufgeben würden, aber Sie sind zum größten Teil überzeugt, dass es an der Zeit ist, Ihr Leben weiterzuentwickeln. Sie haben ein Angebot, das Ihnen helfen würde, diese Ziele zur gleichen Zeit umzusetzen, auch wenn das sicher nicht einfach sein wird. Es würde einen neuen Anfang bedeuten und einen klaren Schlussstrich unter Ihren bisherigen Lebensweg ziehen. Auf der einen Seite stimmt Sie das traurig, da es einen Abschied von der unbeschwerten Lebensweise der Jugend bedeutet, andererseits demonstrieren Sie damit Ihre Unabhängigkeit, Freiheit und die Übernahme der Verantwortung für Ihr eigenes Leben, und das scheint Ihnen jetzt besonders wichtig zu sein. Deshalb wollen Sie diese Veränderung jetzt umsetzen."

Richten Sie Ihr Augenmerk auf einige der Sprachnuancen. *Change-talk* ist im Präsenz, während Widerstand in der Vergangenheit ausgedrückt wird. Wie wir schon in Kapitel 6 vorgeschlagen haben, sollte die Konjunktion „und" an Stelle von „aber" benutzt werden, um die Ambivalenz darzustellen, da dadurch die gleichzeitige Anwesenheit beider Seiten betont wird. Dies wird auch im vorangegangenen Beispiel unterstrichen. Aspekte, die mit Zurückhaltung zu tun haben (Widerstand), sind an erster Stelle in dem Satz genannt und werden dann durch „aber" mit den Veränderungszielen verknüpft. Die Konjunktion „aber" hat einen gewissen Auslöschungseffekt, das heißt die Aufmerksamkeit wird auf den zweiten Teil des Satzes gelenkt. Es hat den subtilen Effekt, das vorher Gesagte teilweise zurückzuziehen oder zu entwerten. Betrachten Sie diesen Satz aus einem Führungszeugnis: „Im Allgemeinen leisten Sie gute Arbeit. Sie sind zuverlässig, pünktlich und das Niveau Ihrer Arbeit ist zufriedenstellend, aber ..."
Plötzlich ist alles, was vorher kam, vergessen und die Aufmerksamkeit des Angestellten ist darauf gerichtet, was als Nächstes kommt. Die Konjunktionen „aber" und ihre funktionalen Äquivalente wie „jedoch" und „obwohl" können daher sehr hilfreiche Mittel sein, die andere Seite der Ambivalenz anzuerkennen, ihre hinderliche Wirkung bezüglich der Veränderung jedoch abzuschwächen.

Change-Talk bestätigen

Change-talk kann schließlich auch dadurch verstärkt werden, dass man sie positiv bestätigt. Ein paar Beispiele werden genügen:

„Das ist wirklich eine gute Idee."

„Ich kann sehen, dass Ihnen das viel bedeutet."

„Ich glaube, das könnte funktionieren."

„Sie machen sich wirklich Gedanken darüber, wie Ihr Verhalten auf andere Leute wirkt."

„Das ist ein sehr guter Punkt."

„Es ist ganz wichtig für Sie, ein guter Partner zu sein."

„Damit haben Sie Recht."

Zum Abschluss dieses eher technischen Abschnitts möchten wir noch einmal die alles durchdringende geistige Haltung betonen, die diesen Methoden zu Grunde liegt. Motivierende Gesprächsführung ist nicht eine Reihe von Fertigkeiten und Strategien, die dazu führen, dass Menschen sich schnell ändern. Die Autonomie der Person sollte immer respektiert werden und die Gründe für eine Veränderung sollten aus den Werten und Zielen der Person hervorgehen. Es ist ein kooperativer Prozess der gemeinsamen Entscheidungsfindung.

Wann motivierende Gesprächsführung nicht direktiv ist

Es gibt Situationen, bei denen es nicht um eine spezielle Verhaltensänderung geht. Hier gibt es jedoch auch Ziele. Gewöhnlich geht es darum, Klienten zu helfen, ihre Ambivalenz aufzulösen, sich aus Situationen, in denen sie verhaftet sind, zu befreien und in ihrem Leben voranzukommen. Wir wollen damit sagen, dass der Therapeut nicht daran interessiert ist, die Ambivalenz in Richtung einer bestimmten Verhaltensänderung aufzulösen.

Ziel ist es, der Person zu helfen, die verschiedenen Optionen und etwaigen Konsequenzen in Verbindung mit ihren eigenen Zielen und Werten zu erforschen. Der Therapeut gibt, falls gewünscht, Informationen, hat aber keine eigenen Vorstellungen oder Interessen bezüglich der Richtung, für die sich die Person entscheidet. In der Medizin-Ethik wird dies als „Equipoise" bezeichnet.

Diese Situationen verlangen gewissermaßen noch größeres Geschick, da man vermeiden muss, die Entscheidung auf unbewusste Weise zu beeinflussen. Beispiele dafür finden Sie in Kapitel 6. Weiterhin besteht das Risiko, *change-talk* durch das Hervorrufen des Gegenteils zu entwerten und damit die Ambivalenz noch zu erhöhen und zu verfestigen:

KLIENT: Ich stelle mir vor, das könnte Spaß machen. Ich habe noch nie die Karibik besucht, aber andererseits verschwende ich auch nicht gerne meinen Jahresurlaub.

THERAPEUT: Es gibt noch andere Dinge, die Sie lieber in Ihrer Urlaubszeit unternehmen möchten.

KLIENT: Ich muss noch einiges an unserem Haus reparieren und es würde auch Spaß machen, einen Garten hinter dem Haus anzulegen. Manchmal ist es einfach schön, zu Hause zu bleiben.

THERAPEUT: Andererseits spricht sie das Abenteuer, einen exotischen Urlaub zu verbringen, auch an.

KLIENT: Natürlich! Mir gefällt die Idee, einfach zu einem Ort, an dem ich noch nie war, aufzubrechen und alles andere einfach hinter mir zu lassen. Vielleicht will ich dann gar nicht mehr zurückkommen!

THERAPEUT: Und trotzdem, es ist auch schön, sich zu Hause zu entspannen und einige Dinge hier zu erledigen.

Ambivalenz verdeutlichen

Eine Schüsselaufgabe bei MI besteht darin, die Ambivalenz zu verdeutlichen und beide Seiten gründlich zu erforschen. Das Hin und Her dieses Prozesses, wie gerade gezeigt, kann recht frustrierend sein. Tatsächlich verdeutlicht es, wie Personen oft in ihrer Ambivalenz verhaftet bleiben. Sie pendeln hin und her in der Erwägung der Vor- und Nachteile, bis sie vor Erschöpfung aufgeben.

Ein Ansatz besteht darin, dass jede Seite des Ambivalenzkonfliktes gründlich erforscht wird. Am besten stellt man von vornherein klar, dass man sich zuerst auf eine Seite konzentrieren wird. Zuweilen gibt es auch mehr als nur zwei Möglichkeiten, das heißt, es besteht eher eine Multivalenz, anstatt einer Ambivalenz. Die Erörterung der anderen Optionen wird zunächst ausgesetzt und man konzentriert sich ausschließlich auf das Für und Wider einer Option. Hierbei kann es sehr hilfreich sein, eine Entscheidungswaage für jede dieser Optionen zu erstellen, um die Argumente besser zu trennen und zu strukturieren (siehe Kapitel 2 und 6). Zusammenfassende Reflexionen sollten die wesentlichen Punkte der beiden Seiten des Konfliktes beinhalten. Auch doppelseitige Reflexionen werden in diesem Prozess häufig verwendet, die die Konjunktion „und" gebrauchen und die Anwendung der Konjunktion „aber" vermeiden sollten.

7. Auf Change-Talk antworten

Werte verdeutlichen

Was geschieht, nachdem man die Ambivalenz verdeutlicht hat? Der Weg aus der Ambivalenz heraus ist vergleichbar mit dem Weg aus einem tiefen Wald. Entscheide dich für eine Richtung und folge dieser Richtung in einer geraden Linie. Die Frage ist, welche Richtung man nehmen soll.

Der Schlüssel zur Lösung von Ambivalenz liegt in den persönlichen Werten einer Person. Was ist von höchster Bedeutung für die Person? Was sind ihre zentralen Werte und Ziele? Welche Werte sind besonders wichtig in der Entscheidung, die gerade ansteht?

Wie sind mögliche Lösungen mit den Zielen und Werten der Person vereinbar? Wo möchte die Person in fünf oder zehn Jahren sein? Wie würde die mögliche Entscheidung diese Ziele unterstützen oder beeinträchtigen?

Hier ein Beispiel einer non-direktiven MI-Sitzung mit einer Person, die sich entscheiden muss, ob sie umziehen will, um eine neue Arbeitsstelle anzutreten, oder ob sie an ihrem gegenwärtigen Wohnort bleibt. Verdeutlicht werden die Methoden, die wir schon beschrieben haben: Doppelseitige Reflexionen, Ambivalenz verdeutlichen, zusammenfassende Reflexionen und Einschluss von Werten.

THERAPEUT: Ich möchte vorschlagen, dass wir Folgendes einmal versuchen. Es geschieht oft, dass man sich bei einer solchen Entscheidung fest fährt, weil man, sobald man die Vorteile einer Seite sieht, gleich deren Nachteile wahrnimmt und die Vorteile der anderen Seite sieht. Nehmen wir uns die Optionen im Einzelnen vor: hier bleiben oder fortziehen. Mit welcher Seite möchten Sie zuerst anfangen?

KLIENT: Das ist mir wohlbekannt. Wie man so schön sagt, der Teufel, den ich kenne ist mir lieber als der, den ich nicht kenne. Ich bin nicht glücklich mit meinem Job, aber ich komme zurecht und ich mache ihn gut.

THERAPEUT: Also, Ihr derzeitiger Job ist o.k. Was sonst noch?

KLIENT: Ich habe hier viele Freunde, manche sind richtig gute Freunde. Ich würde sie sehr vermissen. Ich sage mir zwar, dass ich schreiben oder telefonieren würde, aber die Wahrheit ist, dass ich ziemlich beschäftigt bin und es dann doch nicht tun würde und deshalb diese Freundschaften verlieren würde. Natürlich könnte ich auch neue Freundschaften schließen, wenn ich umziehe.

THERAPEUT: Das wäre dann schon Option 2. Lassen Sie uns doch zuerst einmal bei Option 1 bleiben: hier bleiben. So weit haben Sie gesagt, dass Ihr Job ganz gut ist und dass Sie gute Freunde haben, die Ihnen wichtig sind. Was gibt es sonst noch?

KLIENT: Das hängt auch damit zusammen: Ich habe hier eine Glaubensgemeinschaft, die ich wirklich mag und es könnte schwer sein, so etwas in einer anderen Stadt zu finden. Es bedeutet mir viel, zum Gottesdienst zugehen, ich habe ein sehr gutes Verhältnis zu unserem Geistlichen und den Leuten dort. Es baut mich wirklich auf.

THERAPEUT: O.k., Sie haben hier eine starke Glaubensgemeinschaft. Was sonst noch?

KLIENT: Es könnte besser für Agnes sein, wenn sie die Schule hier absolviert. Sie hat noch drei Jahre vor sich und sie will nicht in eine neue Schule. Außerdem gefällt mir das Wetter hier.

THERAPEUT: Arbeit, Freunde, Glaubensgemeinschaft, Schule, Wetter. Was spricht sonst noch dafür, hier zubleiben?

KLIENT: Ich denke, das wär's. Es ist immer unangenehm, aufzubrechen und an einem anderen Ort neu anzufangen, aber es ist auch irgendwie aufregend.

THERAPEUT: In Ordnung. Lassen Sie uns jetzt einen Blick auf die andere Option richten, die Sie erwägen: umzuziehen, um diese neue Arbeitsstelle anzutreten. Was wären hier die Vorteile?

KLIENT: (lacht) Das Erste, das mir einfällt, ist, dass ich dann weit weg von meiner Ex bin. Die Scheidung war ziemlich hässlich, und ich würde das Ganze gerne hinter mich bringen und ganz neu anfangen. Es ist vielleicht unsinnig, aber irgendwie glaube ich, dass diese Veränderung mir das Gefühl geben würde, ein neues Leben anzufangen, ohne die dauernden Erinnerungen.

THERAPEUT: Interessant, dass dies das Erste ist, das Ihnen dazu einfällt.

KLIENT: Na ja, es hieße unangenehmen Erinnerungen zu entkommen. Das Gehalt ist auch viel besser. Ich habe meinem Chef noch gar nicht gesagt, dass ich ans Umziehen denke. Das Arbeitsklima könnte auch besser sein, aber das ist schwer zu sagen. Die Leute, die ich getroffen habe, scheinen gerne dort zu arbeiten. Ich hätte auch etwas mehr Verantwortung in meiner neuen Stelle.

THERAPEUT: Der neue Job hat einige Aspekte, die sehr anziehend für Sie sind: mehr Gehalt, bessere Kollegen, mehr Verantwortung ...

KLIENT: Ob die Kollegen besser sind, weiß ich nicht richtig. Ich mag die Leute, mit denen ich jetzt arbeite, aber die Geschäftsräume sind angenehmer. Sie haben große Fenster und man fühlt sich nicht so eingeengt. Ich denke, die brauchen auch große Fenster, denn es regnet dort sehr viel.

THERAPEUT: Schöne Fenster, aber das Wetter ist nicht so schön.

KLIENT: Die Lebenshaltungskosten sind dort auch höher, aber es ist eine größere Stadt und hat viel zu bieten.

THERAPEUT: Zum Beispiel ...

KLIENT: Dort gibt es mehr Museen und Konzerte und so was und auch einen richtig guten Zoo. Ich glaube, die Schulen sind auch besser.

THERAPEUT: Das könnte auch besser für Agnes sein, und es gäbe mehr für Sie in Ihrer Freizeit zu tun.

KLIENT: Ich denke schon.

THERAPEUT: Was gibt es sonst noch?

KLIENT: Sonst fällt mir nichts Wesentliches ein. Hauptsächlich ist es eine Möglichkeit, von hier wegzugehen und neu anzufangen.

THERAPEUT: O.k., lassen Sie uns das einmal in einer Übersicht zusammenstellen. Sagen Sie mir, wenn ich etwas vergesse. Die Vorteile, hier zu bleiben, bestehen darin, dass Sie etabliert sind und Ihnen alles vertraut ist. An einen neuen Ort zu ziehen beinhaltet immer ein gewisses Maß an Durcheinander. Sie sind mit ihrem Job vertraut und wenn er auch nicht perfekt ist, wissen Sie, was zu erwarten ist und können das auch leisten. Sie haben hier gute Freunde und Ihre Glaubensgemeinschaft ist von besonderer Bedeutung für Sie. Sie mögen das Wetter hier und Agnes würde es bevorzugen, hier ihren Schulabschluss zu machen. Der vielleicht größte Faktor, der für den Umzug spricht, ist das Gefühl, einen neuen Anfang zu machen. Sie würden von ihrer Ex-Frau und schmerzhaften Erinnerungen fortziehen und gewissermaßen neu beginnen. Die Arbeitsstelle bietet mehr Verantwortung und ein höheres Gehalt im Rahmen von höheren Lebenshaltungskosten. Die neue Geschäftsstelle ist schöner und das Wetter ist nicht so schön. Es gibt dort mehr Freizeitangebote und die Schulen könnten besser für Agnes sein. Wie hört sich das an?

KLIENT: Ausgezeichnet, aber das hilft mir nicht weiter. Ich bin immer noch verwirrt.

THERAPEUT: Das ist verständlich. Es gibt noch keine eindeutige Antwort. Ist Ihnen sonst noch etwas eingefallen, während ich geredet habe?

KLIENT: Mir ist der Gedanke gekommen, mit meinem Chef über meine Pläne zu sprechen und zu sehen, was geschieht. Wenn er wütend wird, könnte mir das helfen, mich für einen Umzug zu entscheiden. Er könnte mir aber auch eine Gehaltserhöhung anbieten, wenn er mich behalten will.

THERAPEUT: Sie sind sich nicht sicher, wie das ausgehen könnte.

KLIENT: Ich vermute, er wird versuchen, mich zu behalten. Er scheint meine Arbeit zu schätzen. Aber letztendlich entscheidet das die Sache auch nicht für mich.

THERAPEUT: Das würde den Gehaltsunterschied beseitigen, aber es scheint, dass dieser Grund nicht der wichtigste für Sie ist.

KLIENT: Es ist schon wichtig. Ich hätte schon gerne ein besseres Gehalt, aber das ist auf keinen Fall das Wichtigste.

THERAPEUT: Dann lassen Sie mich fragen: Was ist denn für Sie das Wichtigste?

KLIENT: Was meine Arbeit angeht?

THERAPEUT: Nein, was Ihr Leben angeht. Was bedeutet Ihnen am meisten? Was wollen Sie mit Ihrem Leben anfangen?

KLIENT: Das ist eine große Frage! Agnes bedeutet mir sehr viel. Das sage ich nicht nur, weil man das so erwartet. Ich will wirklich das Beste für sie.

THERAPEUT: Das bedeutet konkret ...

KLIENT: Ich will, dass sie glücklich ist. Ich habe keine konkreten Erwartungen, was ihre Laufbahn angeht. Wenn sie mehr Ausbildung haben will, dann wird sie das auch bekommen.

THERAPEUT: Sie lieben sie sehr.

KLIENT: Ja, das tue ich. Wir haben eine eher enge Beziehung.

THERAPEUT: Was ist sonst noch wichtig in Ihrem Leben?

KLIENT: Ich möchte wieder eine Beziehung haben, wahrscheinlich auch wieder heiraten. Ich will mein Leben nicht alleine verbringen. Ich habe Agnes, aber sie wird ihr eigenes Leben zu leben haben.

THERAPEUT: Was sind noch andere wichtige Bestandteile in Ihrem Leben?

KLIENT: Ich liebe die Natur, ich genieße es, im Freien zu sein. Ich liebe Musik, ich bin zwar kein Musiker, aber ich höre gerne klassische Musik. Meine Freunde sind mir sehr wichtig, wenigstens ein paar enge Freunde, die an meinem Leben teilnehmen.

THERAPEUT: Wie ist es mit Ihrem Beruf?

KLIENT: Ich werde sicher nicht die Welt verändern. Arbeit ist Arbeit. Es macht mir Spaß, aber wenn ich nach Hause gehe, lasse ich alles hinter mir. Menschen sind mir wichtiger.

THERAPEUT: Soweit Sie das gesagt haben, sind die Dinge, die in Ihrem Leben wirklich Bedeutung haben Ihre Tochter, Ihr Glaube, wieder verheiratet zu sein oder wenigstens einen Lebenspartner zu haben, Natur, Musik und enge Freunde. Wie passen diese Werte zusammen mit wegziehen oder hier bleiben?

KLIENT: Es hört sich so an, als mache Umziehen nur wegen einem neuen Job nicht viel Sinn. Das ist wirklich nicht, worum es geht. Ich habe Freunde und eine Glaubensgemeinschaft und ein ausgefülltes Leben und Agnes will hier bleiben. Es gibt dort zwar einige interessante Dinge, aber es geht in Wirklichkeit darum, dass ich das Gefühl habe, dass ich einen neuen Anfang brauche.

THERAPEUT: Und ein Umzug würde das erwirken.

KLIENT: Sicher weiß ich das natürlich nicht. Es ist eher so ein Gefühl …

Ohne die Person in die eine oder andere Richtung zu drängen, hilft der Therapeut bei der Erforschung beider Seiten der Ambivalenz und deren Bewertung bezüglich wichtiger persönlicher Werte. Am Ende dieses Beispiels scheint die Person sich in Richtung einer Lösung zu bewegen, ohne dass der Therapeut versucht hätte, Einfluss auf die Richtung zu nehmen. Dies zeigt, wie motivierende Gesprächsführung eingesetzt werden kann, um Ambivalenz zu lösen, wenn der Therapeut keine persönliche Präferenz für ein bestimmtes Ergebnis hat.

Ist motivierende Gesprächsführung ohne den direktiven Teil dann nichts anderes als klientenzentrierte Therapie? In vieler Hinsicht trifft das sicherlich zu. Die grundlegenden Fertigkeiten wurden als Methoden von Rogers definiert und es geht darum, sowohl non-direktiv als auch klientenzentriert zu sein. Als eine Weiterentwicklung der klientenzentrierten Therapie zeigt MI jedoch ganz deutlich wann, wie und warum diese Methode direktiv sein kann. Wir hoffen, dass durch ein besseres Verständnis, wann und wie klientenzentrierte Fertigkeiten direktiv eingesetzt werden können, Therapeuten besser vorbereitet sind, eine angemessene Neutralität zu bewahren.

ZUSAMMENFASSUNG

Die klientenzentrierten Interventionen der motivierenden Gesprächsführung können sowohl direktiv als auch nicht direktiv eingesetzt werden. Der Unterschied besteht in der Art und Weise, in der man auf *change-talk* und auf Widerstand reagiert. Wird sie direktiv eingesetzt, benutzt MI selektives Entwickeln, Reflektieren, Zusammenfassen und Bestätigen der *change-talk*. In einem nicht direktiven Einsatz ist die Intervention näher ihrem Ursprung in der klientenzentrierten Therapie nach Rogers, aber mit einem klaren Bewusstsein davon, wie eine neutrale Haltung gewahrt wird.

8. Auf Widerstand antworten

ÜBERLEGUNGEN BEZÜGLICH WIDERSTAND

Manche Leute glauben, dass Widerstand auf den Abwehrhaltungen einer Person basiert. So betrachten zum Beispiel einige tiefenpsychologische Theorien Widerstand als ein Symptom unbewusster Konflikte und psychischer Abwehrmechanismen, die in der frühen Kindheit entwickelt werden. Einfache Abwehrmechanismen, wie beispielsweise Verleugnung, wurden einst als ein integraler Teil, ja sogar als ein diagnostisches Kriterium für Alkoholabhängigkeit verstanden. In dieser Denkweise bringt der Klient den Widerstand mit in die Behandlung.
Wir stellen diese Sichtweise, die Widerstand primär dem Klienten attribuiert, in Frage.
Stattdessen betonen wir, dass Widerstand, jedenfalls zu einem signifikanten Ausmaß, aus der zwischenmenschlichen Interaktion zwischen Therapeut und Klient entsteht. Tatsächlich ist es ein Phänomen, das laut der Mehrheit der psychotherapeutischen Literatur nur im Rahmen psychotherapeutischer Behandlungen auftritt. Die Forschung hat klar gezeigt, dass eine Veränderung im Therapiestil das Ausmaß des Patientenwiderstandes direkt beeinflussen, das heißt, ihn verstärken oder vermindern kann (siehe Kapitel 1). Dies empfiehlt eine praktische, auf die gerade stattfindende Interaktion gerichtete Sichtweise bezüglich Widerstand. Das bedeutet auch, dass Widerstand nicht fixiert ist, und dass man etwas daran ändern kann.
Was genau ist nun Widerstand? Klar ist, dass es sich um ein beobachtbares Patientenverhalten handelt, das im Rahmen einer Psychotherapie auftritt (Kapitel 4) und ein deutliches Anzeichen für Dissonanz im Therapieprozess darstellt (Kapitel 5). Er signalisiert gewissermaßen, dass die Person nicht Schritt mit Ihnen hält, als sage sie, „Moment mal, da kann ich Ihnen nicht folgen, dem stimme ich nicht zu." Wenn dies geschieht, ist es Ihre Hauptaufgabe, erst einmal kehrt zu machen, den Grund für das Widerstandsverhalten und die Dissonanz in der therapeutischen Beziehung zu verstehen und diese Schwierigkeiten anzusprechen. Um dies zu tun, müssen Sie in der Lage sein, Widerstandsverhalten als ein Signal zu erkennen, ein Thema, das in Kapitel 5 angespro-

chen wurde. Es ist an dieser Stelle hilfreich, sich noch einmal daran zu erinnern, dass sich Widerstand, genau wie *change-talk*, immer auf eine ganz bestimmte Veränderung bezieht. So kann eine Person sehr widerständig bezüglich ihres Cannabiskonsums sein, jedoch sehr motiviert, ihren Kokainkonsum aufzugeben.

Widerstand ist jedoch mehr als nur eine interessante Information über den therapeutischen Prozess. Widerstand am Anfang der Behandlung steht in enger Verbindung mit Therapieabbrüchen und je mehr Widerstand eine Person während einer Kurzzeit-Therapie zeigt, umso weniger wahrscheinlich ist es, dass eine Verhaltensänderung eintritt.

Widerstand ist aber auch ein normales Phänomen im Verlauf einer Psychotherapie, und sein Auftreten braucht kein Grund für Besorgnis zu sein. In der Medizin sagt man sogar oft, ein gesundes Immunsystem hat Widerstandskraft. Widerstand und *change-talk* sind wie Verkehrssignale, die Ihnen mitteilen weiter zu fahren, aufzupassen, das Tempo zu verlangsamen oder anzuhalten. Sie haben auch die Möglichkeit, diese Signale zu verändern. Eine rote Ampel ist etwas Normales und kann ganz hilfreich sein, es sei denn, Sie sind zu sehr in Eile. Es wird nur zu einem Problem, wenn die Ampel auf Rot bleibt, also das Widerstandsverhalten als ein fortlaufendes Verhaltensmuster der Person im Rahmen einer Sitzung oder im Verlauf der Behandlung persistiert oder eskaliert.

Was in Folge des gezeigten Widerstandes geschieht, wird jedoch in einem großen Ausmaß durch Ihren eigenen Therapiestil beeinflusst. Wie Sie auf den Patientenwiderstand reagieren, macht den Unterschied aus und grenzt die motivierende Gesprächsführung von anderen Therapieansätzen ab. Steigt der Widerstand während der Behandlung, ist dies sehr wahrscheinlich eine Reaktion auf etwas, was Sie tun.

In dieser Aussage ist eine weitere Grundannahme der motivierenden Gesprächsführung enthalten: Beständiger Widerstand ist kein Patientenproblem, sondern hat mit den Fertigkeiten des Therapeuten zu tun. Das hört sich zunächst vielleicht wie eine Übertreibung an. Einige Patienten können sehr widerständig sein, egal welcher therapeutische Ansatz eingesetzt wird; zu jeder Regel gibt es Ausnahmen. Natürlich gibt es sehr große Unterschiede im Ausmaß des Widerstandes, den Klienten zu Beginn ihrer Therapie haben. Einige sind sehr zornig und defensiv und es gibt empirische Belege dafür, dass MI besonders wirksam bei solchen Klienten sein kann[6]. Personen, denen eine Therapie auferlegt wurde, zeigen zu Beginn oft mehr Widerstand als Patienten, die aus Eigeninitiative kommen[7]. Trotzdem hat die Forschung klar gezeigt, dass das Ausmaß, in dem Personen Widerstand zeigen, vom Therapiestil sehr stark beeinflusst wird. Die Lektion hierbei ist, dass Therapeuten ihren Stil in einer Weise ändern können, der zu einer Verminderung oder Erhöhung des Patientenwiderstandes führt. Es ist wünschenswert, den Widerstand einer Person zu vermindern, weil das mit langfristiger Veränderung assoziiert wird. Das bedeutet auch, wie schon in Kapitel 5 besprochen, dass Sie einen Teil Ihrer Effektivität in motivierender Gesprächsführung anhand der Reaktionen Ihrer Klienten beurteilen können.

Fazit ist, es macht einen Unterschied, wie Sie auf Widerstand reagieren. In diesem Kapitel erörtern wir einige allgemeine Methoden, die Sie anwenden können, um Widerstand zu vermindern, indem Sie ihn aufnehmen. Diese Methoden können sowohl in Phase 1, wenn es um den Aufbau von Motivation für eine Veränderung geht, als auch in Phase 2, wenn die Selbstverpflichtung verstärkt und ein Veränderungsplan ausgehandelt wird, angewendet werden (Kapitel 9). Natürlich ist der geschickte Umgang mit Widerstand für den gesamten Verlauf einer Therapie wichtig.

Wir unterteilen die Methoden, mit denen man auf Widerstand antwortet, in zwei Kategorien. Die erste besteht aus Variationen reflektierender Aussagen: einfache Reflexionen, verstärkte Reflexionen und doppelseitige Reflexionen. Die zweite Kategorie enthält fünf andere Erwiderungen, die über Reflexionen hinausgehen: den Fokus verändern, Umformulieren, Zustimmung mit einer Wendung, persönliche Kontrolle und Entscheidungsfreiheit betonen sowie Begleiten.

REFLEKTIERENDE ERWIDERUNGEN

Einfache Reflexion

Als Grundregel gilt, Widerstand nicht mit Widerstand zu begegnen. Eine einfache Anerkennung der Gefühle, Wahrnehmungen oder der Tatsache, dass die Person anderer Meinung ist, kann eine weitere Exploration an Stelle einer fortgesetzten Abwehrhaltung ermöglichen. Da-

---

6   Projekt MATCH-Forschungsgruppe (1997 b).
7   Chamberlain, Patterson, Reid, Kavanagh, Forgatch (1984).

durch lässt sich auch die Falle, einen Standpunkt vertreten zu müssen, vermeiden. Oft genügt hier eine einfache Reflexion. Manchmal lässt sich auch eine kleine Verschiebung des Schwerpunktes durch eine Reflexion erzielen. Hier einige Beispiele:

KLIENT: Ich versuche es ja! Wenn mich mein Bewährungshelfer nur in Ruhe lassen würde, könnte ich mich darauf konzentrieren, mein Leben in Ordnung zu bringen.

THERAPEUT: Sie arbeiten wirklich hart an den Veränderungen, die Sie umsetzen müssen.

Oder

THERAPEUT: Es ist frustrierend, dass der Bewährungshelfer Ihnen dauernd über die Schulter guckt.

KLIENT: Was glauben Sie denn, wer Sie sind, dass Sie mir Ratschläge erteilen könnten? Was wissen Sie denn schon über Drogen? Ich wette, Sie haben noch nie im Leben einen Joint geraucht?

THERAPEUT: Es ist schwer vorstellbar, dass ich Sie überhaupt verstehen kann.

Oder

THERAPEUT: Das hört sich an, als seien Sie wütend auf mich.

KLIENT: Ich will einfach keine Tabletten nehmen. Ich sollte dies alleine in den Griff bekommen.

THERAPEUT: Sie glauben nicht, dass Medikamente Ihnen helfen können.

Oder

THERAPEUT: Sie wollen sich nicht nur auf Medikamente verlassen. Das erscheint Ihnen wie eine Krücke.

KLIENT: Ich könnte den Gewichtsverlust sowieso nicht halten, selbst wenn ich die Pfunde zuerst einmal verlieren würde.

THERAPEUT: Sie sehen keine Möglichkeit, wie dies für sie funktionieren könnte.

Oder

THERAPEUT: Sie sind zu sehr entmutigt, um es noch einmal zu versuchen.

8. Auf Widerstand antworten

Verstärkte Reflexion

Eine verwandte und recht hilfreiche Erwiderung ist das Zurückspiegeln dessen, was die Person gesagt hat, jedoch in einer verstärkten oder überzogenen Form, vielleicht sogar etwas extrem. Falls erfolgreich, wird dies die Person ermutigen, sich etwas von ihrer Position zu distanzieren und die andere Seite der Ambivalenz hervorzurufen. Es ist wichtig, dies emphatisch zu tun, weil ein sarkastischer Ton oder eine zu extreme Aussage eine feindliche oder ähnlich widerständige Reaktion hervorrufen kann:

KLIENT: Wie könnte ich einfach mit dem Trinken aufhören? Was würden meine Freunde denken?

THERAPEUT: Sie wissen nicht, wie Sie mit den Reaktionen Ihrer Freunde umgehen sollen, falls Sie mit dem Trinken aufhören.

KLIENT: Ich kann auf mich selbst aufpassen. Ich habe es nicht nötig, dass meine Eltern dauernd auf mich aufpassen.

THERAPEUT: Ohne Ihre Eltern ginge es Ihnen wirklich besser.

KLIENT: Meine Frau übertreibt immer. Ich habe mich wirklich niemals so schlecht benommen.

THERAPEUT: Sie hat eigentlich gar keinen Grund, sich Sorgen zu machen.

KLIENT: Diese Forschungsergebnisse beweisen rein gar nichts.

THERAPEUT: Es scheint Ihnen unwahrscheinlich, dass Rauchen etwas mit Lungenkrebs zu tun hat. Es passiert einfach.

Wir betonen nochmals, dass solche Reflexionen in einer aufrichtigen, unterstützenden und konkreten Art und Weise gemacht werden müssen. Jeglicher Anhauch von Sarkasmus, Ironie, Ungeduld oder Zweifel in ihrer Stimme kann sehr schnell dazu führen, dass Ihre Antwort als feindselig eingestuft wird und damit Widerstand in der Person hervorruft.

Doppelseitige Reflexion

Eine weitere Anwendung des reflektierenden Zuhörens erlaubt es, beide Seiten der Ambivalenz einzuschließen. Sollte die letzte Aussage der

Person nur die widerständige Seite der Argumentation manifestieren, kann eine doppelseitige Reflexion anerkennen, was die Person gesagt hat und gleichzeitig die andere Seite ihrer Ambivalenz, aber nicht die des Therapeuten, hinzufügen. Dies verlangt den Bezug auf Aussagen, die die Person schon früher geäußert hat, vielleicht sogar schon in vorherigen Sitzungen. Wir empfehlen auch hier wieder den Gebrauch der Konjunktion „und" anstelle von „aber", um eine Balance in der Betonung beizubehalten. Hier einige Beispiele:

KLIENT: Ich weiß, dass es gut für mich wäre, aber Sie scheinen nicht zu verstehen, wie schlimm der Schmerz ist. Allein, wenn ich versuche aufzustehen, vom Sport einmal ganz abgesehen, sind die Rückenschmerzen schon unerträglich. Es tut einfach die ganze Zeit weh.

THERAPEUT: Sie denken, dass auf lange Sicht gesehen die Übungen Ihnen helfen könnten, die Schmerzen zu vermindern, gleichzeitig leiden Sie jedoch sehr unter Ihren Schmerzen und das macht es schwierig, mit dem Walking anzufangen oder auch nur daran zu denken.

KLIENT: Ich weiß, dass Sie versuchen, mir zu helfen, aber ich werde das einfach nicht tun!

THERAPEUT: Einerseits wissen Sie, dass Sie ein richtiges Problem haben, und dass ich Ihnen damit helfen möchte und andererseits sind meine Vorschläge nicht akzeptabel für Sie.

KLIENT: Sehen Sie, ich rauche wirklich nicht mehr als meine Freunde. Ab und zu ein Joint ist doch nicht so schlimm?

THERAPEUT: Ich kann verstehen, dass Sie zwiespältig sind. Sie haben mir erzählt, dass Sie über Ihr Kiffen und wie es Sie beeinflusst, besorgt sind und es scheint so zu sein, dass Sie nicht mehr als Ihre Freunde rauchen. Das macht eine Entscheidung schwierig.

KLIENT: O.k., vielleicht habe ich ja ein Problem mit dem Spielen, aber ich bin sicher nicht süchtig.

THERAPEUT: Sie erkennen, dass das Spielen Probleme für Sie und ihre Familie schafft und es ist auch wichtig, dass die Leute nicht denken, Sie seien süchtig.

8. Auf Widerstand antworten

Andere Antworten anstelle von Reflexionen

Neben diesen Variationen des reflektierenden Zuhörens gibt es auch andere hilfreiche Möglichkeiten, auf Widerstand zu antworten. Es geht immer darum, die zu Grunde liegende Dissonanz zu entschärfen und dadurch den Widerstand zu verringern.

Den Fokus verändern

So kann man beispielsweise die Aufmerksamkeit der Person von dem Hindernis, das den Fortschritt zu blockieren scheint, ablenken. Das heißt gewissermaßen, das Hindernis zu umgehen, anstatt zu versuchen, es zu überklettern. Wenn man einem besonders schwierigen Thema begegnet, kann eine solche Umgehung helfen, einer Dissonanz zu begegnen oder sie, wenigstens zeitweilig, zurückzustellen. Diese Intervention ist so strukturiert, dass man zuerst das Besorgnis erregende Thema entschärft, bevor man die Aufmerksamkeit auf ein Thema richtet, das eher bearbeitet werden kann.

KLIENT: Sie werden mir sicherlich eine Diät geben, die ich dann einhalten muss und werden mir sagen, dass ich täglich ins Fitnessstudio gehen soll.

THERAPEUT: Langsam, langsam. Wir haben gerade angefangen, uns über diese Thematik zu unterhalten und Sie sind schon bei den Schlussfolgerungen. Ich glaube, das ist dann doch etwas verfrüht! Was wollen Sie denn tun?

KLIENT: Da wir ja jetzt beide hier sind, schätze ich, dass Sie uns sagen werden, wer hier Schuld hat.

THERAPEUT: Es geht hier nicht um Schuldzuweisungen, machen Sie sich darüber keine Sorgen. Das hilft niemandem weiter. Ich bin allerdings besorgt, dass es schon einige schmerzhafte Vorfälle zwischen Ihnen gegeben hat, die sowohl Sie als auch ihre Beziehung verletzt haben. Erzählen Sie mir doch bitte ein wenig über die guten Zeiten.

KLIENT: Das Gericht hat gesagt, dass ich hierher kommen muss, also sagen Sie mir, was ich zu tun habe.

THERAPEUT: Ich weiß noch gar nicht genug über die Situation, um überhaupt etwas sagen können. Was wir zuerst machen sollten, ist …

Umformulieren

Das von Ihrem Gegenüber Gesagte umzuformulieren, ist eine weitere Möglichkeit, mit Widerstand umzugehen. Diese Erwiderung bestätigt die Validität der Wahrnehmung der Person, bietet ihr jedoch eine neue Bedeutung oder Interpretation dieser Wahrnehmung an. Was die Person sagt, wird in einer anderen Form dargestellt und aus einem Blickwinkel betrachtet, der hilfreicher ist und eine Veränderung unterstützt.
Ein besonders gutes Beispiel für eine Umformulierung bietet das Phänomen der Alkoholtoleranz bei schwer alkoholabhängigen Menschen. Diese Klienten berichten häufig, dass sie weniger von Alkohol beeinträchtigt werden als andere. Sie können größere und medizinisch gefährliche Mengen von Alkohol trinken, ohne die normalen Auswirkungen einer Intoxikation zu fühlen oder zu zeigen. Im Laufe einer schweren Alkoholabhängigkeit scheint diese Fähigkeit noch größer zu werden, bis zu dem Zeitpunkt, an dem die Schädigung der Leber so schwerwiegend wird, dass die Toleranz gegenüber dem Alkohol wieder sinkt. Somit bedeutet Toleranz ein Versagen, die großen Alkoholmengen, die sich tatsächlich im Blut befinden, zu spüren oder zu zeigen. Letztendlich fehlt der Person das normale Warnsystem, das die meisten Menschen vor exzessivem Alkoholkonsum schützt. Hier bietet sich also die Möglichkeit zur Umformulierung. Viele Menschen mit einer hohen Alkoholtoleranz sehen dies als ein Zeichen, dass sie ungefährdet mehr Alkohol trinken können als andere. Die Wahrheit ist genau das Gegenteil: Alkoholtoleranz ist ein Risikofaktor für Alkoholprobleme.
Hier ein längeres Beispiel einer solchen Umformulierung:

THERAPEUT: Sie haben schon öfters bemerkt, dass Sie wirklich eine Menge Alkohol wegstecken können. Sie vertragen eine Menge mehr als die meisten anderen Menschen, ohne sich betrunken zu fühlen oder dass man es Ihnen anmerken kann. Sie haben es sogar geschafft, andere Leute hinters Licht zuführen, dass die erst gar nicht gemerkt haben, dass Sie etwas getrunken hatten.

KLIENT: Das stimmt. Das war bei mir schon immer so.

THERAPEUT: Ich weiß nicht, ob Sie sich dessen bewusst sind, aber das ist in Wirklichkeit ein Grund für Besorgnis. Sehen Sie, wenn normale Menschen ein oder zwei Gläser getrunken haben, spüren sie schon die Wirkungen des Alkohols. Das ist wie ein Warnsystem, das ihnen sagt, dass sie genug haben und sie hören auf, zu trinken. Unglücklicherweise haben andere Menschen eine hohe Toleranz. Bei denen funktioniert dieses Warnsystem nicht mehr. Manche sind so geboren, andere verlieren es durch Gewöhnung oder sie ignorieren es. Egal was die Ursache ist, das Resultat ist, dass sie sich Schaden zufügen, ohne es zu merken.

KLIENT: Aber wie kann ich betrunken sein, wenn ich es gar nicht spüre?

THERAPEUT: Stellen Sie sich vor, Sie würden keine Schmerzen mehr wahrnehmen. Für den Rest Ihres Lebens sei jegliche Schmerzwahrnehmung ausgeschaltet. Wäre das gut oder schlecht?

KLIENT: Das hört sich doch toll an!

THERAPEUT: Ja, auf den ersten Blick sollte man meinen, das wäre ganz toll, aber wenn man genauer darüber nachdenkt, sieht man ein, dass es tatsächlich ein Fluch wäre. Ihre Gesundheit, ja sogar Ihr Leben wäre in großer Gefahr. Die erste Warnung, die Sie hätten, dass ihre Hand auf einer heißen Herdplatte liegt, wäre der Rauch, der aufsteigt. Sie könnten Ihre Muskeln zerren, Sehnen reißen oder Knochen brechen, ohne wirklich zu spüren, was geschieht und so weitere Schäden zu vermeiden. Die Schmerzen, die ein frühes Zeichen für Zahnprobleme oder andere Krankheiten sind, würden Sie nicht wahrnehmen und es könnten Probleme entstehen, die man dann nicht mehr heilen kann. Eine hohe Alkoholtoleranz ist etwas Ähnliches. Weil das Frühwarnsystem nicht funktioniert, trinken diese Leute so viel Alkohol, dass der Körper schon geschädigt wird, bevor sie die Wirkungen spüren oder zeigen. Eine hohe Alkoholtoleranz bedeutet nicht, dass der Körper den Alkohol besser oder schneller abbaut, es heißt nur, dass die gefährlichen Auswirkungen nicht wahrgenommen werden. Wenn Sie also sagen, dass Sie sehr viel Alkohol vertragen, ohne es zu spüren, dann kann das ein Grund zur Besorgnis sein. Wie sehen Sie das denn?

Dieses Beispiel zeigt, das Umformulieren oft eine didaktische Seite hat. Man vermittelt der Person neue Informationen, um ihr Verständnis der Situation zu verbessern. Oftmals jedoch ist Umformulieren viel einfacher und kann mit nur ein paar Sätzen erreicht werden. Hier einige weitere Beispiele:

KLIENT: Ich habe es schon so oft versucht und bin immer gescheitert.

THERAPEUT: Sie haben es immer wieder versucht, trotz aller dieser Entmutigungen. Diese Veränderung scheint wirklich wichtig für Sie zu sein.

KLIENTIN: Mein Mann geht mir auf die Nerven mit seinen dauernden Erinnerungen, meine Medikamente zu nehmen. Dauernd erinnert er mich daran, mein Insulin zu nehmen und aufzupassen, was ich esse.

THERAPEUT: Das hört sich so an, als ob ihm viel an Ihnen liegt und er sich Sorgen um Sie macht. Er scheint es jedoch in einer Weise auszudrücken, die Sie verärgert und vielleicht können wir ihm helfen, eine bessere Weise zu finden, um Ihnen zu zeigen, dass er Sie liebt und sich Sorgen um Sie macht.

KLIENT: Ich habe schon dreimal versucht, das Rauchen aufzugeben und habe es nie geschafft. Ich glaube, ich kann das einfach nicht.

THERAPEUT: Es ist schon bemerkenswert, dass Sie es schon dreimal versucht haben. Können Sie sich noch daran erinnern, wie es war? Jedes Mal, wenn Sie es ernsthaft versuchen, sind Sie dem Erfolg einen Schritt näher. Tatsächlich brauchen Leute im Durchschnitt vier Versuche, bis sie Erfolg haben. Geben Sie jetzt nicht auf!

Zustimmung mit einer Wendung

Eine ähnliche Art mit Widerstand umzugehen, besteht darin, zuerst einmal zuzustimmen, jedoch mit einer leichten Wendung oder Richtungsänderung. Dies erlaubt Ihnen, ein Gefühl der Übereinstimmung zwischen Ihnen und der Person zu erhalten, während Sie die Richtung und den Impuls zur Veränderung weiterhin beeinflussen. Zustimmung mit einer Wendung ist im Grunde genommen eine Reflexion gefolgt von einer Umformulierung.

KLIENTIN: Keiner sagt mir, wie ich meine Kinder zu erziehen habe. Sie leben nicht bei uns zu Hause. Sie wissen gar nicht, wie das ist.

THERAPEUT: Es ist tatsächlich Ihre Sache, wie Ihre Kinder erzogen werden und was sie lernen sollen. Sie sind in der besten Positionen zu wissen, welche Ideen umsetzbar sind und welche nicht und ich kann Ihnen diesbezüglich nichts vorschreiben. Sie müssen ein gleichberechtigter Partner in diesem Prozess sein.

KLIENT: Warum verbünden Sie sich mit meiner Frau gegen mich wegen meines Temperaments? Was ist denn mit all Ihren Problemen? Sie würden sicherlich auch explodieren, wenn Ihre Familie Sie immer aufregt.

THERAPEUT: Das ist sicher ein berechtigter Punkt und der ist wichtig. Es gibt hier sicher ein Gesamtbild und vielleicht habe ich das ein wenig aus den Augen verloren. Ein Konflikt ist nicht nur das Problem einer Person und ich stimme Ihnen zu, dass es nicht darum geht, Schuld zuzuweisen. Wenn man die Beherrschung verliert, ist die ganze Familie daran beteiligt und wird dadurch beeinflusst. Da haben sie absolut Recht.

KLIENT: Sie werden mir sicherlich eine Diät geben, die ich dann einhalten muss und werden mir sagen, dass ich täglich ins Fitnessstudio gehen soll. Ich werde immer so entmutigt von solchen Ratschlägen!

THERAPEUT: Wenn ich Ihnen eine Reihe von Dingen vorschreiben würde, die Sie zu tun haben, dann würde Sie das noch mehr lähmen. Das ist paradox, nicht wahr? Wenn Sie das Gefühl haben, etwas tun zu müssen, dann hindert Sie das daran, das zu tun, was Sie tun wollen.

Betonung der persönlichen Wahlfreiheit und Kontrolle

Widerstand entsteht oft aus dem Phänomen der psychologischen Reaktanz. Wenn Menschen wahrnehmen, dass ihre Wahlfreiheit bedroht ist, reagieren sie darauf oft mit einer Betonung ihrer Autonomie, im Sinne von „Ihnen werde ich es schon zeigen, keiner sagt mir, was ich zu tun habe!" Das ist eine natürliche und zu erwartende Reaktion auf einen drohenden Verlust von Wahlfreiheit. Das wahrscheinlich beste Gegenmittel gegen diese Reaktanz ist, der Person zu versichern, was dem tatsächlichen Sachverhalt entspricht: letztendlich ist es die Person, die bestimmt was geschieht. Eine frühzeitige Zusicherung dessen kann Reaktanz vermindern.

Hier einige Beispiele:

KLIENT: Warum geben Sie mir dieses Heft? Wollen Sie mir damit sagen, dass ich Kondome benutzen muss?

THERAPEUT: Das ist nur zur Information. Welche Schlüsse Sie daraus ziehen, liegt ganz bei Ihnen. Natürlich kann Sie niemand dazu zwingen, Kondome zu benutzen.

KLIENT: Der Vorschlag, Blutdruck-Medikamente zu benutzen, sagt mir gar nicht zu. Ich habe gehört, die haben viele unangenehme Nebenwirkungen.

THERAPEUT: Das ist wirklich Ihre Entscheidung. Ich kann Sie nur über die Vor- und Nachteile aufklären und Ihnen meine Meinung dazu sagen. Sollten Sie sich entscheiden, die Medikamente nicht zu nehmen, dann nehmen Sie sie nicht. Wenn Sie sie nehmen wollen, dann gibt es auch diese Möglichkeit. Die Entscheidung liegt ganz bei Ihnen.

KLIENT: Was wäre, wenn ich Ihnen sagen würde, dass ich gerne rauche und nicht damit aufhören will?

THERAPEUT: Sie sind ein freier Mensch und das ist Ihre Entscheidung. Ich kann diese Entscheidung nicht für Sie treffen, selbst wenn ich es wollte.

KLIENT: Der Richter hat mir gesagt, dass ich hierher kommen muss. Ich *habe gar keine freie Wahl.*

THERAPEUT: In Wirklichkeit haben Sie das doch, sogar mehrere Möglichkeiten. Sie haben gewählt, hierher zu kommen, anstatt das mit dem Gericht weiter zu verhandeln. Sollten Sie herausfinden, dass dies Ihnen nicht zusagt, können Sie jederzeit zum Gericht zurückgehen und versuchen, ein passenderes Programm zu finden.

Zur Seite treten

Führt das Betonen der einen Seite eines Argumentes dazu, dass eine ambivalente Person die andere Seite verteidigt, dann sollte dieser Prozesse auch in umgekehrter Richtung funktionieren. Wenn ein Therapeut für eine Veränderung plädiert, argumentiert die ambivalente Person dagegen. Was aber geschieht, wenn der Therapeut die andere Seite, die gegen eine Veränderung spricht, verteidigt?
Über diese altbekannte Strategie der Psychotherapie wurde schon viel geschrieben. Variationen dieser Intervention sind als „umgekehrte Psychologie" und „paradoxe Intervention" bekannt. In der systemischen Familientherapie wird sie angewendet, um die Person in eine Position zu manövrieren, in der aus Opposition oder Widerstand gegenüber dem Therapeuten eine Bewegung in die gewünschte Richtung resultiert. Eine andere bekannte Variante ist das Verordnen des Problems. Wenn allen Anstrengungen, eine Veränderung zu bewirken, mit Opposition begegnet wird, empfiehlt der Therapeut manchmal, dass die Person(en) so wei-

8. Auf Widerstand antworten

termachen sollen wie bisher, ohne etwas zu verändern oder sogar mit einer Verstärkung des fraglichen Verhaltens. Dies wird nicht in einer ärgerlichen oder aufgebrachten „ich gebe auf"-Art und Weise getan. Meistens wird es in einer ganz ruhigen und sachlichen Art vorgeschlagen. Man kann der Person sogar eine detaillierte Begründung geben, warum nichts geändert werden sollte.

Obwohl diese Methode sehr gut mit dem Ambivalenzmodell zusammenpasst, das wir in den vorhergehenden Kapiteln beschrieben haben, müssen wir zugeben, dass wir schwerwiegende Bedenken bei der Art und Weise haben, wie die paradoxe Intervention manchmal dargestellt wird. Oft entsteht das Gefühl, dass die paradoxe Intervention ein schlauer Trick sei, um Leute zu manipulieren, die Dinge zu tun, die zu ihrem eigenen Vorteil sind. In manchen Beschreibungen von Paradoxa hat man das Gefühl, die Anwender haben Spaß daran, immer neue Wege zu finden, um Menschen zu manipulieren, ohne dass diese merken, was geschieht. Solch eine Überheblichkeit fördert, in unserem Verständnis, weder den Respekt noch den partnerschaftlichen Umgang, die wir als fundamentale Bestandteile des Prozesses der motivierenden Gesprächsführung voraussetzen. Wir wollen damit nicht implizieren, dass MI wertneutral oder frei von Bedenken bezüglich möglicher Manipulation sei. Wir widmen Kapitel 12 der Betrachtung solcher ethischer Themen. Was ist denn dann die Rolle dieser Methode des „zur-Seite-Tretens"? Es ist gewissermaßen eine Sonderform der verstärkten Reflexion, eine direkte Erweiterung des Ambivalenzmodells, das wir in den Kapiteln 2 bis 5 vorgestellt haben. Motivierende Gesprächsführung ist im Grunde genommen ein Dialog über die Ambivalenz der Person und der Therapeut erforscht beide Seiten. Es liegt in der Natur der Ambivalenz, dass die Person dazu neigt, nur eine Seite zu erforschen, wenn der Therapeut nur die andere Seite vertritt. Es ist wichtig für einen Therapeuten, sich dieser Prozesse bewusst zu werden, da bestimmte Prinzipien der Selbst-Wahrnehmungstheorie besagen, dass eine Person, die gezwungen ist, eine Seite eines Argumentes zu verteidigen, dahingehend beeinflusst werden kann, unbeabsichtigt oder ungewollt, sich in diese Richtung zu bewegen. Demzufolge sollte das Betonen der Seite der Ambivalenz, die gegen eine Veränderung spricht, beim Patienten *change-talk* hervorrufen. Im Grunde genommen setzen wir nichts Komplizierteres voraus, als dieses simple Prinzip der Ambivalenz. Wir stellen uns Widerstand nicht als strategisches oder defensives Verhalten der Person vor, folglich haben wir uns von dem Schachspiel-Konzept der paradoxen Intervention als ein strategisches Ausfuchsen losgesagt. Der Person zur Seite zu treten, während sie gegen eine Veränderung argumentiert, ist nur ein anderer Weg, die Argumentation zu entschärfen und *change-talk* hervorzurufen. Es gibt einen eindeutigen und sofortigen Test, ob diese Reaktion den gewünschten Effekt hat: Vermindert sich der Widerstand und wird *change-talk* hervorgerufen?

KLIENT: Ich glaube, das wird bei mir auch nichts nutzen. Ich fühle mich ziemlich hoffnungslos.

THERAPEUT: Es ist durchaus möglich, dass es Ihnen nach einem weiteren Versuch immer noch nicht besser geht und deshalb ist es vielleicht besser, es gar nicht erst zu versuchen. Was ist Ihre Meinung?

KLIENT: Ja, so sieht es tatsächlich aus. Wahrscheinlich trinke ich manchmal zuviel und ich hasse den Kater, aber ich glaube nicht, dass das wirklich ein Problem ist.

THERAPEUT: Unterm Strich mag es sich für Sie auszahlen, so weiter zu trinken wie bisher, obwohl es einige Schwierigkeiten macht. Es ist die Sache wert.

KLIENT: Ich bin mir nicht sicher, ob ich an diesem Programm teilnehmen will. Es hört sich so an, als bedürfe es sehr viel Zeit.

THERAPEUT: Und das gibt Ihnen zu denken. Ein Programm wie dieses benötigt viel Motivation und Anstrengung. Wir wollen die Arbeit mit jemandem nicht beginnen, bis wir sicher sind, dass er es mit einer Veränderung ernst meint und, ehrlich gesagt, bin ich mir nicht sicher, wo Sie stehen. Wenn ich Ihnen so zuhöre, bin ich nicht ganz überzeugt, ob Sie für eine Umsetzung genügend motiviert sind.

Es gibt keinen Grund, weshalb der Patient über den Dialog im Dunkeln gehalten werden muss. Übereinstimmend mit dem Beispiel, eine Seite der Ambivalenz nach der anderen zu erforschen (siehe auch Kapitel 7), kann man eine direkte Debatte durchführen, indem der Klient die Notwendigkeit für Veränderung verteidigt. In diesem Fall übernimmt der Therapeut einfach die Seite, die gegen eine Veränderung spricht:

„Ich finde, es ist oft hilfreich, die wirklichen Gründe für eine Veränderung zu klären. Ich habe von Ihnen etliche Gründe gehört, warum sie zögern, eine Veränderung zu erwägen und ich möchte Ihnen einen Vorschlag machen. Ich möchte eine kleine Debatte mit Ihnen führen. Ich werde die Position, dass Sie wirklich kein Problem haben und sich nicht zu verändern brauchen, einnehmen und ich möchte Sie bitten, Ihr Bestes zu tun, mich vom Gegenteil zu überzeugen. Verstehen Sie das? Ich spiele Sie und werde dafür plädieren, dass ich mich nicht zu verändern brauche und es ist Ihre Aufgabe, mich davon zu überzeugen, dass ich ein Problem habe, das ich untersuchen und an dem ich etwas ändern muss. O.k.?"

Manchmal brauchen Klienten etwas zusätzliche Ermutigung, um mit einem solchen gestellten Dialog warm zu werden: Lassen Sie die Person „Du"-Botschaften formulieren, während Sie als Therapeut „Ich"-Botschaften formulieren und die vom Klienten vorgebrachten Argumente gegen eine Veränderung wiederholen. Das könnte zum Beispiel so aussehen:

THERAPEUT: Sehen Sie, ich kann einfach nicht den Sinn in diesem ganzen Fitness-Gehopse sehen. Ich benutze die Zeit, die ich habe, lieber zum Entspannen. Das ist doch auch gut für meine Gesundheit.

KLIENT: Na ja, ich hab schon etwas Gewicht angesetzt ...

THERAPEUT: Entschuldigung. Benutzen Sie „Du" anstelle von „Ich", wenn Sie zu mir sprechen. Versuchen Sie es noch einmal.

KLIENT: Du hast schon einige Kilos zugenommen im Laufe der letzten paar Jahre und entspannen wird Dir da auch nicht helfen.

THERAPEUT: Ich bin wirklich nicht so übergewichtig. Ich fühle mich ziemlich gut.

KLIENT: Aber denk' daran, dass der Arzt Dir gesagt hat, dass dein Blutdruck erhöht ist und dass man selten merkt, wenn man hohen Blutdruck hat. Mache ich das jetzt richtig?

THERAPEUT: Ja, das machen Sie prima! Machen Sie es mir aber nicht zu leicht. Lassen Sie mir nichts durchgehen. Man lebt schließlich nur einmal. Außerdem habe ich gehört, dass Sport einen nicht unbedingt länger leben lässt, es sieht nur so aus, als ob.

KLIENT: Unsinn! Du weißt genau, dass Du dich besser fühlen würdest, wenn Du nicht so übergewichtig wärst. Und etwas frische Luft zu bekommen, täte dir auch ganz gut.

Letztendlich erlaubt der Therapeut der Person, ihn davon zu überzeugen, dass es Gründe zur Besorgnis und für eine Veränderung gibt. Diese Intervention ist nicht bei jedem Patienten angebracht, aber sie kann eine ansprechende, ja sogar unterhaltsame Methode sein, die Ambivalenz zu externalisieren und zu erforschen. Gleichzeitig kann sie eine Menge an *change-talk* beim Patienten hervorrufen, da er die Notwendigkeit für Veränderung vertritt.

DAS DRAMA DER VERÄNDERUNG

Widerstand kann ein Schlüssel für eine erfolgreiche Behandlung sein, wenn Sie erkennen können, was Widerstand tatsächlich ist: eine Gelegenheit. Indem sie Widerstand ausdrückt, wiederholt die Person wahrscheinlich eine Rolle, die sie schon sehr oft gespielt hat. Es gibt auch eine Rolle, die von Ihnen als Therapeut erwartet wird, die auch schon vorher von anderen übernommen wurde. Ihre Aussagen sind vorhersehbar. Wenn Sie dieselben Aussagen machen wie bereits andere vor Ihnen, wird das Drehbuch zum gleichen Ende kommen wie zuvor.

Sie können Ihre Rolle jedoch umschreiben. Ihre Rolle muss nicht notwendigerweise die gleichen vorhersehbaren Aussagen enthalten, die Ihr Gesprächspartner schon erwartet. In gewisser Weise ist Therapie wie Improvisationstheater. Keine zwei Sitzungen sind exakt gleich. Wenn ein Schauspieler seine Rolle ändert, bewegt sich die ganze Handlung in eine neue Richtung.

Widerstand ist oft der lebendigste Teil des Schauspiels. Es ist oft die Stelle, an der Drama und Aufregung in die Handlung kommen. Widerstand als eine pathologische Charaktereigenschaft zu betrachten, ist ein trauriger Fehler. Bei Menschen steht Widerstand im Zentrum einer Veränderung. Er entspringt den Motiven und Bemühungen der Akteure. Es gibt Vorahnungen auf gewisse Endpunkte, auf die sich das Spiel hinbewegen kann oder auch nicht. Die wirkliche Kunstfertigkeit eines Therapeuten wird durch das Erkennen und den Umgang mit Widerstand auf die Probe gestellt. Auf dieser Bühne entfaltet sich das Drama der Veränderung.

9. Zuversicht aufbauen

Die bisherigen Darstellungen haben sich vor allem auf den Aspekt der Dringlichkeit einer Veränderung konzentriert, auf den Zustand, in der die Person ambivalent darüber ist, ob sie sich verändern will. Wie aber schon in Kapitel 1 besprochen, ist Dringlichkeit nur eine der drei Komponenten der Veränderungsmotivation, die sich in den Äußerungen einer Person widerspiegeln, und zwar die „Absicht" in „bereit, willens, und fähig". Eine Person kann zwar ein sehr starkes Bedürfnis (Absicht/Wille) nach einer Veränderung haben, jedoch trotzdem das Gefühl, dass dies für sie unerreichbar ist. Wir benutzen den Begriff „Zuversicht",[8] um zu beschreiben, inwieweit eine Person sich zu einer Veränderung fähig fühlt.

Im Allgemeinen sind Menschen so lange nicht zu einer Veränderung bereit, bis sie wahrnehmen, dass sie sich verändern wollen (Dringlichkeit) und diese Veränderung auch umsetzen können (Zuversicht). Wir möchten Griegs Pianokonzert spielen und würden es auch gerne tun, aber uns fehlt die Fähigkeit dazu. Dringlichkeit und Zuversicht sind Themen der Phase 1 und können sich in komplexer Weise gegenseitig beeinflussen. Manchmal zögern Menschen, die Dringlichkeit einer Veränderung in Betracht zu ziehen, wenn sie keine Möglichkeit für deren Umsetzung sehen. Wenn eine Veränderung nicht umsetzbar ist, ist es dann überhaupt wert, sie in Betracht zu ziehen? Oft scheint es umgekehrt zu sein. Die Dringlichkeit steigt zuerst und dann fängt die Person an, nach Möglichkeiten zu suchen, wie diese Veränderung erreicht werden kann. Egal wie die Reihenfolge ist, sowohl Dringlichkeit als auch Zuversicht müssen in ausreichender Stärke vorhanden sein, bevor man einen Veränderungsplan erstellen kann (Phase 2).

Verwendet man diese beiden Konzepte, Dringlichkeit und Zuversicht, dann gibt es, wie schon in Kapitel 6 besprochen, mehrere Gründe für eine geringe Veränderungsbereitschaft. Das dritte Element, die Bereitschaft, werden wir in Kapitel 10 behandeln.

---

8 Im Original: „Confidence", beinhaltet mehr als Zuversicht, ein grundsätzliches Gefühl von (Selbst-)Vertrauen (Anm. d. Übersetzers).

Man kann „unmotiviert" sein, weil:
Die Zuversicht hoch, aber die Dringlichkeit niedrig ist.
Die Dringlichkeit hoch, aber die Zuversicht niedrig ist.
Sowohl die Dringlichkeit als auch die Zuversicht niedrig sind.

Ist die Dringlichkeit niedrig, unabhängig davon, ob die Zuversicht hoch oder niedrig ist, empfehlen wir im Allgemeinen, zuerst an der wahrgenommenen Dringlichkeit einer Veränderung zu arbeiten, indem man Diskrepanz entwickelt. Sollte niedrige Zuversicht ein Hindernis für die Erhöhung der Dringlichkeit sein, wird das sehr schnell deutlich werden. Was ist aber mit einer Situation, in der die Dringlichkeit hoch (die Person will eine Veränderung) aber die Zuversicht niedrig ist? Wie kann motivierende Gesprächsführung in einem solchen Fall angewendet werden? Das ist der Fokus dieses Kapitels: die Zuversicht bzgl. einer Veränderung zu verstärken. Die Methoden, die hier beschrieben werden, können natürlich auch eingesetzt werden, wenn sowohl die Dringlichkeit als auch die Zuversicht niedrig sind. Zuversicht wird auch als ein Ambivalenzthema behandelt. Es ist unwahrscheinlich, dass sich eine Person absolut unfähig fühlt, sich zu verändern. Es gibt in der Person sicher sowohl Argumente dafür, zuversichtlich zu sein, dass sie sich ändern könnte, als auch Gründe, warum eine Veränderung nicht durchführbar ist. Die Argumente, zuversichtlich zu sein, will die motivierende Gesprächsführung hervorrufen und verstärken.

Eine weitere Klarstellung scheint angebracht. Die Ausführungen dieses Kapitels beziehen sich auf das Problem einer geringen Selbstwirksamkeit und nicht auf die eher allgemeinen Probleme mit dem Selbstvertrauen, wie man sie bei Depressionen, geringem Selbstwertgefühl und erlernter Hilflosigkeit findet. Die hier beschriebenen Methoden sind keine Heilmittel für diese allgemeinen Selbstvertrauensprobleme, dafür gibt es andere wirksame Behandlungsmethoden.

ZUVERSICHTSFALLEN

Genauso, wie man beim Einsatz der motivierenden Gesprächsführung zur Verstärkung der Wichtigkeit einer Veränderung bestimmte Fallen vermeiden muss, gibt es auch einige Fallen, die man beim Aufbau von Zuversicht beachten sollte.

9. Zuversicht aufbauen

„Jetzt bin ich an der Reihe"

Eine Versuchung besteht darin, den MI-Ansatz aufzugeben, sobald eine Person die Wichtigkeit einer Veränderung einzusehen scheint. „Das haben wir jetzt hinter uns und können endlich mit der richtigen Therapie beginnen". Die Haltung, die wir zum Aufbau von Zuversicht empfehlen, deckt sich mit dem Ansatz, den wir bei der Erhöhung der Wichtigkeit eingesetzt haben und der die Grundeinstellung der motivierenden Gesprächsführung ausmacht. Diese Vorgehensweise basiert auf Zusammenarbeit und baut auf den eigenen Ressourcen der Person auf. Wir werden weiterhin reflektieren und hervorrufen, anstatt vorzuschreiben. Die erste Falle ist demgemäß, einer geringen Zuversicht mit einer Vorgabe zu begegnen: „Hier ist, wie Sie das schaffen können". Sie sitzen in der Falle, wenn Sie die Verantwortung für die „Kann"-Seite des Zuversichtsproblems übernehmen und der Person die Argumentation für die „Kann-nicht"-Seite überlassen. Das soll nicht bedeuten, dass der Therapeut Ideen zurückhalten muss, sondern dass Vorgaben nicht die primäre Form der Erwiderung sind.

„Alles wird schon in Ordnung gehen"

Eine weitere mögliche Falle ist, das Zuversichtsthema als nicht wichtig genug zu erachten. Es ist unwahrscheinlich, dass eine einfache Aussage wie „Ich bin sicher, dass Sie das können" einen tatsächlich vorhandenen Mangel an Selbstwirksamkeit anspricht. Dies ist nur eine andere Art das „Kann"-Argument zu übernehmen und damit ein „Kann-Kann nicht"-Tauziehen einzuleiten.

Der Tanz der Hoffnungslosigkeit

Eine andere Falle besteht darin, die Selbstwahrnehmung der Person als hilflos und hoffnungslos zu übernehmen und darin blockiert zu werden. Wenigstens eine Person sollte optimistisch sein und sich aufs Problemlösen an Stelle von Verzweiflung konzentrieren. Natürlich gibt es Sachverhalte, die wirklich nicht verändert werden können und wir plädieren hier nicht für trügerischen Optimismus. Meistens jedoch sind Veränderungen möglich und Klienten müssen dazu befähigt werden, die Hoffnung vom Therapeuten zu übernehmen, bis sie ihre eigene Hoffnung aufbauen. Vertrauen Sie darauf, dass die Person über eigene innere Ressourcen und Kreativität verfügt, um eine Veränderung zu verfolgen.

HERVORRUFEN UND VERSTÄRKEN VON *CONFIDENCE-TALK*[9]

Offene Fragen

Eine Form von *change-talk*, die wir in Kapitel 3 beschrieben haben, steht in Verbindung mit der Fähigkeit, etwas zu verändern, in anderen Worten, mit der Selbstwirksamkeit. *Confidence-talk* ist eine Art von *change-talk*. Im Sinne der motivierenden Gesprächsführung kann man offene Fragen einsetzen, um die Ideen, Erfahrungen und Wahrnehmungen der Person, die ihre Veränderungsfähigkeiten unterstützen, hervorzurufen.

„Wie könnten Sie diese Veränderung umsetzen?"

„Was wäre ein erster Schritt?"

„Welche Hindernisse können Sie voraussehen und wie würden Sie mit diesen umgehen?"

„Was gibt Ihnen die Zuversicht, dass Sie dies tun können?"

Zuversichtsskala

Die Skala, die wir in Kapitel 6 vorgestellt haben, kann in ähnlicher Weise zum Hervorrufen von *confidence-talk* eingesetzt werden.

„Wie zuversichtlich sind Sie, das Sie ... erreichen können? Auf einer Skala von 0 bis 10, wobei 0 bedeutet, dass Sie gar nicht zuversichtlich sind und 10, dass Sie sehr zuversichtlich sind, wo befinden Sie sich da?"

---

9 Wir haben uns entschlossen, den Begriff confidence-talk nicht zu übersetzen, da – wie schon in einer früheren Fußnote beschrieben – der Begriff „Confidence" ein anderes Assoziationsfeld in Englischen hat als die direkte deutsche Übersetzung „Zuversicht". Es beinhaltet auch das Gefühl von Selbstvertrauen (Anm. d. Übersetzers).

9. ZUVERSICHT AUFBAUEN

0	1	2	3	4	5	6	7	8	9	10
gar nicht zuversichtlich										sehr zuversichtlich

Die gleichen weiterführenden Fragen wie in Kapitel 6 werden dann eingesetzt, um die Perspektiven der Person bezüglich ihrer Zuversicht zu entwickeln:

„Warum sind Sie bei ... und nicht bei 0?"

„Was wäre nötig, um Sie von ... auf ... zu bringen?"

Die Antworten auf diese Fragen sind *confidence-talk*. Wie schon vorher besprochen, sollten Sie es auf jeden Fall vermeiden, die Frage umgekehrt zu stellen: „Warum sind Sie bei ... und nicht bei 10?"

Frühere Erfolge besprechen

Eine weitere Möglichkeit, Zuversicht aufzubauen, besteht darin, frühere Erfolge der Person zu besprechen.

„In Ihrem Leben haben Sie sich sicher schon einmal entschieden, etwas zu tun und haben es dann auch erfolgreich umgesetzt. Wenn Sie zum Beispiel etwas Neues gelernt oder eine Gewohnheit verändert oder eine andere wichtige Umstellung in Ihrem Leben vorgenommen haben. Wann haben Sie so etwas schon einmal gemacht?"

Sie fragen danach, was die Person aufgrund eigener Entscheidung, ohne gezwungen worden zu sein, erfolgreich verändert hat und worauf sie besonders stolz ist. Versuchen Sie, mehrere Beispiele zu finden und besprechen Sie diese ausführlich. Welche Vorgehensweisen waren erfolgreich für diese Person? Wie genau bereitete sie sich für diese Veränderungen vor? Hier suchen Sie natürlich nach ganz bestimmten Fertigkeiten und Stärken dieser Person, die generalisiert und auf die jetzige Situation angewendet werden können. Geben Sie sich nicht mit der Frage „Wie haben Sie das gemacht?" zufrieden, sondern helfen Sie der Person, die Einzelheiten dieses erfolgreichen Veränderungsprozesses zu analysieren. Was tat die Person, um den Veränderungsprozess einzuleiten und aufrecht zu erhalten? Welche Hindernisse stellten sich in den Weg und wie wurden diese überwunden? Fragen Sie, worauf die Person den Erfolg zurückführt und ergründen Sie, welche Bedeutung das bezüglich der Ressourcen, Fertigkeiten und Stärken dieser Person hat. Denken Sie daran, dass die Person und nicht Sie die Argumente für Zuversicht bringen soll.

Persönliche Stärken und soziale Unterstützung

Ein anderer Weg, um *confidence-talk* hervorzurufen, besteht in einer eher allgemeinen Exploration persönlicher Stärken und Ressourcen, die in dem gewünschten Veränderungsprozess hilfreich sein könnten. Achten Sie hier eher auf positive Eigenschaften, die konstante Persönlichkeitszüge repräsentieren.

„Welche Stärken haben Sie, die Ihnen helfen können, diese Veränderung erfolgreich umzusetzen?"

Manchmal ist es notwendig, diesen Prozess mit Hilfe einer Liste positiver Eigenschaften, die Menschen bei Veränderungen helfen können, anzustoßen. Eine solche Liste ist im Kasten 9.1 aufgeführt. In dieser Liste kann so ziemlich jede Person einige Eigenschaften finden, die sie bei sich identifizieren kann.

Findet die Person eine solche Eigenschaft, bitten Sie um Ausführungen. Wie zeigt sich diese Eigenschaft? Fragen Sie nach Beispielen und reflektieren Sie diese.

Es kann auch hilfreich sein, Quellen für soziale Unterstützung bei einer Veränderung zu erforschen. Gibt es andere Menschen, welche die Veränderungsbemühungen der Person unterstützen würden? Wie würde diese Unterstützung aussehen? Wer käme sonst noch als Hilfe in Frage?

Brainstorming

Ein bewährter Ansatz für Problemlösung ist das „Brainstorming". Hier geht es darum, so viele Ideen wie möglich zu generieren, die bei einer Veränderung hilfreich sein könnten. Hierbei ist es besonders wichtig, diese Ideen kritiklos zu sammeln, egal wie unrealistisch oder unsinnig sie erscheinen mögen. Es geht darum, neue, kreative, ungewöhnliche Bahnen zu erschließen und über die gewünschte Veränderung nachzudenken. Sie können diesen Prozess unterstützen, die Ideen sollten jedoch hauptsächlich von der Person selbst kommen. Es ist sinnvoll, diesen Prozess schriftlich festzuhalten.

9. ZUVERSICHT AUFBAUEN

Kasten 9.1: Einige Charakteristika von Menschen, die mit Erfolg Veränderungen durchführten

akzeptierend	engagiert	flexibel	beharrlich	stur
aktiv	kompetent	konzentriert	ausdauernd	dankbar
anpassungsfähig	besorgt	vergebend	positiv	gründlich
verwegen	selbstsicher	vorwärtsschauend	kraftvoll	aufmerksam
herzlich	rücksichtsvoll	frei	andächtig	hart
bejahend	mutig	glücklich	schnell	vertrauensvoll
wachsam	kreativ	gesund	vernünftig	vertrauens-Würdig
lebhaft	entschieden	hoffnungsvoll	empfänglich	wahrheitsliebend
ehrgeizig	hingebungsvoll	einfallsreich	entspannt	verstehend
verankert	bestimmt	genial	zuverlässig	einzigartig
positiv	unnachgiebig	intelligent	einfallsreich	nicht zu bremsen
sicher	gewissenhaft	wissend	verantwortungsbewusst	tatkräftig
achtsam	tätig	liebend	sensibel	visionär
kühn	begierig	reif	geschickt	
tapfer	ernsthaft	offen	solide	bereit
gescheit	effektiv	optimistisch	*spiritu*ell	gewinnend
fähig	lebenserfahren	ordentlich	stabil	weise
vorsichtig	glaubwürdig	organisiert	ausgeglichen	würdig
vergnügt	furchtlos	geduldig	anständig	eifrig
schlau		scharfsichtig	stark	schwungvoll

Nachdem die Liste fertig ist, fragen Sie die Person, welche dieser Ideen annehmbar oder erfolgsversprechend erscheinen und warum. Vergessen Sie nicht, dass es hierbei vor allem um das Hervorrufen und Verstärken von *confidence-talk* geht.

Informationen und Ratschläge

Es ist natürlich nicht unbedingt notwendig, dass alle Ideen vom Klienten kommen. Es kann durchaus angebracht sein, Informationen und Ratschläge zu geben, um die Erfolgszuversicht zu erhöhen. Vermeiden Sie jedoch auch hier die Falle, so für die Veränderung zu plädieren, dass die Person gezwungen ist, die Gründe aufzuführen, weshalb es nicht funktionieren kann.

Manchmal bitten Klienten um Informationen und Ratschläge. Grundsätzlich werden Informationen und Ratschläge immer in der Grundhaltung der motivierenden Gesprächsführung angeboten. Das heißt, die Person sollte immer die Freiheit haben, diese Informationen und Ratschläge anzunehmen oder nicht, ohne sich dafür rechtfertigen zu müssen. Manchmal entsteht eine Situation, in der es angebracht ist, Informationen und Ratschläge zu erteilen. Dann sollte der Therapeut die Person um Erlaubnis bitten, bevor er Information oder Ratschlag erteilt. Dieses Thema wird in Kapitel 10 noch ausführlicher erörtert.

Umformulieren

Manchmal verstrickt sich eine Person in Schuldzuweisungen. Hier kann die Methode des Umformulierens, beziehungsweise den Fokus zu verschieben, hilfreich sein. Eine bekannte Form dieser Thematik ist die Aussage „Ich habe es schon so oft versucht und jedes Mal habe ich versagt". Grundsätzlich zielt diese Methode darauf ab, „Versagen" so umzuformulieren, dass es den Veränderungsprozess voranbringt, anstatt ihn abzublocken.

Man kann hier das Konzept des „Versuchens" zu Hilfe nehmen. Oftmals wird eine Person das Wort zur Beschreibung von Gründen für ein wahrgenommenes Scheitern benutzen (siehe oben). Es ist ein kleiner Schritt, „Versagen" in „Versuch" umzuformulieren. Im Rahmen der Besprechung dieser Erfahrungen hilft der Therapeut der Person, ihre bisherigen Anstrengungen als Schritte auf dem Weg zu einem Ziel hin zu definieren. Hierbei können Kenntnisse über Forschungsergebnisse bezüglich Verhaltensänderungen hilfreich sein. Zum Beispiel gelingt es Rauchern normalerweise nicht, das Rauchen beim ersten Versuch aufzugeben. Im Durchschnitt benötigen sie drei bis vier ernsthafte Versuche, bevor sie ihre Tabakabhängigkeit erfolgreich überwinden. Während ein „Versagen" schambehaftet ist, ist ein „Versuch" etwas Lobenswertes. Unternimmt jemand mehrere erfolglose Versuche, kann das bedeuten, dass er nur noch nicht den richtigen Ansatz gefunden hat. Selbst der gleiche Ansatz könnte in einem weiteren Versuch erfolgreich sein. „Versuchen Sie es später noch einmal" ist die Botschaft, die man oft erhält, wenn man versucht, auf das Internet zuzugreifen, aber der Server zur Zeit nicht zur Verfügung steht. Spieler sind dafür berüchtigt, dass sie immer wieder ihr Glück versuchen. „Versuchen" ist ein normaler und notwendiger Schritt auf dem Weg zum Gewinn, hier, einer erfolgreichen Veränderung.

Auch andere Umformulierungen können die Zuversicht fördern. Internes Attribuieren eines „Versagens", als durch innere, konstante Faktoren, wie etwa Unfähigkeit („ich kann das nicht") verursacht, können auch äußeren und veränderlichen Faktoren, wie Anstrengung oder Glück, zugeschrieben werden: „Die Zeit war noch nicht reif", „Ich habe mich damals nicht genug angestrengt", „Ich hatte einfach kein Glück". Hier kann man ruhig etwas von dem Spieler lernen: Vielleicht schaffe ich es ja beim nächsten Versuch.

„Angenommen, dass ..."

Oftmals sind Personen überwältigt von dem Umfang und der Komplexität, die eine Veränderung ihres abhängigen Verhaltens mit sich bringt. In solchen Situationen kann es hilfreich sein, die gegenwärtigen Schwierigkeiten einmal außer Acht zu lassen und sich einfach vorzustellen, dass die Veränderung bereits erfolgreich durchgeführt wurde. Von diesem hypothetischen, zukünftigen Standpunkt des Erfolges aus hält man dann Rückschau auf den Veränderungsprozess.

„Lassen Sie uns doch einfach einmal so tun, als ob diese Veränderung bereits geklappt hat und wir schauen auf den Weg zu diesem Erfolg zurück. Wie ist das geschehen? Was hat funktioniert?"

„Angenommen, dieses große Hindernis stünde Ihnen nicht ihm Weg. Wie würde die Veränderung weitergehen?"

Wie man auf confidence-talk reagiert

Durch alle hier beschriebenen Methoden zieht sich als roter Faden, dass die Person über Zuversicht reden soll, das heißt, warum und wie sie eine Veränderung erfolgreich erzielen kann. Vom Standpunkt der motivierenden Gesprächsführung aus ist es wichtig, dass die Person die Gründe hervorbringt, die für einen möglichen Erfolg sprechen. Wenn *confidence-talk* erscheint, ist es wichtig, sie zu verstärken und zu festigen. Da es sich hierbei um eine weitere Form von *change-talk* handelt, sind die gleichen Prinzipien, die schon in Kapitel 7 beschrieben wurden, einsetzbar.

Reflektierendes Zuhören ist dabei die zentrale Fertigkeit. Achten Sie auf Themen, Erfahrungen, Ideen und Wahrnehmungen, die auf Zuversicht hindeuten und reflektieren, beziehungsweise bestätigen Sie diese Aussagen, sobald sie auftreten und wiederholen Sie diese noch einmal in den gelegentlichen Zusammenfassungen.

Wenn *confidence-talk* auftritt, kann es von Nutzen sein, mögliche Schwierigkeiten und Herausforderungen anzusprechen und die Person nach Lösungen zu Fragen:

„Was könnten Sie tun, falls …?"

„Wie würden Sie darauf reagieren, wenn …?"

„Was glauben Sie würde geschehen, wenn …?"

Solche Fragen werden höchstwahrscheinlich mehr *change-talk* hervorrufen. Also, genau das Gegenteil von der Situation, in der ein Therapeut Lösungen vorschlägt und die Person deren Einschränkungen aufzeigt. Es ist nicht Ihre Rolle, *change-talk* der Person zu widerlegen, sondern weitere Gedanken und konkrete Lösungen anzuregen. So ist es auch angebracht, nach Beispielen und Ausführungen zu fragen.

Es ist nicht ungewöhnlich, auf Widerstandsverhalten zu stoßen, wenn das Thema Zuversicht besprochen wird, selbst wenn die Dringlichkeit einer Veränderung sehr hoch scheint. Dies geschieht meist dann, wenn eine Person die Seite der Ambivalenz einnimmt, die gegen eine Veränderung spricht. Obwohl die Inhalte dieses Widerstandsverhaltens auf die Fähigkeiten oder Möglichkeiten einer Veränderung bezogen sind, werden die gleichen Methoden, wie im vorher beschriebenen Kapitel eingesetzt. Der nicht konfrontierende Stil, der den MI-Umgang mit Widerstand auszeichnet, ist auch hier zentral.

9. ZUVERSICHT AUFBAUEN

Radikale Veränderung

Manche Personen befinden sich in sehr komplexen Lebenssituationen, in denen etliche Problembereiche miteinander verknüpft sind und für die es keine einfachen Lösungen gibt. Wenn zum Beispiel eine alleinerziehende Mutter gleichzeitig Probleme mit Arbeitsstelle, Wohnung, Schulden, Krankheit, Kinderbetreuung und Substanzabhängigkeit hat, ist es nicht verwunderlich, wenn Selbstwirksamkeit und Zuversicht gering sind. Nur einen dieser Problembereiche, zum Beispiel die Abhängigkeit, anzusprechen und alle anderen außer Acht zu lassen, erscheint ziemlich unrealistisch.

In solchen Situationen bietet die Erwägung einer radikalen Veränderung, die mehrere Problembereiche simultan anspricht, manchmal die einzige Möglichkeit, Zuversicht hinsichtlich einer positiven Zukunft zu eröffnen. Ohne die Komplexität zu unterschätzen, ist es möglich, eine solche radikale Veränderung zu besprechen. Anstatt bestimmte Aspekte einer einzelnen Verhaltensweise zu modifizieren, muss man hier die Veränderung im Gesamtbild durchdenken.

FALLBEISPIEL

Das folgende Fallbeispiel veranschaulicht die Vorgehensweise der motivierenden Gesprächsführung zur Förderung des Selbstvertrauens im Rahmen des gerade beschriebenen radikalen Veränderungs-Szenarios. Wir überlegten, ob eine so komplexe Situation vorteilhafter sei im Vergleich zu einer Selbstvertrauens-Situation, die sich auf nur eine Verhaltensweise bezieht und daher den Vorteil (oder den Nachteil) größerer Einfachheit darstellt. Die größere Komplexität erlaubt jedoch eine breitere Darstellung der verschiedenen Selbstvertrauen-aufbauenden Methoden. Das Gespräch beginnt, nachdem der Klient die vorangegangene Erforschung der Wichtigkeit einer Veränderung so präzise zusammengefasst hat, dass der Therapeut dies nicht zu tun braucht. Jetzt besteht die Herausforderung darin, das geringe Selbstvertrauen anzusprechen, bevor ein konkreter Veränderungsplan aufgestellt werden kann.

KLIENT: Ich kann diese Arbeit einfach nicht weiter ausführen. Sie ist zu gefährlich und am Ende wird sie mich umbringen. Ich muss auch an meiner Tochter denken. Ich will nicht, dass sie das Gleiche durchmachen muss wie ich. Als Mutter bin ich eine Katastrophe, die halbe Nacht unterwegs, fixen im Badezimmer, damit sie mich nicht sieht. Jetzt droht das Jugendamt, sie mir wegzunehmen und das nehme ich denen nicht mal übel. Ich kann so einfach nicht weitermachen.

Auf der Wichtigkeit Skala hatte die Klientin eine 9 angegeben.

THERAPEUT: Sie sind in einer verzweifelten Situation und aus der wollen Sie wirklich heraus.

KLIENT: Vor ein paar Tagen war ich nahe daran herauszukommen, in einem Sarg.

THERAPEUT: Sie wurden beinahe getötet.

KLIENT: Ich war dem öfter schon mal sehr nahe, aber diesmal hat es mir wirklich Angst gemacht. Ich hab Ihnen ja schon von dem Kerl erzählt.

THERAPEUT: Was ist denn dann der nächste Schritt? Wie kommen Sie da raus?

KLIENT: Das ist es ja gerade. Was kann ich machen?

Eine Einladung Lösungen anzubieten ...

THERAPEUT: Sie fühlen sich wie gefangen, ohne einen Ausweg.

... die der Therapeut einfach reflektiert.

KLIENT: Jawohl! Ich habe kein Geld. Ich bin auf Bewährung. Mein Zuhälter hat ständig ein Auge auf mich, verprügelt mich und nimmt mir die Drogen weg, wenn er denkt, dass ich etwas vor ihm zurückhalte. Wir wohnen in einer heruntergekommenen Bude. Was soll ich denn tun?

Man kann sich vorstellen was hier geschieht, wenn man Vorschläge macht oder Aufgaben vorgibt („Wie wäre es mit ...?")

THERAPEUT: Das ist genau die Frage, die sich Ihnen stellt. Sie wollen davon weg, aber wie können Sie so viele unglaubliche Hindernisse überwinden?

KLIENT: Ich sehe einfach keinen Ausweg. Sonst wäre ich schon lange weg.

THERAPEUT: Ich habe sicherlich keine Antworten für Sie, aber ich bin mir sehr sicher, dass Sie die Antworten haben, und dass wir diese zusammen herausfinden können.

KLIENT: Was meinen Sie damit?

THERAPEUT: Nun, zum einen ist es erstaunlich, wie lange Sie das ausgehalten haben. Ich finde es unglaublich, wie stark Sie sind, das alles mitgemacht zu haben und immer noch am Leben zu sein, ganz zu schweigen davon, dass Sie hier sitzen und mir schildern, wie Sie Ihr zukünftiges Leben gestalten wollen. Ich glaube nicht, dass ich das überlebt hätte, was Sie durchgemacht haben.

KLIENT: Man tut halt, was man tun muss.

THERAPEUT: Wie konnten Sie das alles durchstehen und dennoch soviel Liebe und Verständnis bewahren, nicht nur für Ihre Tochter, sondern auch für die anderen Frauen, die mit Ihnen arbeiten und auch für andere Leute? Wie machen Sie das?

KLIENT: Einfach einen Tag nach dem anderen, ganz wie man das so sagt. Ich weiß es nicht. Ich ziehe mich einfach völlig in mich zurück, auch wenn ich es einem Freier mache. Ich lasse mir nicht wehtun. Ich passe auf mich auf.

THERAPEUT: So, wie Sie sich Ihrer Tochter annehmen.

Wiederum reflektiert der Therapeut anstatt mit Antworten einzuspringen.

Selbstvertrauen etwa 1 oder 2.

Hoffnung spenden.

Eine authentische Bestätigung und Umformulierung.

Bestätigung und offene Frage.

KLIENT: Ich hoffe, ich kümmere mich besser um sie, als ich mich um mich selbst kümmere. Na ja, ich kümmere mich schon um mich selbst. Niemand anders tut das ja.

Verknüpfende Reflexion.

THERAPEUT: Die haben also diese erstaunliche innere Stärke, ein solides Zentrum, wo man Sie nicht verletzen kann.

KLIENT: Oder, wo ich mich nicht verletzen lasse.

THERAPEUT: Genau! Es ist nicht so, als würden sie nichts fühlen, denn das tun Sie ja. Sie haben einen Weg, sich die liebende Frau in Ihrem Innern zu bewahren, sie in Sicherheit zu halten. Sie sind also sicherlich stark. Wie würden Sie sich sonst noch beschreiben? Welche anderen Qualitäten, die Sie besitzen, haben Sie überleben lassen?

Nach persönlichen Stärken fragen.

KLIENT: Ich glaube, ich bin recht schlau. Das denken Sie sicher nicht, wenn Sie mich so ansehen, aber ich sehe genau, was um mich herum geschieht und ich verpasse nicht viel.

THERAPEUT: Sie sind eine starke und einfühlsame Frau und auch recht schlau. Was sonst noch?

Confidence-talk setzt ein.

KLIENT: Ich weiß nicht.

THERAPEUT: Was würde jemand anderes über Sie sagen, jemand der Sie gut kennt? Welche guten Eigenschaften, die Ihnen helfen würden, diese Veränderung umzusetzen, würden die in Ihnen sehen?

Eine sammelnde Zusammenfassung.

KLIENT: Hartnäckigkeit. Ich bin recht stur, wenn ich etwas will.

THERAPEUT: Nichts kann Sie aufhalten, wenn Sie sich erst einmal entschlossen haben.

KLIENT: Ich gebe nicht auf, wenn ich etwas will.

THERAPEUT: Stark, einfühlsam, schlau, hartnäckig. Das hört sich so an, als hätten Sie eine Menge von dem, was nötig ist, um schwierige Veränderungen umzusetzen. Sieh mal an! Geben Sie mir doch bitte ein Beispiel, wo Sie etwas wollten und dem auch nachgegangen sind.

KLIENT: Das wird Ihnen nicht gefallen.

THERAPEUT: Versuchen Sie es einmal.

Betrachten früherer Erfolge.

KLIENT: Letzte Woche ist mir der Stoff ausgegangen und ich wollte unbedingt was haben. Mein Zuhälter dachte, ich würde ihn betrügen, Geld zurückhalten und es ihm nicht sagen, und deshalb gab er mir nichts mehr. Es war Nachmittag und auf der Straße war nichts los. Da nahm ich meine Tochter und ging zur Autobahnauffahrt. Ich musste warten, bis mein Zuhälter zum Essen gegangen war. Ich schrieb auf ein Schild „Hungrig, Arbeite für Essen." In einer Stunde hatte ich genug, um Stoff zu bekommen und sogar extra, um uns Lebensmittel zu kaufen. Mein Zuhälter hat nie etwas davon erfahren.

THERAPEUT: Das ist ja eine ganze Menge. Sie mussten das Ganze sehr sorgfältig planen, aber Sie haben alles um sich herum so gut wahrgenommen, dass Sie es geschafft haben. Sie haben schnell nachgedacht und eine Lösung gefunden. Sie haben sich daran gemacht und sie umgesetzt. Wie haben Sie denn das Schild gemacht?

KLIENT: Die Pappe habe ich in einer Mülltonne gefunden und den Stift habe ich an einer Tankstelle ausgeliehen.

THERAPEUT: Das scheinen nur kleine unbedeutende Sachen zu sein, aber ich bin beeindruckt, wie schnell Sie dieses Problem gelöst haben. Es ist natürlich etwas traurig, dass all diese Kreativität darauf gerichtet war, Drogen zu beschaffen, aber es ist ein Beispiel, wie Sie diese erfolgreich einsetzen können, wenn Sie sich Mühe geben.

KLIENT: Das ist auch so eine Sache. Wie schaffe ich den Entzug? So ein Entzug ist die Hölle.

THERAPEUT: Sie haben das also schon einmal durchgemacht.

KLIENT: Sicherlich. Im Gefängnis, auf der Straße, sogar einmal in einer Klinik, aber das will ich nicht noch einmal mitmachen.

THERAPEUT: Erzählen Sie mir über die Klinik. Wann war das?

KLIENT: Letztes Jahr. Ich wurde sehr krank und man brachte mich zur Notaufnahme und von dort verlegte man mich zur Entgiftung. Ich blieb etwa fünf Tage, aber danach habe ich gleich wieder gefixt.

THERAPEUT: Wie war die Entgiftung für Sie?

KLIENT: Es war in Ordnung. Die Leute waren recht nett zu mir und gaben mir Medikamente, damit es nicht zu schlimm war. Sobald ich jedoch wieder auf der Straße war, wollte ich einen Fix.

THERAPEUT: Es war ihnen also möglich, es wenigstens durch den Entzug zu schaffen. Das Problem erschien, als sie wieder draußen waren. Lassen Sie mich Folgendes fragen: Stellen Sie sich vor, dass Sie von der Straße weg sind, wie ein Wunder. Sie haben den Entzug hinter sich, sind von der Straße weg, außerhalb der Reichweite Ihres Zuhälters, ganz woanders. Sorgen Sie sich im Moment nicht darüber, wie Sie dahin gekommen sind, darum kümmern wir uns später, aber Sie sind jetzt frei. Nur Sie und Ihre Tochter. Was würden Sie tun? Welche Art von Leben würden Sie wählen?

9. Zuversicht aufbauen

KLIENT: Ich brauche eine vernünftige Arbeit. Vielleicht eine Ausbildung und dann eine gute Arbeitsstelle. Ich würde gerne aus der Stadt raus und in einem kleinen Ort auf dem Land leben.

„Was wäre, wenn …?"

THERAPEUT: Ein kompletter Szenenwechsel.

Change-talk.

KLIENT: Das ist notwendig.

THERAPEUT: Und das können Sie sich vorstellen, ein neues Leben mit Ihrer Tochter irgendwo anders.

KLIENT: Vorstellen kann ich mir das, aber wie komme ich dorthin?

THERAPEUT: Das ist eine so große Veränderung mit so vielen Hindernissen, dass Sie gar nicht wissen, wie Sie das umsetzen können.

KLIENT: Ich weiß nicht. Ich könnte es wohl tun. Ich habe seit längerer Zeit einfach nicht mehr darüber nachgedacht.

THERAPEUT: Vielleicht könnten Sie, unter Umständen, mit all Ihrer Stärke, Klugheit, Kreativität und Hartnäckigkeit einen Weg finden, das umzusetzen. Das ist es, was Sie wollen, nicht wahr?

Selbstbewusstsein 3 oder 4?

KLIENT: Ja, das wäre toll, von der Straße wegzukommen.

THERAPEUT: Ist das nur eine Fantasie oder denken Sie, dass Sie das tatsächlich umsetzen können?

KLIENT: Es erscheint unrealistisch, jedenfalls für mich.

THERAPEUT: Für Sie. Aber es wäre möglich für ...

KLIENT: Ich vermute, ich dachte an meine Tochter. Oder vielleicht an eine von den Frauen, die ich kenne, aber dann denke ich, dass ich genauso eine gute Chance hätte wie sie.

THERAPEUT: Gut! Sie können sich das vorstellen, genauso wie andere sich das vorstellen können. Lassen Sie mich noch etwas fragen, bevor wir ins Detail gehen. Was wäre notwendig, um von der Straße wegzukommen und an diesen Ort zu gelangen. Lassen Sie uns kreativ denken. Lassen Sie uns für alle möglichen Wege offen sein. Sie können absolut unrealistisch oder unwahrscheinlich sein, ganz egal. Wir wollen so viele Ideen wie möglich. Okay?

KLIENT: In Ordnung, warum nicht.

THERAPEUT: Also, wie könnte das geschehen?

Einführung der Idee des Brainstorming.

KLIENT: Ich könnte einen reichen Mann finden, wie die Frau in dem Film „Pretty Woman".

THERAPEUT: Okay, gut. Das ist eine Idee. Was sonst noch?

KLIENT: Es könnte ein Wunder geschehen. (Lacht)

THERAPEUT: Richtig. Ein Wunder, bitte. Was sonst noch?

KLIENT: Ich könnte meine Mutter bitten, mir wieder mal aus der Patsche zu helfen. Falls sie mir glaubt, dass ich es diesmal ernst meine, hilft sie mir vielleicht.

THERAPEUT: Ihre Mutter könnte Ihnen vielleicht mit Geld dabei helfen, hier wegzukommen.

KLIENT: Die macht sich auch Sorgen um ihre Enkelin, das weiß ich. Wir könnten vielleicht sogar eine Zeit lang bei ihr wohnen, aber ich weiß nicht, ob sie mir jemals wieder trauen kann.

Change-talk erscheint allmählich im Verlauf dieses zehnminütigen Ausschnittes und sogar die Anfänge eines möglichen Veränderungsplans. Anstatt gleich darüber zu reden, wie diese Frau, deren Dringlichkeit einer Veränderung hoch, deren Selbstvertrauen jedoch gering ist, ihre Vorstellungen umsetzen kann, verbringt der Therapeut einige Zeit damit, mehr Selbstvertrauen in ihre Fähigkeiten aufzubauen. Dies öffnet den Weg für die spätere Entwicklung eines konkreten Veränderungsplans und einer Selbstverpflichtung zu dessen Umsetzung.

ZUSAMMENFASSUNG

Unser Ansatz zum Aufbau von Zuversicht unterscheidet sich von den traditionellen Strategien des Ratgebens und des Vermittelns von Fertigkeiten. Obwohl diese Strategien nicht unvereinbar mit MI sind, vertrauen wir eher in den Einfallsreichtum unserer Patienten. Für uns ist Zuversicht nicht etwas, das der Person aufgepfropft wird, sondern etwas, das aus ihr durch das Ausdrücken ihrer eigenen Ideen und Vorstellungen hervorgerufen wird. Die Methoden, dies zu erreichen, sind grundsätzlich dieselben, die schon in früheren Kapiteln zum Hervorrufen von *change-talk* vorgestellt wurden, obwohl gegebenenfalls einige Anpassungen und Adaptionen notwendig sind. Hoffnung und Zuversicht hinsichtlich einer Veränderung aufzubauen, ist ein partnerschaftlicher Prozess, an dem teilzunehmen ein Privileg für einen Therapeuten ist.

10. Phase 2: Die Selbstverpflichtung für Veränderungen verstärken

BEREITSCHAFT ERKENNEN

Die erste Phase der motivierenden Gesprächsführung konzentriert sich auf den Aufbau intrinsischer Motivation für eine Veränderung. Bei manchen Personen dauert das länger als bei anderen. Einige kommen zu den Sitzungen ohne irgendwelche oder wenige Überlegungen bzgl. der Notwendigkeit einer Veränderung. Andere sind fest in ihrer Ambivalenz gefangen, während andere wiederum ihre Entschlossenheit für eine Veränderung bekunden und nur noch relativ wenig Motivationsaufbau benötigen.

Früher oder später erreicht man den Zeitpunkt, an dem der Fokus der Behandlung vom Wichtigkeits- und Zuversichts-Aufbau (Phase 1) zur Verstärkung der Selbstverpflichtung (Phase 2) wechselt. Es ist charakteristisch für diese Übergangsstelle, dass die Person willens und fähig zu einer Veränderung ist und sich am Rande der Bereitschaft befindet. Verkäufer kennen einen vergleichbaren Zeitpunkt im Verkaufsprozess: wenn der Kunde sich innerlich entschieden hat, den Kauf zu tätigen und der Verkäufer nun seine Strategie ändert, um den Verkauf abzuschließen. Ein sehr bekannter Verkaufstrainer erklärte uns, dass dies eine äußerst kritische Phase des Verkaufsprozesses darstellt, und dass es die Hauptaufgabe an diesem Punkt ist, der Person zu helfen, die Entscheidung zu festigen und zu rechtfertigen. Diesen Zeitpunkt genau zu erkennen und zu wissen, wann die Strategien geändert werden müssen, unterscheidet die erfolgreichen von den weniger erfolgreichen Verkäufern.

Machen Sie sich darüber jedoch nicht zu viele Gedanken. Wir bezweifeln, dass es in den meisten Fällen einen exakten oder idealen Moment für diesen Übergang von Phase 1 zu Phase 2 gibt. Wir glauben jedoch, dass es, wenn eine Person diesen Punkt der Bereitschaft erreicht hat, ein gewisses Zeitfenster gibt, in dem die Veränderung eingeleitet werden sollte. Wie lange dieses Zeitfenster geöffnet bleibt, kann sehr unterschiedlich sein, aber die Erkenntnis einer wichtigen Diskrepanz ist emotional zu unangenehm, um sie lange zu ertragen. Falls die Veränderung dann nicht eingeleitet wird, ist es wahrscheinlich, dass die Person anfangen wird, kognitive Abwehrmechanismen einzusetzen, um dieses Unbehagen zu vermindern, zum Beispiel durch Rationalisieren, Bagatellisieren, Verleugnen, Verdrängung, Projektion, usw. Es ist wichtig, zu erkennen, wann diese Tür offen ist, so dass Sie der Person helfen können, durch diese Tür zu treten. Und sorgen Sie dafür, dass sich diese Tür im Erdgeschoss befindet.

Was sind die Anzeichen für eine solche offene Tür? Hier fehlen uns noch ausreichende Erkenntnisse aus der Forschung. Zur Zeit können wir nur einige Hinweise anbieten, die wir angewendet haben, um diesen Übergang von Phase 1 zu Phase 2 zu erkennen (siehe Kasten 10.1). Nicht alle dieser Merkmale werden in jedem oder in den häufigsten Fällen auftreten, aber sie stellen einige der Indikatoren einer Bereitschaft für Veränderung dar.

Sind solche Anzeichen für Bereitschaft vorhanden, dann mag es an der Zeit sein, den Fokus auf die Verstärkung der Selbstverpflichtung zu richten. Dieser Prozess kann sogar dann hilfreich sein, wenn man zu Beginn der Behandlung den Eindruck hat, dass die Person schon eine Entscheidung für eine Veränderung getroffen hat.

Erwarten Sie keine magischen Momente im Sinne eines „Jetzt geht mir ein Licht auf!"-Erlebnisses. Diese geschehen meist außerhalb der Sitzungen. Typischerweise erscheinen die Zeichen einer Bereitschaft zur Veränderung eher allmählich und subtil.

Dies ist meist ein recht erfreulicher Teil des Therapieprozesses. Phase 1 ist oft wie ein harter langsamer Aufstieg in tiefem Schnee zu einem Gipfel. Nachdem diese schwere Arbeit geleistet ist, entwickelt sich Phase 2 oft wie die Abfahrt auf der anderen Seite des Berges. Natürlich gibt es auch Gefahren bei dieser Abfahrt und wir werden einige von diesen ansprechen. Nichtsdestotrotz entwickelt sich diese Phase meist schneller und angenehmer. Ein gewisses Gefühl der Kameradschaft mit der Person entsteht, vergleichbar dem Gefühl, neben jemandem im Sessellift zu sitzen, die verschiedenen Abfahrten zu überschauen und zu entscheiden, welchen Weg man nehmen wird, um dann gemeinsam die Abfahrt anzutreten.

Die Hauptaufgabe am Gipfel ist es, die Person davon zu überzeugen, mit Ihnen die andere Seite herunter zu fahren, anstatt auf dem Gipfel auszuharren und sich am Ende zu entscheiden, den gleichen Weg wieder zurückzugehen. Haben Sie Phase 2 erreicht, ist der schwierigste Teil der Arbeit in der motivierenden Gesprächsführung getan. Die Person sollte nun ihre Skier anschnallen, die entsprechende Abfahrt wählen, sich entscheiden, die Abfahrt zu beginnen und dann die Abfahrt genießen, wobei man natürlich steinerne Hügel und Abgründe vermeiden muss. Der Therapeut kann diesen Prozess begleiten oder die Person könnte sich auch entscheiden, dies alleine anzugehen.

Kasten 10.1: Anzeichen für Veränderungsbereitschaft

(1) Nachlassender Widerstand. Die Klienten beenden das Argumentieren, Unterbrechen oder Verleugnen.

(2) Weniger Fragen zur Problematik. Die Klienten haben anscheinend genügend Informationen zu ihren Problemen und stellen keine Fragen mehr.

(3) Entschluss. Die Klienten haben offensichtlich einen Entschluss gefasst und wirken ruhiger, friedvoller, entspannter und/oder entlasteter. Diese Entwicklung tritt manchmal dann ein, wenn sie gerade eine Phase der Trauer und des Schmerzes durchlebt haben.

(4) Selbstmotivierende Äußerungen. Die Klienten erkennen ein Problem („Ich schätze, das ist ernst."), sind offen für Veränderungen („Ich müsste etwas tun."), sind besorgt („Das beunruhigt mich.") oder voller Optimismus („Ich werde das schaffen!").

(5) Häufige Fragen zur Veränderung. Die Klienten fragen, was sie gegen dieses Problem tun könnten, oder was andere Menschen dagegen tun.

(6) Zukunftsphantasien, Ausblicke. Die Klienten sprechen darüber, wie das Leben nach einer Veränderung aussehen könnte, welche Schwierigkeiten auf sie zukommen könnten oder welche Vorteile eine Veränderung hätte.

(7) Experimente. Wenn die Klienten zwischen den Beratungssitzungen Zeit haben, machen sie erste Versuche mit Veränderungen, gehen zum Beispiel zu Treffen von Selbsthilfegruppen, trinken einige Tage gar nichts oder lesen ein Selbsthilfebuch o.ä.

10. Phase 2: Die Selbstverpflichtung für Veränderungen verstärken

Gefahren in Phase 2

Es gibt sicherlich einige Gefahren, die man auf den Abfahrten der Phase 2 beachten sollte. Hier drei Beispiele:

Unterschätzen der Ambivalenz

Zeigt die Person Zeichen einer Bereitschaft zu einer Veränderung (siehe Kasten 10.1), ist man oft versucht, anzunehmen, dass die Entscheidung gefallen ist und man nur noch den Berg herunterfahren muss. Dabei verwechselt man den Prozess, eine Selbstverpflichtung zu verstärken mit einer „Jetzt ist mir ein Licht aufgegangen!"-Entscheidung. Die meisten Entscheidungen für eine Veränderung werden nicht plötzlich getroffen und auch nicht ein für alle Mal. Oft beginnen Menschen, Veränderungen umzusetzen, obwohl noch ein gutes Maß an Ambivalenz vorhanden ist. Sie machen erste zögernde Schritte über den Gipfel des Berges, immer noch unsicher, welchen Weg sie nehmen wollen. Wenn sie die Abfahrt betrachten, fangen sie an, zu überlegen, ob sie auch wirklich dort herunterfahren wollen. Manchmal scheint es so, als seien sie schon recht weit auf dem Weg, wenn sie sich plötzlich umdrehen und zurückgehen. Es besteht also ein nicht zu unterschätzendes Risiko, bei den ersten Anzeichen einer Tendenz in Richtung einer Veränderung übereifrig zu werden. Um wieder auf unsere Skimetapher zurückzugreifen, handelt es sich hier um einen zögernden Schüler, der jetzt endlich genug Mut aufgebracht hat, auf den Gipfel zu klettern, um dort dann vom Skilehrer mit der scheinbar steilsten und Angst einflößendsten Abfahrt konfrontiert zu werden. Der gleiche Ansatz und die Sorgfalt, die in Phase 1 angewandt wurden, sollten auch in Phase 2 eingesetzt werden und eigentlich während des ganzen Therapieprozesses. Die Ambivalenz verschwindet nicht alleine deshalb, weil der Veränderungsprozess begonnen hat.

Zu starke Anweisung

Eine weitere Gefahr in Phase 2 besteht darin, einen Plan zu verordnen, der für die Person unakzeptabel ist. Es besteht die Tendenz, zu sagen, „Da Sie nun zu einer Veränderung bereit sind, sage ich Ihnen, was Sie tun müssen". Dies verletzt die partnerschaftliche Grundeinstellung der motivierenden Gesprächsführung und riskiert, den ganzen bisherigen

Erfolg zunichte zu machen. Es macht keinen Sinn, die Motivation einer Person vorsichtig hervorzurufen, um dann einen unakzeptablen Veränderungsplan anzubieten. Manchmal gibt es sogar schon Schwierigkeiten, wenn man einen Vorschlag macht, der relativ einfach erscheint. Die Person erwidert, „Ja, aber das wird nicht funktionieren, weil ..." und nimmt dann die passive Rolle eines Konsumenten ein, der darauf wartet, dass ihm Lösungen vorgegeben werden. Dies ist eine weitere Form der Expertenfalle. Das Augenmerk auf die persönliche Verantwortung und die Wahlfreiheit zu legen, das die Phase 1 auszeichnet, erstreckt sich auch auf die Verhandlung der Veränderungsstrategien in Phase 2.

Ungenügende Hilfestellung

Auf der anderen Seite gibt es auch das Risiko, einer Person zu wenig Hilfe anzubieten. Die Frage „Was kann ich tun?" wird in Phase 2 besser durch ein Angebot an verschiedenen Alternativen als durch einfaches Reflektieren beantwortet. Wird eine gänzlich non-direktive Vorgehensweise in Phase 2 eingesetzt, kann die Person ins Schleudern geraten. Stellen Sie sich einen Skianfänger vor, der eine herausfordernde Abfahrt herunterfährt und um Instruktionen bittet, während der Skilehrer reflektiert, „Sie fragen sich jetzt, was Sie als Nächstes tun sollen". Die Methoden in diesem Kapitel helfen Ihnen, einen Weg zwischen den beiden Extremen zu starker Anweisung und ungenügender Hilfestellung zu finden. Ziel ist es, die intrinsische Motivation in einen auszuhandelnden brauchbaren Veränderungsplan einfließen zu lassen und die Selbstverpflichtung der Person zu stärken, diesen Plan umzusetzen.

EINLEITUNG DER PHASE 2

Zusammenfassen

Ein guter erster Schritt, um den Übergang zu Phase 2 einzuleiten, besteht darin, noch einmal die gegenwärtige Situation der Person zusammenzufassen, so wie sie sich in den bisherigen Gesprächen dargestellt hat. Das soll dazu dienen, die Phase 1 zu einem Abschluss zu bringen. Die Länge dieser Zusammenfassung ist natürlich von der Komplexität der Situation dieser Person abhängig. Es ist generell angebracht, dass

10. Phase 2: Die Selbstverpflichtung für Veränderungen verstärken

Sie diese überleitende Zusammenfassung als den Versuch einer Rekapitulation des bisher Gesagten ankündigen mit dem Ziel der Erwägung dessen, was als Nächstes geschehen soll. Diese Zusammenfassung könnte die folgenden Elemente enthalten:

1. Eine Zusammenfassung der Probleme der Person in der *change-talk*, die sie benutzt hat.

2. Eine Zusammenfassung der Ambivalenz der Person inklusive einer Anerkennung der positiven Argumente für die Aufrechterhaltung des Status Quo.

3. Eine Übersicht über die objektiven Gründe, die für die Wichtigkeit einer Veränderung sprechen.

4. Eine Wiederholung der Wünsche, Vorstellungen, Gründe und Pläne für eine Veränderung, die von der Person genannt wurden, sowie ihr *confidence-talk*.

5. Ihre eigene Einschätzung der Situation, besonders der Aspekte, die mit denen der Person übereinstimmen.

Sinn dieser Zusammenfassung ist es, so viele Gründe wie möglich für eine Veränderung zusammenzufassen, während gleichzeitig die Ambivalenz oder das Zögern der Person anerkannt werden. Diese Rekapitulation dient als letzte Vorbereitung für den Übergang zur Selbstverpflichtung und leitet direkt zur Schlüsselfrage über.

Schlüsselfragen

Schlüsselfragen sind immer offene Fragen. Sie können niemals mit einem einfachen „Ja" oder „Nein" beantwortet werden. Ihr Zweck ist es, die Person anzuregen über die Veränderung nachzudenken und darüber zu reden. Grundgedanke dieser Fragen ist immer: Was ist der nächste Schritt? Obwohl die erste Schlüsselfrage normalerweise der Rekapitulation folgt, können Schlüsselfragen auch öfters im Verlauf der Phase 2 eingesetzt werden. Es gibt natürlich sehr viele Variationen; hier jedoch einige Beispiele für Schlüsselfragen:

„Was glauben Sie, werden Sie tun?"

„Was denken Sie jetzt über …?"

„Welche Veränderungen möchten Sie vornehmen?"

„Nachdem wir all dies noch einmal betrachtet haben, was ist der nächste Schritt für Sie?"

„Was könnten Sie jetzt tun?"

„Was sind Ihre Möglichkeiten?"

„Welche von den Dingen, die wir besprochen haben, sind für Sie die wichtigsten?"

„Was geschieht als Nächstes?"

„Wie soll es weitergehen?"

Die Antworten der Person auf diese Schlüsselfragen werden natürlich, wie gewohnt, reflektiert. Dies dient dazu, die Vorstellungen und Pläne der Person zu klären und eine weitere Exploration anzuregen. Reflexionen können natürlich selektiv eingesetzt werden, um *change-talk* zu verstärken und den Widerstand zu verringern. Persönliche Verantwortung, Autonomie und Wahlfreiheit werden durch diesen Prozess verstärkt. Hüten Sie sich jedoch davor, zu sehr auf Problemlösungen zu fokussieren. Die Methoden der früheren Kapitel können auch sehr hilfreich in Phase 2 sein.

Informationen und Ratschläge

Weil die motivierende Gesprächsführung aus der klientenzentrierten Therapie stammt, wird oft angenommen, es sei unvereinbar mit MI, Informationen zu geben und Ratschläge anzubieten. Es ist jedoch durchaus möglich und angebracht, seine Expertise als Therapeut unter Rücksichtnahme auf die Grundeinstellung von MI einzubringen. Es ist der Kontext, in dem solche Informationen und Ratschläge angeboten werden, der die Übereinstimmung mit dem MI-Ansatz bestimmt.

Dies soll jedoch kein Freibrief sein, therapeutische Informationen und Ratschläge auszuteilen, sobald sie einem in den Sinn kommen. Es gibt zwei Umstände in der motivierenden Gesprächsführung, unter denen therapeutische Ratschläge angeboten werden: wenn die Person danach fragt oder nachdem sie die Erlaubnis dafür erteilt hat. Stellen Sie sich die folgenden Fragen, bevor Sie Ratschläge oder Informationen anbieten:

10. Phase 2: Die Selbstverpflichtung für Veränderungen verstärken

„Habe ich die eigenen Ideen oder das eigene Wissen der Person zu diesem Thema schon hervorgerufen?"

und

„Ist was ich sagen will wichtig für die Sicherheit der Person oder wird es die Motivation zu einer Veränderung erhöhen?"

Wenn die Antwort zu diesen beiden Fragen „Ja" ist, fahren Sie, mit der Erlaubnis der Person, fort.
Was stellt dann eine Erlaubnis dar? Es ist im Grunde genommen eine Anerkennung der Freiheit der Person, Ihren Ratschlag anzunehmen oder auch nicht. Es gibt direkte und indirekte Möglichkeiten, diese Erlaubnis einzuholen. Hier einige Beispiele für direkte Methoden:

„Wäre es in Ordnung, wenn ich meine Bedenken zu Ihrem Vorschlag äußere?"

„Ich habe eine Idee, die hier zutreffen könnte. Möchten Sie diese Idee hören?"

„Ich glaube, ich verstehe Ihren Standpunkt dazu. Wäre es in Ordnung, wenn ich Ihnen meine Gedanken dazu mitteile?"

„Ich weiß nicht, ob dies für Sie relevant sein könnte, aber dürfte ich Ihnen sagen, was mir dazu in den Sinn kommt?"

„Es gibt da einige Punkte, die hier von Bedeutung sein könnten. Vielleicht kennen Sie diese auch schon. Aber um sicher zu sein, wäre es in Ordnung, wenn ich diese anspreche?"

In dieser Weise um Erlaubnis zu fragen, erkennt die Autonomie der Person an und macht es für sie einfacher, zu hören und zu erwägen, was der Therapeut zu sagen hat. Klienten werden Ihnen fast immer die Erlaubnis erteilen, fortzufahren. Das Wichtige bei diesem Einholen einer Erlaubnis ist jedoch, was es kommuniziert: Respekt, Wahlfreiheit und Zusammenarbeit.
Die indirekten Formen, nach Erlaubnis zu fragen, sehen etwas anders aus. Hierbei wird nicht nach einer direkten Erlaubnis vom Klienten gefragt, sondern die Wahlfreiheit der Person, zuzuhören oder den Ratschlag anzunehmen, wird impliziert:

„Ich weiß nicht, ob das für Sie funktionieren könnte, aber ich könnte Ihnen erzählen, was andere Leute in Ihrer Situation getan haben."

„Das mag für Sie sinnvoll sein oder auch nicht, vielleicht könnte es eine Alternative darstellen, aber das müssen Sie selbst entscheiden."

„Ich könnte Ihnen einen Vorschlag machen, aber ich glaube, Sie müssten das schon selbst ausprobieren, um zu sehen, ob das auch für Sie funktioniert."

„Natürlich kann ich Ihnen nur meine Meinung sagen. Sie müssen dann selbst für sich herausfinden, ob das für Sie umsetzbar ist."

In Phase 2 bitten Personen oft um Informationen oder Vorschläge. Es ist durchaus angebracht, unter solchen Umständen Ihren besten Ratschlag anzubieten. Es ist jedoch sehr wichtig, sich davor zu hüten in das „Ja, aber ..."-Muster zu fallen, das letztendlich nur eine Variation der „Partei ergreifen"-Falle ist. Der Therapeut macht einen Vorschlag und die Person erwidert dann, was falsch daran ist oder warum es nicht funktionieren wird. Nach einigen Runden dieses Schemas kann sich ein sehr ungünstiges Muster etablieren.

Es gibt etliche Möglichkeiten, sich davor zu schützen. Erst einmal, seien Sie nicht zu eifrig beim Anbieten von Ratschlägen. Warten Sie auf eine direkte Bitte um Informationen. Zögern Sie eher, Ratschläge anzubieten und versuchen Sie, zusätzliche Ideen oder aber eine eindeutigere Bitte um Informationen bei der Person hervorzurufen:

„Ich bin gerne bereit, Ihnen einige Ideen anzubieten, ich möchte jedoch nicht Ihren eigenen kreativen Einfällen im Weg stehen und letztendlich sind Sie der Experte in Ihrer eigenen Situation. Vielleicht haben Sie ja noch einige andere Vorstellungen davon, was Sie da tun könnten?"

„Natürlich kann ich Ihnen sagen, was mir dazu einfällt, wenn Sie das wirklich hören wollen. Ich möchte jedoch nicht, dass Sie das Gefühl bekommen, dass ich Ihnen sage, was Sie zu tun haben. Ist meine Meinung wirklich so wichtig für Sie?"

Eine andere Möglichkeit besteht darin, nicht eine, sondern gleich mehrere Möglichkeiten anzubieten. Es gibt Forschungsergebnisse, die zeigen, dass Personen, die aus einer Liste von Möglichkeiten aussuchen konnten, was sie tun wollten, sich eher daran halten und auch erfolgreicher waren. Außerdem umgeht man die „Ja, aber ..."-Falle, in der die Person einen Vorschlag nach dem andern ablehnt:

„Es gibt natürlich keinen Weg, der für jeden funktioniert. Ich kann Ihnen einige Möglichkeiten aufzeigen, die für andere Menschen erfolgreich waren und Sie könnten sich überlegen, welche davon für Sie in Frage kommen kann."

„Ich kann Ihnen einige Optionen darlegen und Sie sagen mir, welche davon für Sie Sinn machen."

Man kann natürlich das Gespräch so gestalten, dass die Person nach weiteren Informationen oder Ratschlägen fragt. Das kann zum Beispiel am Ende einer Zusammenfassung erfolgen:

„Wir haben also noch einmal zusammengefasst, was wir besprochen haben und es ist offensichtlich, dass Sie sich sehr viele Gedanken darüber gemacht haben. Haben Sie noch Fragen oder Dinge die Ihnen unklar sind?"

Dies könnte Bitten nach zusätzlichen Informationen hervorrufen. Falls Sie nach etwas gefragt werden, das Sie nicht wissen, sagen Sie ruhig, dass Sie es nicht wissen, aber sich um eine Antwort bemühen werden. Natürlich schaltet man seinen gesunden Menschenverstand nicht aus. Sieht man, dass die Person sich mit Vollgas auf eine gefährliche Abfahrt begibt und schnurstracks auf einen Baum zurast, kann die freundliche Zurückhaltung, die die Grundhaltung der motivierenden Gesprächsführung ist, auch mal vorübergehend verlassen werden.

Einen Veränderungsplan aushandeln

Aus den Antworten der Person auf Schlüsselfragen sowie den Informationen und Ratschlägen, die Sie beitragen, kann ein Veränderungsplan entstehen. Die Entwicklung dieses Plans ist ein Prozess gemeinsamer Entscheidungen und Verhandlungen, der das Bestimmen von Zielen, das Erwägen von Veränderungsmöglichkeiten, die Erstellung eines Veränderungsplans sowie das Hervorrufen von Selbstverpflichtung beinhaltet.

1. Ziele setzen

Motivation wird durch den Unterschied zwischen den Zielen einer Person (Sollzustand) und ihrer gegenwärtigen Selbstwahrnehmung (Istzustand) angetrieben. Um eine Veränderung einzuleiten, ist deshalb ein erster Schritt, klare Ziele zu haben, die man erreichen will. Diesbezügliche Schlüsselfragen könnten folgendermaßen lauten:

„Wie hätten Sie es denn gerne?"

„Was möchten Sie denn verändern?"

„Wenn Sie erreicht hätten, was Sie wollen, was wäre dann anders?"

„Was denken Sie, könnte ein erster Schritt sein?"

Dies bringt uns zu der Situation, in der die Ziele der Person nicht mit unseren Zielen übereinstimmen. Es könnte zum Beispiel sein, dass Sie sich wünschen, dass diese Person für immer dem Konsum von Alkohol oder anderen Drogen abschwört, während die Person selbst eher daran interessiert ist, ihre Ehekonflikte zu lösen und den Konsum nur zu vermindern. Wie sollten Sie sich in dieser Situation verhalten?

Tatsache ist, dass Sie Ihre eigenen Ziele einer anderen Person nicht aufzwingen können. Es ist wahrscheinlich, dass Ihre Ziele eher geringe Relevanz für Ihre Klienten haben. Sie können Ihren besten Rat anbieten, aber die Person hat immer die Freiheit, diesen anzunehmen oder abzulehnen. Weiteres Argumentieren oder auf Ihren Vorschlag zu bestehen, wird eher Widerstand als Zustimmung hervorbringen. Es macht wenig Sinn, Phase 1 im Stil der motivierenden Gesprächsführung durchzuführen, um dann in Phase 2 die Person durch einen vorschreibenden Stil zu entfremden. Wir halten es für besser, eine gute therapeutische Beziehung aufrechtzuerhalten und mit den Zielen anzufangen, die für die Person die höchste Priorität haben. Sollten diese Ziele unangemessen sein, wird sich das früh genug offenbaren.

Behalten Sie die Übersicht, wenn Sie Ziele besprechen. Obwohl sich ein offensichtlich klar umrissenes Problem präsentieren kann, hat die Person weiterreichende Ziele und Werte, die es in Betracht zu ziehen gilt. Manchmal ist das augenscheinliche Problem mit umfassenderen Lebenszielen und -werten verstrickt. Die Kenntnis dieser Ziele und Werte kann sehr hilfreich beim Aufbau einer Veränderungsmotivation sein. Mit Erlaubnis der Person können Sie zusätzliche Ziele vorschlagen, die Sie für das Wohlergehen der Person und den Veränderungsprozess für wichtig halten.

Ein weiterer wichtiger Punkt ist die Realisierbarkeit eines Ziels. Ein zu großer Abstand zwischen dem gegenwärtigen und dem gewünschten Verhalten kann eher demoralisierend als motivierend sein. Es gibt ver-

10. Phase 2: Die Selbstverpflichtung für Veränderungen verstärken

schiedene Möglichkeiten zu evaluieren, ob ein bestimmtes Ziel erreichbar ist, unabhängig von Ihrer Einschätzung des Sachverhaltes. Eine Möglichkeit besteht darin, nach einer Einschätzung der Zuversicht zu fragen (Kapitel 9). Eine umfassendere besteht darin, die Person zu fragen, was die möglichen Konsequenzen dieser bestimmten Vorgehensweise sein könnten. Hier einige Beispielfragen:

„Was würde in Ihrem Leben anders sein, wenn Sie dieses Ziel erreichen?"

„Was könnte bei diesem Plan schief gehen?"

„Was wäre positiv und was wäre nicht so positiv an diesem Ziel?"

Denken Sie auch daran, dass es fast immer mehrere Ziele und mehrere miteinander verknüpfte Problembereiche gibt. Es kann daher notwendig werden, Prioritäten zu setzen und eine Hierarchie der wichtigsten und dringendsten Ziele mit Hilfe einer gemeinsamen Entscheidungsfindung zu entwickeln (siehe auch Kapitel 6: Die Agenda aufstellen).

Zielsetzungen führen natürlich zu einem zweiten Schritt: Was unternimmt die Person, um diese Ziele zu erreichen? Manchmal bedarf es nur der Zielsetzung, um den Veränderungsprozess auszulösen, oft gibt es aber zusätzliche Dinge, die eine Person tun kann, um die Chancen für Erfolg zu erhöhen. Vergewissern Sie sich jedoch, dass ein Ziel angemessen ist, bevor Sie fortfahren. Sollte eine Person ernste Bedenken bezüglich der Dringlichkeit oder Zuversicht haben, die Veränderung durchzuführen, ist weitere Arbeit notwendig, bevor man weitermacht.

2. Veränderungsoptionen erwägen

Hat man die wichtigen Ziele einer Person erst einmal geklärt, ist der nächste Schritt das Erwägen möglicher Methoden, um die gewählten Ziele zu erreichen. Beziehen Sie die Person direkt in diesen Prozess der Entwicklung und Bewertung möglicher Veränderungsstrategien ein, indem Sie die Person anregen, Ihre eigenen Ideen einzubringen. Vergessen Sie nicht, dass es fast immer mehrere Möglichkeiten gibt, eine gewünschte Verhaltensänderung zu erreichen. Eine Möglichkeit ist die formale Psychotherapie und in diesem Bereich gibt es eine Palette von alternativen Ansätzen mit evidenzbasierten Effektivitätsnachweisen. Ein zentraler Fokus der motivierenden Gesprächsführung ist jedoch, auf die der Person eigenen inneren Ressourcen und vorhandene soziale Unterstützung zurückzugreifen. Sind Personen erst einmal willens, fähig und bereit, sich zu verändern, dann fangen sie oft schon von selbst an, dies umzusetzen.

Die Diskussion des „Brainstorming" in Kapitel 9 ist hier von Bedeutung. Es kann sehr hilfreich sein, eine Palette von Möglichkeiten – sogar weit hergeholten – zu sammeln, bevor man einen konkreten Plan festlegt. Dieser Prozess kann sowohl die Ideen des Patienten, als auch Ihre eigenen zusammenbringen. Stellen Sie dies als eine kreative Übung vor, bei der die Beurteilung, wie realistisch, akzeptabel oder effektiv die einzelnen Möglichkeiten sein mögen, für eine Weile außer Acht gelassen wird. Dies ermöglicht der Person, Ideen vorzuschlagen, ohne von deren Mängeln blockiert zu werden und auch Sie können Optionen einbringen, ohne sofortigen Widerstand zu erzeugen. Sollte ein Vorschlag trotzdem Widerstand hervorrufen, reflektieren Sie die Besorgnis und erinnern Sie die Person daran, dass es sich hier nur um eine Liste von Möglichkeiten handelt, und dass Sie diese zu einem späteren Zeitpunkt vergleichen und bewerten werden.

Wenn Sie Veränderungsoptionen vorschlagen, ist es oft besser, mehrere zugleich anzubieten, als eine nach der anderen. Das Vorschlagen einzelner Möglichkeiten lädt die Person dazu ein, aufzuzeigen, was daran falsch ist, also Argumente gegen eine Veränderung auszusprechen. Eine Palette von Möglichkeiten eröffnet der Person einen anderen geistigen Ausblick. Eigentlich sagen Sie:

„Hier ist eine Auswahl von Optionen, die Personen erfolgreich eingesetzt haben. Welche von diesen bevorzugen Sie? Welche würde für Sie am besten funktionieren?"

Die Aufgabe der Person ist es, eher auszuwählen, anstatt zu widerlegen.

3. Einen Plan erstellen

Dieses Gespräch führt direkt zum Verhandeln eines Veränderungsplans. Soweit möglich sollte dieser Plan von der Person selbst formuliert und ausgesprochen werden. Offene Schlüsselfragen können hier hilfreich sein:

„Was ist Ihr konkreter Plan für die Umsetzung?"

10. Phase 2: Die Selbstverpflichtung für Veränderungen verstärken

„Was denken Sie, ist der erste Schritt?"
„Wie werden Sie das umsetzen?"

Für manche Personen ist es hilfreich, einen schriftlichen Veränderungsplan auszufüllen, der zusammenfasst, was die Person umsetzen möchte. Ein mögliches Format für einen solchen Plan wird in Kasten 10.2 gezeigt.

Kasten 10.2   Arbeitsblatt Veränderungsplan

Die wichtigsten Gründe, warum ich diese Veränderung umsetzen will:
Die wichtigsten Ziele für mich selbst bei dieser Veränderung sind:

Um meine Ziele zu erreichen, werde ich Folgendes tun:	
Spezifische Tätigkeit	Wann?

Andere Personen, die mir bei dieser Veränderung helfen können:	
Person	Mögliche Hilfe

Mögliche Hindernisse und wie ich sie überwinden könnte:	
Hindernis	Mögliche Lösung

Ich weiß, dass mein Plan erfolgreich ist, wenn folgende Ergebnisse eintreten:

Das Ziel, auf das Sie in Phase 2 hinarbeiten, ist ein klar formulierter Umsetzungsplan. Basierend auf ihren Gesprächen, fassen Sie den Plan zusammen, den Sie gemeinsam entwickelt haben und der zu den Zielen, Bedürfnissen, Absichten und Grundsätzen der Person passt. Dies geschieht am besten in „Sie"-Sprache. Hier zwei Beispiele:

„Was Sie also tun wollen, ist Ihr Gewicht und Ihren Blutdruck durch Ernährung und körperliche Betätigungen zu verringern. Das ist Ihnen lieber, als Medikamente einzunehmen. Sie wissen jedoch, sollte dieser Plan nicht funktionieren, dass es Medikamente gibt, die Ihnen helfen können. Sie wollen diesen Plan mindestens zwei Monate lang ausprobieren und in einem Monat wiederkommen, um zu überprüfen, wie es klappt. In Ihrer Nähe gibt es ein Fitnessstudio und Sie haben vor, sich heute oder morgen dort anzumelden und sich einen realistischen Übungsplan erstellen lassen. Sie wollen Restaurants für eine Weile meiden und ich habe Ihnen schon einige Ernährungshinweise gegeben. Weiterhin wollen Sie ein Seminar belegen, in dem Sie die Zubereitung von gesundem, wohlschmeckendem Essen lernen. Sie haben vor, sich jeden zweiten Tag morgens zu wiegen und eine Tabelle zu führen. Sie möchten auch Ihren Blutdruck kontrollieren und werden sich dafür ein Blutdruckmessgerät zulegen. Habe ich etwas vergessen?"

„Mal sehen, ob ich das richtig zusammenfassen kann. Sie wollten über Möglichkeiten informiert werden, wie Leute ihr Trinkverhalten ändern können und wir haben eine Reihe davon besprochen. Sie denken, dass über lange Sicht Abstinenz notwendig sein könnte, aber zur Zeit streben Sie erst einmal eine Reduktion Ihres Konsums an. Sie haben verschiedene Möglichkeiten durchdacht und sich entschieden, das erst einmal selbst mit Hilfe der Selbsthilfe-Informationen, die ich Ihnen gegeben habe, zu versuchen. In etwa sechs bis acht Wochen sollten wir genauer wissen, ob das für Sie funktioniert. Selbst wenn Sie sich dann entschließen sollten, ganz aufzuhören, ist die Reduktion ein sinnvoller Schritt in diese Richtung. Sie werden also diese Informationen durchlesen und über Ihren Konsum täglich Buch führen. In zwei Wochen werden Sie wiederkommen und mich wissen lassen, wie es Ihnen geht. Wir haben auch besprochen, dass Sie Ihre Frau zu diesem Termin mitbringen, und dass Sie das für eine sehr gute Idee halten. Ich glaube, Sie sind immer noch etwas unsicher, was diesen Plan angeht, aber Sie sind überzeugt, dass Sie etwas ändern müssen und dass dies der Weg ist, den Sie gewählt haben. Habe ich das richtig verstanden?"

10. Phase 2: Die Selbstverpflichtung für Veränderungen verstärken

4. Hervorrufen von Selbstverpflichtung

Idealerweise führt die Zusammenfassung dieses Plans zum Punkt der Selbstverpflichtung. Ihr Ziel ist die Zustimmung und Annahme dieses Plans durch die Person. Der einfachste Weg, eine derartige Selbstverpflichtung zu erhalten, ist, danach zu fragen. Die simple Frage lautet: „Ist es dies, was Sie tun wollen?" Die erhoffte Antwort ist natürlich „Ja".

Ein „Ja" zu erhalten, kann jedoch zusätzliche Schritte notwendig machen. Die Person will vielleicht Änderungen zu dem von Ihnen zusammengefassten Plan. Sollte die Antwort auf ein geringes Maß an Selbstverpflichtung hindeuten (zum Beispiel „Ich glaube schon" oder „Ich werde darüber nachdenken"), dann ist Ihre Arbeit noch nicht zu Ende. Ergründen Sie, welche Zurückhaltung der Patient noch bezüglich dieses Plans hat. Benutzen Sie dabei die in Phase 1 eingesetzten Methoden, um die Ambivalenz aufzulösen.

Selbstverpflichtung für einen Plan kann dadurch verstärkt werden, dass man ihn publik macht. Wenn ein Ehepartner oder eine andere wichtige Person an der Sitzung teilnimmt, geschieht die Selbstverpflichtung mit dem Wissen und dem Einverständnis dieser Person. Sie können vorschlagen, dass der Patient andere Personen besucht, ihnen schreibt oder mit ihnen telefoniert, sie über die Entscheidung informiert und um deren Hilfe bittet. Ein solcher Telefonanruf kann sogar während der Sitzung erfolgen. Sollte die Person einen besonders guten Kontakt mit einem anderen Mitarbeiter Ihrer Klinik haben, könnten Sie vorschlagen, diese Person über den Plan zu informieren oder diese sogar, natürlich mit Erlaubnis des Patienten, in die Sitzung hereinrufen, damit der Patient seinen Plan beschreiben kann. Je öfter der Patient seinen Plan anderen gegenüber verbalisiert, umso mehr wird die Selbstverpflichtung gestärkt. Es bringt auch den klaren Vorteil einer sozialen Unterstützung, wenn andere um Hilfe und Unterstützung gebeten werden. Sollte es der Person schwer fallen, andere um Hilfe und Unterstützung zu bitten, kann dies in der Sitzung als Rollenspiel geübt werden.

Es geht darum, einen klaren Plan zu erarbeiten, eine von der Person ausgesprochene Entscheidung für den Plan zu erhalten und diese Entscheidung zu verstärken. Oft ist es hilfreich, sich auf einige sofortige Schritte zu einigen und diese gleich umzusetzen.

Ist eine Person noch nicht ganz bereit, eine Selbstverpflichtung zu treffen, vermeiden Sie es, Druck auszuüben, da dies selbst in diesem letzten

Schritt zu einer Falle werden kann. Eine Möglichkeit ist es, dieses Zögern erst einmal anzunehmen:

„Wenn Sie sich nicht ganz sicher sind, dann möchte ich nicht, dass Sie diese Selbstverpflichtung jetzt schon eingehen. Das ist eine wichtige Entscheidung und Sie müssen sie nicht in diesem Moment treffen. Gehen Sie nach Hause und denken Sie darüber nach und wir können uns das nächste Mal darüber unterhalten."

Sie sollten auf jeden Fall mit der Person in Kontakt bleiben und nachhaken, damit die Türe offen bleibt. Wenn Sie nachfragen, vermeiden Sie geschlossene Fragen wie „Haben Sie sich jetzt entschieden?", und fragen Sie stattdessen, was die Person jetzt über diesen Plan denkt oder was sich bezüglich dieses Plans ereignet hat.

ÜBERGANG

Die Selbstverpflichtung zu einem Veränderungsplan vervollständigt den formalen Ablauf der motivierenden Gesprächsführung. Manchmal fahren Personen von hier an alleine fort, diesen Plan umzusetzen. Es kann jedoch auch zu einem Übergang von der anfänglich motivierenden Beratung zu einer mehr handlungsbetonten Therapie führen, falls die Person es wünscht. Motivierende Gesprächsführung kann natürlich über den gesamten Verlauf einer Therapie eingesetzt werden, um Veränderungen anzuregen. Letztendlich verschwindet die Ambivalenz nicht gleich nach den ersten Schritten auf dem Weg.

11. Ein praktisches Fallbeispiel

Die Praxis der motivierenden Gesprächsführung ist vor allem dadurch geprägt, dass die Prinzipien und Strategien in kreativer Art und Weise verbunden werden. Wie beim Schach gibt es allerdings keinen festgelegten Spielablauf. Jeder Fall ist einzigartig und bedeutet eine neue Herausforderung.

Deshalb haben wir lange gezögert, einen „exemplarischen Fall" von Anfang bis Ende darzustellen. Der Lerneffekt einer einzelnen Schachpartie beziehungsweise eines einzelnen klinischen Beispiels ist begrenzt. Der einzelne Fall kann weder die Vielfalt der Situationen und Probleme abbilden, mit denen man konfrontiert werden kann, noch die ebenso vielfältigen Möglichkeiten, diesen Herausforderungen zu begegnen. Dennoch sind wir schließlich zu der Überzeugung gelangt, dass es hilfreich sein könnte, anhand eines konkreten Fallbeispiels zu demonstrieren, wie motivierende Gesprächsführung vorgeht. Die konkreten Schritte mögen bei anderen unangemessen sein, aber sie illustrieren, wie die Strategien der motivierenden Gesprächsführung in der Praxis miteinander verwoben sind.

Es handelt sich um einen 38-jährigen Fotografen, der aufgrund seines Trinkens zu einem Beratungsgespräch kam. Er hatte niemals zuvor wegen seiner Alkoholprobleme Hilfe gesucht und war von seiner Veränderungsbereitschaft her einem frühen Stadium der Absichtsbildung zuzuordnen. Er war sich überhaupt nicht sicher, ob er Hilfe brauchte oder sich verändern müsse. Zwei Ereignisse waren seinem Besuch vorausgegangen. Das Erste war ein Gesundheits-Check-up bei seinem Arzt, den er wegen Magenschmerzen konsultiert hatte. Aufgrund der umfassenden Diagnostik hatte ihm der Arzt mitgeteilt, dass sowohl seine Beschwerden als auch die Blackouts der letzten Zeit darauf hinwiesen, dass er zuviel trinke. Der Arzt empfahl ihm deshalb, zu einem Spezialisten zu gehen. Das zweite Ereignis war das darauf folgende Gespräch mit seiner Frau, die ihm voller Sorge mitteilte, sie habe das Gefühl, dass ihm das Trinken allmählich aus der Kontrolle gerate. Beide Reaktionen – die des Arztes und die seiner Frau – ermutigten ihn schließlich, eine professionelle Beratung aufzusuchen.

THERAPEUT: Guten Morgen. Bitte setzen Sie sich. Ich nehme an, Sie wollen über die Sorgen sprechen, die Sie sich wegen Ihres Trinkens machen. Wir haben heute etwa 45 Minuten Zeit, und ich möchte vor allem etwas über Ihre Situation und Ihre Probleme hören. Später dann brauche ich einige spezielle Informationen von Ihnen. Aber vielleicht können Sie erst einmal damit beginnen, von Ihren Sorgen hinsichtlich des Trinkens zu erzählen.

Der Therapeut beginnt mit einem kurzen strukturierenden Statement und einer offenen Frage.

KLIENT: Gut, ich bin nicht sicher, ob das überhaupt ein Problem ist. Meine Frau scheint zu denken, ich trinke zuviel. Mein Arzt hat einige Bluttests gemacht und mir gesagt, die Werte deuten darauf hin, dass ich zuviel trinke. Wahrscheinlich, hat er gemeint, aber seitdem ich meiner Frau davon erzählt habe, macht sie sich nur noch Sorgen wegen meines Trinkens. Darum habe ich ihr dann gesagt, dass ich hierher käme. Aber ich weiß gar nicht, ob das wirklich nötig ist.

Der Klient zeigt unverzüglich Ambivalenz und eine gewisse Verteidigungshaltung.

T: Zumindest zwei andere Menschen, Ihre Frau und Ihr Arzt, befürchten also, dass Ihnen der Alkohol schadet. Aber ich frage mich: Wie ist es mit Ihnen? Haben Sie in den letzten Jahren irgendetwas an Ihren Trinkgewohnheiten beobachtet, das Anlass zur Sorge geben könnte? Erzählen Sie mir doch einmal von Ihren Trinkgewohnheiten.

Einfache Reflexion. An dieser Stelle wäre es leicht, in die Frage-Antwort-Falle zu tappen, indem man zum Beispiel eine Reihe von spezifischen Fragen stellt. Stattdessen stellt der Therapeut offene Fragen. Reflexion und „Was noch?"

K: Möglicherweise trinke ich mehr als früher. Meine Frau sagt, ich trinke in den letzten Jahren zunehmend mehr.

T: Eine Sache also, die Sie festgestellt haben, ist, dass Sie mehr trinken als früher. Was noch?

K: Mir fällt eigentlich gar nichts anderes ein. Es beschäftigt mich wirklich nicht sehr. Ich bin eigentlich nicht sehr oft betrunken.

11. Ein praktisches Fallbeispiel

T: Obwohl Sie sehen, dass Sie in den letzten Jahren zunehmend mehr trinken, scheint es Sie nicht eigentlich mehr zu beschäftigen.

K: Genau. Ich kann jeden Abend trinken und werde nicht besoffen. Andere Kumpels können da nicht mithalten.

Reflexion.

T: Das ist interessant. Wie schaffen Sie das?

K: Ich denke, das liegt in der Familie. Mein Vater war genauso. Er konnte fast alle Kumpels unter den Tisch trinken, und es schien ihm nie etwas auszumachen.

T: Er war genauso. Lebt er noch?

K: Nein, er starb vor ein paar Jahren an einem Herzanfall. Aber das passierte, nachdem er aufgehört hatte zu trinken.

T: Warum hatte er aufgehört?

K: Meine Mutter wollte es. Sie erzählte gewöhnlich anderen Leuten, dass er mit Rücksicht auf seine Gesundheit aufgehört hätte zu trinken, dass er abnehmen wollte, und Bier hat ja eine Menge Kalorien.

Nützliche Information, aber Vorsicht: Risiko zuvieler spezifischer Fragen!

T: Also, Sie denken, dass Sie in den letzten Jahren zunehmend mehr trinken, Sie haben festgestellt, dass Alkohol Ihnen anscheinend weniger ausmacht als anderen Menschen, und Sie denken, dass das wahrscheinlich in der Familie liegt.

K: Ist das möglich?

T: Ja, und es ist möglicherweise wichtig. Gibt es irgendetwas anderes, was Ihnen aufgefallen ist, etwas an Ihrem Umgang mit Alkohol, das Sie an das Trinken Ihres Vaters erinnert?

K: Es ist kürzlich ein paar Mal vorgekommen, dass ich mich an Ereignisse nicht mehr erin-

Eine Zusammenfassung der bis hierhin geäußerten change-talk *Äußerungen mit Betonung eines möglichen Motivationsthemas: das Trinken des Vaters.*
Es ist noch zu früh, ausführliche Informationen zu geben. Der Therapeut konzentriert sich lieber wieder darauf, change-talk *hervorzurufen.*

nern konnte. Ich hatte auf einer Party getrunken, und am nächsten Morgen wusste ich nicht mehr, wie ich nach Hause gekommen war. Es ist kein Vergnügen, aufzuwachen und nicht zu wissen, wo man das Auto gelassen hat.

T: Das kann beschämend sein, besonders bei den ersten Malen, bei denen es passiert. Erzählen Sie mir doch mal ein Beispiel.

Reflexion eines Gefühls. Frage nach einem Beispiel, um weitere change-talk hervorzurufen.

K: Ungefähr vor zwei Wochen, ich war unterwegs mit Bob, und ich habe wahrscheinlich ein bisschen mehr getrunken als sonst. Wir spielten Billard, wer verlor, musste eine Runde schmeißen. Als ich am nächsten Morgen aufwachte, konnte ich mich nicht mehr erinnern, wo mein Wagen war. Ich wusste zwar noch, dass wir dieses Spiel begonnen hatten, wusste aber nicht mehr, wie es geendet hatte. Ich schaute aus dem Fenster, mein Wagen stand mitten auf der Fahrbahn, und ich schätze, ich habe ihn da stehen lassen. Ich fühlte mich entsetzlich.

T: Inwiefern?

K: Ich habe mich gefragt, ob ich irgendetwas Verrücktes getan hätte. Ich dachte, ich hätte ja auch im Knast aufwachen können.

T: Wegen Fahrens im alkoholisierten Zustand, meinen Sie?

Weitere Frage nach Exploration.

K: Ich werde gewöhnlich nicht so betrunken, aber wahrscheinlich war ich es zu dem Zeitpunkt.

T: Was hat Sie noch beschäftigt an diesem Morgen?

K: Ich weiß, dass es meinem Vater genauso gegangen ist. Er hat es mir erzählt.

T: Es beunruhigt Sie, dass Ihnen dasselbe passiert ist. Was meinen Sie, hat das zu bedeuten?

11. Ein praktisches Fallbeispiel

K: Ich weiß nicht. Ich habe bisher noch nicht wirklich darüber nachgedacht. Ich erinnere mich, dass er morgens aufstand, ziemlich zitterig aussah und einen Drink brauchte.

T: Ihnen geht es manchmal ähnlich.

K: Nein, ich glaube nicht, dass ich das Gefühl habe, einen Drink zu brauchen. Aber ziemlich schlecht fühle ich mich morgens häufiger. Trotzdem trinke ich dann nichts.

Reflexion und Aufforderung zur weiteren Exploration.

T: Eine Regel, die Sie sich selbst auferlegt haben.

K: Ja, außer bei seltenen Gelegenheiten. Ich glaube nicht, dass es gut ist, morgens zu trinken.

T: Warum nicht?

K: Ich habe gemerkt, dass ich mich besser fühle. Man wird den Kater los. Das könnte eine schlechte Angewohnheit werden. Normalerweise kotze ich es aus, und dann geht's weg.

T: Wenn Sie einmal rekapitulieren, dann gibt es einige Dinge, die Ihnen aufgefallen sind. Ihr Trinken scheint in den letzten Jahren zugenommen zu haben und Sie wissen, dass Sie einige Male Auto gefahren sind, obwohl Sie zuviel getrunken hatten.
Ihre Frau macht sich Sorgen um Sie, genau wie Ihre Mutter um Ihren Vater, und Ihr Arzt hat Ihnen gesagt, dass der Alkoholkonsum Ihre Gesundheit gefährdet. Sie haben festgestellt, dass Sie – genau wie Ihr Vater – einiges vertragen können, ohne sich betrunken zu fühlen, und dann haben Sie die Probleme mit dem Gedächtnis. Sie hatten einige schlimme Kater, und Sie haben gemerkt, dass Sie sich dann mit ein paar Drinks besser fühlen. Was beschäftigt Sie davon am meisten?

Eine weitere Zusammenfassung von change-talk.

K: Meine Gesundheit, glaube ich.

T: Also, wenn Sie das Gefühl hätten, dass Sie Ihre Gesundheit schädigen würden, das würde Sie beunruhigen. Was beschäftigt Sie noch?

K: Ich mag es nicht, wenn ich mich an Dinge nicht erinnern kann.

T: Das kommt Ihnen nicht normal vor.

K: Nein. Aber ich glaube nicht, dass ich ein Alkoholiker bin. Ich habe einige Alkoholiker kennen gelernt, und ich bin nicht wie sie. *Die Etikettierungsfalle öffent sich.*

T: Sie denken, es geht Ihnen nicht so dreckig. *Einfache Reflexion.*

K: Nein, überhaupt nicht. Ich habe einmal für mehrere Wochen mit dem Trinken aufgehört, ohne Probleme zu bekommen. Ich kann ein paar Gläser trinken und es dabei belassen. Ich habe eine gute Arbeit und eine gute Familie. Wie könnte ich ein Alkoholiker sein?

T: So wie Sie das sagen, muss es für Sie verwirrend sein. Einerseits sehen Sie einige Warnsignale, dass Sie zuviel trinken, und sind darüber beunruhigt. Andererseits scheinen Sie nicht in Ihr Bild von einem Alkoholiker zu passen. *Reflexion eines Gefühls. Reflexion der Ambivalenz.*

K: Genau. Ich meine, ich habe ein paar Probleme, aber ich bin kein Säufer.

T: Und so gab es bis heute auch keinen Grund, irgendetwas in dieser Richtung zu unternehmen. Aber jetzt sind Sie hier. Warum jetzt? *Der Klient antwortet mit einer Anerkennung beider Seiten der Ambivalenz.*

K: Weil ich glaube, dass ich mit jemandem sprechen sollte. Ich möchte das nicht ignorieren. Ich habe gesehen, was mit meinem Vater passiert ist, und ich möchte nicht, dass mir und meiner Familie dasselbe passiert.

T: Ihre Familie ist Ihnen wirklich wichtig.

K: Ich liebe meine Frau und meinen Sohn.

T: Und es hört sich an, als würden die beiden Sie auch lieben. Ihre Frau macht sich so große Sorgen und hat Ihnen gesagt, wie beunruhigt sie über Ihr Trinken ist. Und obwohl Sie sich nicht als Alkoholiker ansehen, sind Sie selbst auch ein wenig beunruhigt.

Verstärken eines wichtigen persönlichen Ziels.

K: Ja, sieht so aus.

T: Die Entscheidung, hierher zu kommen, muss für Sie schwierig gewesen sein. Sie müssen sich Gedanken machen über sich selbst und Ihre Familie, und ich respektiere Ihre Offenheit. Es ist nicht leicht, was Sie da tun.

Bestätigung.

K: Es war hart. Ich wollte erst gar nicht kommen. Aber denken Sie, dass ich ein Alkoholiker bin?

T: Das ist ein Begriff, der für viele Menschen unterschiedliche Bedeutungen haben kann. Ich möchte nicht, dass Sie sich damit aufhalten, in welche Schublade Sie sich selbst stecken sollen. Wichtig ist, dass wir uns sorgfältig anschauen, wie es hier weitergehen kann. Ich sehe, warum Sie besorgt sind und ich würde Ihnen gerne dabei helfen, herauszufinden, welchen Risiken Sie sich aussetzen und was Sie dagegen tun könnten.

Erneut die Etikettierungsfalle! Eine Zustimmung hätte hier zu einer Debatte und zu einer Verstärkung geführt. Statt dessen beleuchtet der Therapeut das Thema anders und richtet die Aufmerksamkeit auf das Trinken und seine Wirkungen.

K: Was denken Sie denn, was ich tun sollte?

KOMMENTAR: Hier haben wir ein Beispiel für den Prozess des Hervorrufens von *change-talk*, eine der Strategien zur Motivationsbildung in Phase 1. Die meisten der bisherigen Interventionen des Therapeuten waren Fragen in Richtung *change-talk* oder Reflexionen, um diese zu verstärken. An vielen Punkten, an denen man auch hätte konfrontieren können, entschied sich der Therapeut für eine grundsätzlich empathische Haltung und vermied es, dem Klienten zu widersprechen. Klienten sind darüber oft überrascht und fühlen sich erleichtert; anstatt Widerstand zu entwickeln, fahren sie mit der Selbstexploration fort. *Change-talk* wird verstärkt durch Reflexion und regelmäßiges Zusammenfassen. Am Ende des Gesprächsausschnitts stellte der Klient eine wichtige Frage: „Was denken Sie denn, was ich tun sollte?" Der Therapeut musste hier eine Entscheidung treffen: War das Ausmaß der Motivation stark genug, um über Veränderungsstrategien zu diskutieren? Wenn dasselbe Gespräch in einer Arztpraxis geführt worden wäre, wo die Zeit knapp ist, wäre es unter Umständen das Beste, die bis hierher geäußerte Veränderungsbereitschaft zu verstärken und einen konkreten Plan zu vereinbaren (Phase 2). Das Risiko läge jedoch darin, dass die Phase 1 noch nicht abgeschlossen wäre und der Arzt in die Rolle geraten würde, Vorschläge zu machen, die der Patient dann leicht ablehnen könnte (Experten-Falle). In diesem Fall aber hatte der Klient einen Spezialisten aufgesucht, und es war deshalb möglich, ihn für einen längeren Beratungsprozess zu gewinnen. Eine Möglichkeit war, das Gespräch mit Strategien der Phase 1 fortzusetzen und weitere *change-talk* zusammenzutragen, die geeignet erschienen, Diskrepanzen zu entwickeln. Eine andere Möglichkeit war, das bisher Gesagte als Arbeitsgrundlage für eine detaillierte Befunderhebung zu nutzen, was wiederum mehr Material für weitere Gespräche zu Tage fördern würde. Der Therapeut entschied sich für Letzteres.

K: Was denken Sie denn, was ich tun sollte?

T: Es gibt tatsächlich einige Möglichkeiten, und – sofern Sie das wollen – könnte ich Ihnen jetzt helfen, über Alternativen nachzudenken. Wenn Sie meine Meinung hören wollen, ich denke, dass wir als Erstes ein besseres Bild Ihrer gegenwärtigen Situation erhalten sollten. Was Sie mir bisher erzählt haben, hat einige Sorgen deutlich gemacht, aber wir wissen noch nicht genug, um wirklich tragfähige Entscheidungen treffen zu können. Ich würde deshalb vorschlagen, dass wir einige Zeit auf eine gründliche Bestandsaufnahme verwenden sollten. Es gibt da einige Fragebögen, die Sie beantworten könnten, und ich würde zusätzlich einige weitere wichtige Informationen erheben wollen. Wenn wir dann ein klareres Bild haben, was in Ihrem Leben geschieht, können wir uns auf verschiedene Alternativen konzentrieren. Was halten Sie davon? Wären Sie bereit, zwei oder drei Stunden zu investieren, um mehr über sich selbst zu erfahren?

Der Klient füllte bis zur nächsten Sitzung drei Fragebögen aus: das „Alcohol Use Inventory" (Horn u.a. 1987) sowie zwei Instrumente zur Messung der Veränderungsbereitschaft: das „University of Rhode Island Change Assessment URICA" und die „Stages of Change Readiness and Treatment Eagerness Scale SOCRATES". Der Therapeut führte das „Brief Drinker Profile Interview" (Miller & Marlatt 1984) durch und unterzog den Klienten einigen kurzen neuropsychologischen Tests. Zusätzlich wurde eine Blutprobe entnommen und umfassend serologisch analysiert.

Natürlich kann man auch eine weniger aufwändige Diagnostik durchführen. Entscheidend ist, dass man dem Klienten eine strukturierte und detaillierte Rückmeldung gibt, die genügend Raum für eine individuelle Interpretation lässt. Im Folgenden nun ein Teil des anschließenden Gesprächs, in dem diese Rückmeldung gegeben wurde. Dem Klienten lag ein schriftlicher Bericht vor, der Therapeut erläuterte die Ergebnisse.

T: Ich weiß es zu schätzen, dass Sie sich so viel Zeit und Mühe mit diesen Fragebögen und Tests genommen haben. Heute möchte ich gerne mit Ihnen die Ergebnisse durchgehen. Zunächst hatten wir uns eine typische Woche angeschaut und Ihre Trinkmenge errechnet. Wir kamen dabei auf ungefähr 53 Standardgetränke in der Woche, wenn ein Standardgetränk als kleines Glas Bier (0,2 l), kleines Glas Wein (0,1 l) oder einfacher Schnaps (25 ml.) definiert wird. Wenn Sie das einmal mit dem gesellschaftlichen Durchschnitt vergleichen, dann trinken Sie mehr als 95 Prozent aller Erwachsenen. Was halten Sie davon?

K: Scheint viel zu sein. Ich habe das bisher nie zusammengezählt, aber ich glaube nicht, dass ich ein starker Trinker bin.

Typisch für die Haltung, in der Ergebnisse präsentiert werden, ist, dass ein Vergleich zu Norm-Ergebnissen hergestellt wird. Anstatt dann den Klienten vorzuschreiben, wie sie sich bei solchen Resultaten fühlen sollen, werden sie zu ihrer Reaktion befragt. Diese Reaktionen werden dann reflektiert.

T: Sie sind überrascht.

K: Ja! Ich weiß, dass es sich nach ziemlich viel anhörte, als Sie mich fragten, wie viel ich normalerweise trinke. Aber ich trinke ungefähr genauso viel wie meine Freunde.

T: Das muss verwirrend für Sie sein. Auf der einen Seite können Sie sehen, dass Sie eine Menge trinken, mehr als 95 Prozent aller Erwachsenen. Dennoch scheint es unter Ihren Freunden normal zu sein. Wie passt das zusammen?

K: Ich schätze, ich bin im Trinken unter den Top 5 Prozent.

T: Ihre Freunde sind tatsächlich starke Trinker.

K: Ich weiß nicht, was „stark" heißt. Ich denke, wir trinken mehr als unsere Mitmenschen.

T: Wir haben außerdem ein Computerprogramm, das auf der Basis der Aussagen zum Trinkverhalten den Alkoholgehalt im Blut schätzt. Die meisten moderaten Trinker liegen auf dieser Skala zwischen 20 und 50. 50 reicht aus, um die Fahrtüchtigkeit einzuschränken. Unsere Schätzung hat für Sie einen Wert von 179 Einheiten im Verlauf einer typischen Trinkwoche ergeben. Das ist mehr als dreimal soviel wie die Höchstgrenze für die meisten Trinker und schränkt nach dem Gesetz ihre Fahrtüchtigkeit ein.

K: Sie meinen jede Woche?

T: Nach allem, was Sie mir erzählt haben, ja. Ich glaube, es gibt drei Abende pro Woche, an denen Sie diese Werte erreichen.

K: Das kann nicht hinkommen. Ich fühle mich doch überhaupt nie besoffen. Ich fahre immer mit meinem Auto nach Hause und hatte dabei noch nie ein Problem.

Anstatt zu konfrontieren, reflektiert der Therapeut.

Reflexion der Ambivalenz.

Der Therapeut hätte diese Reflexion besser nicht gemacht.

Widerstand: Herausforderung.

11. Ein praktisches Fallbeispiel

T: Ihrer Meinung nach muss der Computer sich irren.

Überzogene Reflexion.

K: Das nun nicht, aber ich fühle mich nie so betrunken.

T: Und Sie können nicht verstehen, wie Sie so viel Alkohol in Ihrem Körper haben können, ohne was davon zu spüren?

K: Ist denn das möglich?

T: Nicht nur das, es ist sogar die Regel bei starken Trinkern. Man nennt es „Toleranz", obwohl die meisten Menschen es „viel vertragen" nennen. Wir haben darüber schon bei unserem ersten Treffen gesprochen.

K: Das heißt, ich kann sehr viel trinken, ohne es zu spüren.

T: Genau. Sie können einen ziemlich hohen Blutalkoholspiegel haben – genug etwa, um Ihre Fahrtüchtigkeit zu beeinflussen und Ihre inneren Organe zu schädigen –, ohne das Gefühl zu haben, betrunken zu sein.

K: Das heißt, dreimal in der Woche fahre ich durch die Gegend und bin nach dem Gesetz betrunken?

T: So sieht's aus. Was denken Sie darüber?

K: Schätze, ich habe bisher Glück gehabt.

T: Der nächste Wert bezieht sich auf die Tage, an denen Sie viel trinken. An einem solchen Tag, so schätzen wir, erreichen Sie einen Wert von 220 Einheiten. Das kann gut hinkommen, weil das auch der Wert ist, bei dem manchmal Erinnerungslücken, so genannte „blackouts", auftreten.

K: Wow!

T: Das kommt Ihnen viel vor.

K: Ja, Ich ... ich habe noch nie darüber nachgedacht.

T: Darum tun wir es ja jetzt. Und ich habe hohen Respekt davor, wie ehrlich Sie die Fragen beantwortet haben, was sicher nicht leicht für Sie ist. Ich habe Ähnliches schon mit vielen Menschen besprochen, und es ist unangenehm, sich selbst derart im Spiegel zu betrachten. Möchten Sie weitermachen?

Bestätigung.

K: Okay.

T: Als Nächstes haben wir hier ein ungefähres Maß für die Auswirkungen des Alkoholtrinkens auf Ihr Leben, die Anzahl der Fälle, in denen es Probleme verursacht hat. Ihr Wert von 18 liegt im Bereich dessen, was wir „Bedeutsame Probleme" nennen – nicht unbedingt schwerwiegende, aber auch keine geringfügigen oder mäßigen Konsequenzen.

Der Wert, der hier präsentiert wird, resultiert aus dem „Michigan Alcoholism Screening Test" (Selzer 1971), einem Instrument aus dem „Drinker Profile" (Miller & Marlatt 1984).

K: Puuh.

T: Ergibt das für Sie einen Sinn?

K: Könnte hinkommen, schätze ich.

T: Okay. Ich weiß nicht, was Sie mit dem nächsten Ergebnis machen werden. Es gibt den Grad Ihrer Alkoholabhängigkeit an beziehungsweise den Grad, wie sehr Sie abhängig geworden sind. Ihr Wert befindet sich am unteren Rand des Bereichs, den wir „Definitive und bedeutsame Symptome der Abhängigkeit" nennen. Das bedeutet ungefähr, dass Sie im Begriff sind, einige allgemeine Zeichen der Alkoholabhängigkeit zu zeigen, aber noch über Strategien verfügen, die Sie vor größeren Problemen bewahren.

K: Sie meinen, ich bin süchtig?

T: Es ist nicht nur einfach die Frage, ob Sie süchtig sind oder nicht. Abhängigkeit entwickelt sich graduell beziehungsweise in einzelnen Schritten. Dieser Wert sagt Ihnen, wie weit Sie auf diesem Weg gegangen sind. Er zeigt, dass hier definitiv etwas passiert ist, dass Sie im Begriff stehen, frühe Anzeichen einer Alkoholabhängigkeit zu entwickeln.

K: Das gefällt mir alles nicht.

T: Die Vorstellung, abhängig zu sein, gefällt Ihnen nicht.

K: Überhaupt nicht!

T: Sie möchten selbst für sich verantwortlich sein, sich unter Kontrolle haben.

K: Ja.

T: Nun, wir sprechen noch nicht über schwerwiegende Probleme. Abhängigkeit entwickelt sich über Jahre, manchmal sehr schnell, manchmal eher langsam. Sie befinden sich momentan im mittleren Bereich. Aber es sieht so aus, als hätte es Sie ziemlich hart getroffen.

K: (Einige Zeit Ruhe) Lassen Sie uns weitermachen.

T: Ich frage mich, ob ich etwas zu schnell für Sie vorgehe. Es ist sicher schwierig. Ich möchte Ihnen nicht zuviel auf einmal zumuten. Brauchen Sie mehr Zeit, um das alles aufzunehmen oder darüber zu sprechen?

K: Nein, es ist schon in Ordnung so. Machen Sie weiter, bitte.

Hier wählt der Therapeut einen leicht paradoxen Ton, indem er die „Vielleicht ist doch alles gar nicht so schlecht"-Seite der Ambivalenz des Klienten anspricht und dann mit einer Widerspiegelung endet.

Der Therapeut setzt die Auswertung der Fragebögen und der Blutanalyse fort. Letztere zeigte einen mäßigen Anstieg der Leberenzyme. Schließlich wurden die Ergebnisse der neuropsychologischen Untersuchung erläutert. Hier zeigten sich einige für starke Trinker typische Beeinträchtigungsmuster.

Ein solcher Rückmeldungsprozess kann für Klienten sehr anstrengend sein, und Therapeuten müssen während des ganzen Prozesses eine empathische Haltung einnehmen. Tränen und Verzweiflung sind keine Seltenheit. Rückmeldungen dieser Art tragen viel zur Entwicklung von Diskrepanz bei und verstärken die Überzeugung, dass eine Veränderung nötig ist. Für gewöhnlich stößt man bei einigen Ergebnissen auf Widerstand, diesem sollte man mit Einfühlung begegnen (vgl. Kapitel 8). Gegen Ende sollte der Therapeut den Klienten ermutigen, nachzufragen oder die Befunde zu kommentieren; schließlich sollte er die Rückmeldungen sowie die Anmerkungen des Klienten zusammenfassen. Die Zusammenfassung dient vor allem dazu, zu den Schlüsselfragen (vgl. Kapitel 10) überzuleiten.

T: Wir haben nun ein weites Feld bearbeitet. Gibt es etwas, das Sie mich fragen möchten – irgendetwas, das Sie erstaunt hat, oder etwas, das Sie gerne wissen möchten?

Eine Aufforderung, Informationen und Ratschläge einzuholen.

K: Ja. Könnte es sein, dass ich das von meinem Vater geerbt habe?

T: Es scheint einiges dafür zu sprechen, dass Menschen eine Anfälligkeit für die Entwicklung eines Alkoholproblems erben können. Es ist sicherlich nicht so einfach, dass man sagen könnte, der „Alkoholismus" würde vererbt. Es ist eher wie das vererbte Risiko für Bluthochdruck oder Herzerkrankungen. Ihr Blutdruck ist teilweise abhängig von genetischen Faktoren, er wird allerdings genauso beeinflusst durch Essgewohnheiten, körperliche Betätigung, Stresspegel, Verwendung von Salz usw. Mit dem Trinken verhält es sich genauso. Männer, unter deren biologischen Verwandten jemand Alkoholprobleme hatte oder hat, scheinen ein höheres Risiko zu haben, ähnliche Probleme zu bekommen. Toleranz ist ein weiterer Risikofaktor.

K: Dann habe ich also ein höheres Risiko.

11. Ein praktisches Fallbeispiel

T: Genauso ist es. Sie haben mehr Grund als die meisten anderen Menschen, mit Ihrem Trinken vorsichtig umzugehen. Gibt es irgendetwas anderes, das Sie erstaunt hat?

K: Ich glaube nicht.

T: Dann will ich einmal zusammenfassen, wo wir im Moment stehen, und Sie sagen mir, ob ich etwas ausgelassen habe. Sie kamen aus verschiedenen Gründen hierher, zum Teil auf Bitten Ihrer Frau, zum Teil auf Anraten Ihres Arztes und nicht zuletzt auch, weil Sie selbst besorgt über Ihr Trinken sind, bis dahin jedoch noch nie sehr viel darüber nachgedacht hatten. Sie waren sich bewusst, dass Ihr Trinken in den letzten Jahren zugenommen hat, und zur Zeit sind es mehr als 50 Standardgetränke die Woche. Sie waren sich ebenso im Klaren darüber, dass Sie mehr trinken als andere Menschen, und anscheinend haben Sie eine deutliche Toleranz für Alkohol entwickelt. Sie können sehr viel trinken, ohne sich betrunken zu fühlen, obwohl – wir haben heute darüber gesprochen – genügend Alkohol in Ihrem Blut sein muss, um Sie zu beeinträchtigen und einigen Schaden anzurichten. Sie wollen schonend mit sich umgehen und sind besorgt über Ihre Gesundheit. Die von uns durchgeführten Blutanalysen zeigen, dass Ihr Körper durch das Trinken Schaden genommen hat – das hat Ihnen ja auch schon Ihr Arzt gesagt. Sie haben bereits einige Probleme aufgezählt, die mit dem Alkohol zusammenhängen, und es gibt einige Anzeichen, dass Sie im Begriff stehen, eine Abhängigkeit zu entwickeln. Gleichzeitig halten Sie sich nicht für einen Alkoholiker, und früher haben Sie gedacht, solange Sie kein Alkoholiker sind, brauchen Sie sich auch um

Ausführliche Zusammenfassung.

nichts, was mit dem Trinken zusammenhängt, Sorgen zu machen. Sie hatten einige schlimme Kater, Sie sind besorgt wegen des Einflusses des Alkohols auf Ihr Erinnerungsvermögen, und Ihre Testergebnisse zeigen, dass Ihre Sorgen berechtigt sind. Ihre Werte ähneln denen starker Trinker, in auffallendem Kontrast zu Ihrer ansonsten hohen Intelligenz. Ich weiß, dass Sie sich darüber Gedanken gemacht haben, inwiefern Ihr Trinken dem Ihres Vaters gleicht, und das ist beunruhigend. Wir sprachen über Ihre Familiengeschichte, und dass Sie wahrscheinlich einem höheren Risiko als die meisten anderen Menschen ausgesetzt sind, durch Alkohol geschädigt zu werden. Sie wollen vor allem sichergehen, dass Ihr Trinken Ihrer Familie nicht schadet, denn Sie wissen, was das bedeutet. Ist das eine gute Zusammenfassung?

K: Ja, außer dass ich, bevor ich hierher kam, nicht wirklich gedacht habe, ich würde mehr als andere Menschen trinken.

T: Es hatte für Sie den Anschein, dass Ihr Trinken völlig normal wäre. *Überzogene Reflexion.*

K: Gut, vielleicht nicht normal, aber auch nicht ungewöhnlich. Ich hatte einfach noch nicht darüber nachgedacht.

T: Aber nun denken Sie darüber nach. Ich habe Ihnen eine Menge Informationen gegeben, und ein paar davon sind ziemlich hart. Was machen Sie nun damit? *Schlüsselfrage.*

K: Es ist schon irgendwie deprimierend. Ich habe wirklich nicht gedacht, dass ich ein Problem hätte, und schon gar nicht ein so großes.

11. Ein praktisches Fallbeispiel

T: Sie hatten etwas anderes erwartet, und ich sehe, dass Sie das umhaut. Lassen Sie mich dennoch auf die Perspektiven zu sprechen kommen. Bei all diesen Werten befinden Sie sich in einer Art Grauzone, einem Grenzgebiet. Die gute Nachricht ist, dass Ihnen Ihre Situation klar geworden ist, bevor irgendeines dieser Probleme wirklich schwerwiegend wurde. Menschen, die Ihr Trinkverhalten verändern, wenn sie es denn rechtzeitig tun, zeigen gewöhnlich eine leichte Verbesserung, und ihre Testwerte gehen oft auf einen Normalwert zurück. Andere Menschen warten solange, bis die Schäden so schwerwiegend sind, dass sie nicht wieder rückgängig zu machen sind. Sie haben nicht gewartet. Es ist wie bei vielen anderen Problemen: Je eher man sie angeht, desto besser sind die Chancen, den Lauf der Dinge umzukehren und gesund zu bleiben.

Widerspiegelung.

Umformulieren und anders beleuchten.

Selbstwirksamkeitsüberzeugung stärken.

K: Was soll ich denn am Wochenende tun, wenn ich auf den Alkohol verzichte? (Lächelt)

Denkt über Perspektiven nach.

T: Sie können sich noch gar nicht so richtig vorstellen, wie sich Ihr Leben verändern würde.

An diesem Punkt gab es verschiedene Möglichkeiten fortzufahren: Der Therapeut hatte zu entscheiden, ob er den Klienten drängen sollte, sich Ziele zu setzen, einen Veränderungsplan aufzustellen und ihn verbindlich anzugehen. Es wäre möglich gewesen, mit Strategien aus Phase 1 fortzufahren, vielleicht unter Zuhilfenahme der Waage mit den Vorteilen und Nachteilen einer Veränderung. Die Frage war: Wie bereit war dieser Klient für eine Veränderung? Verschiedene Anzeichen, die in Kasten 10.1 (Kapitel 10) aufgeführt sind, waren sichtbar geworden: So hatte der Klient nur wenig Widerstand gezeigt; er hatte einiges problematisiert und *change-talk* geäußert. Deshalb hätte der Therapeut versuchen können, mehr solcher Äußerungen herauszuarbeiten (zum Beispiel „Was glauben Sie, welches sind die wichtigsten Gründe, sich hier Sorgen zu machen? Wenn Sie an die Dinge denken, über die wir gesprochen haben, welches sind die wichtigsten Gründe, etwas zu verändern? Was glauben Sie wird passieren, wenn Sie an Ihren Trinkgewohnheiten nichts verändern?"). Der Klient hatte sich jedoch auch gefragt, wie sein Leben ohne Alkohol aussehen könnte. Er hatte dabei traurig und resigniert gewirkt. Der Therapeut entschied sich in Anbetracht dieser Gefühlsäußerung für eine Schlüsselfrage zu einer Verhaltensänderung, um die Situation auszuloten.

T: Was bedeutet das in Bezug auf Ihren Alkoholkonsum? Was geschieht nun? *Schlüsselfrage.*

K: Nun gut, ich möchte etwas tun. Ich möchte nicht, dass es einfach so weitergeht.

T: Was denken Sie, was dieses „etwas" ist? Was ist der nächste Schritt? *Schlüsselfrage.*

K: Ich glaube, dass ich etwas bezüglich meines Trinkens unternehmen muss – entweder weniger oder aufhören. *Der Klient eröffnet den Prozess der Zielfindung.*

T: Das sind zwei Möglichkeiten.

K: Ich kann so nicht weitermachen! Wenn ich so weiter trinke, wird alles schlimmer.

T: Wahrscheinlich.

K: Also muss sich was ändern. Entweder ich trinke weniger, oder ich höre ganz auf.

T: Wie denken Sie über diese beiden Möglichkeiten?

K: Wenn ich wählen könnte, würde ich mich für's Weniger-Trinken entscheiden. Ich trinke nämlich manchmal ganz gerne.

T: Trinken ist wichtig für Sie.

K: Nein, nicht wichtig. Es ist nur so, dass ich gerne ein Bier trinke, und ich würde mir komisch vorkommen, mit einer Cola dazusitzen, während alle anderen Alkohol trinken. *Denkt über die Zukunft nach.*

T: Das wäre Ihnen unangenehm, Sie fühlten sich dann fehl am Platze.

K: Ja. Es ist aber nicht so wichtig, glaube ich. – Na ja, wenn ich nicht müsste, würde ich es lieber nicht aufgeben.

T: Aber wenn für Sie klar wäre, dass Sie es ganz aufgeben müssten, dann könnten Sie es auch.

Selbstwirksamkeitsüberzeugung stärken.

K: Sicherlich. Wenn ich wüsste, dass ich es muss.

T: Wie können Sie das herausfinden?

K: Ich denke, ich werde es ausprobieren und sehen, ob es funktioniert.

T: Wieviel Hilfe brauchen Sie dabei?

K: Wie, was meinen Sie mit Hilfe?

T: Ich meine Hilfe von anderen – Unterstützung, Beratung, Ideen, etwas in der Art. Wie weit schaffen Sie es allein, und wo benötigen Sie Hilfe?

K: Weiß ich nicht. Ich habe es ja noch nie versucht. Normalerweise regle ich so etwas alleine, und ich denke, ich schaffe das auch. – Aber vielleicht würde es ja helfen, zusätzlich mit jemandem darüber zu reden.

T: Dann würden Sie also Unterstützung annehmen, wenn Sie sich entschieden haben, Ihr Trinken zu verändern.

K: Ich denke ja.

T: Was denken Sie, werden Sie tun?

K: Sie sind der Experte. Was kann ich denn tun?

T: Ich kann Ihnen Wege aufzeigen, die andere mit Erfolg gegangen sind, aber Sie sind Ihr eigener Experte. Ich kann Ihnen Alternativen

Die Idee alternativer Veränderungswege wird eingeführt.

aufzeigen, einige werden für Sie sinnvoll sein, andere nicht. Sie sind derjenige, der entscheidet, was Sie tun wollen. – Möchten Sie einige Vorschläge hören?

K: Ja.

T: Am Anfang stünde Ihre Entscheidung, Ihren Konsum zu reduzieren oder ganz aufzuhören. Es gibt Menschen, die können ihr Trinken soweit reduzieren, dass sie damit keine weiteren Probleme bekommen. Andere finden es wichtiger und einfacher, ganz aufzuhören und abstinent zu bleiben. – Sie wissen aber nicht, welchen Weg Sie gehen sollen.

K: Nein. Was denken Sie denn?

T: Das muss Ihre Entscheidung sein. Ich kann dies nicht für Sie übernehmen. Möchten Sie denn wirklich, dass ich Ihnen meinen Rat gebe? *Betonung der Eigenverantwortung.*

K: Bitte. Ich muss ihn ja nicht annehmen, nur weil Sie ihn mir gegeben haben.

T: Gut. Ich glaube, wenn ich an Ihrer Stelle wäre, würde ich mir über einiges Sorgen machen, was wir besprochen haben. Da wären die Auswirkungen auf Ihre Leber und Ihr Gehirn. Der sicherste Weg, damit sich Ihre Leberwerte normalisieren und keine „blackouts" mehr auftreten, wäre eine gewisse Zeit der Abstinenz. Wie schätzen Sie das ein, können Sie das? *Persönliche Herausforderung.*

K: Ich glaube, ich kann das gut schaffen. Wie lange müsste ich denn durchhalten?

T: Das ist schwer zu sagen. Mindestens so lange, bis sich Ihre Werte normalisiert haben und sich Ihr Körper erholt hat. Ich denke, drei Monate wären ein guter Anfang. Danach sollten wir die Untersuchungen wiederholen, um zu sehen, wie es Ihnen geht.

K: Und wenn ich weiter trinke, dann wird es mir nicht besser gehen?

T: Ich kann dies nicht mit letzter Sicherheit sagen, Sie können es ja versuchen. Aber der sicherste und schnellste Weg, wie sich Ihr Körper wieder erholen kann, wäre eine alkoholfreie Zeit. Das ist meine Auffassung, ich weiß nicht, wie sich das für Sie anhört.

K: Und wenn sich mein Körper dann erholt hat, kann ich wieder anfangen, Alkohol zu trinken, wenn ich möchte?

T: Tatsache ist, dass Sie jederzeit anfangen können zu trinken, wenn Sie das möchten. Niemand kann Sie daran hindern. Es geht nicht um die Frage, ob Sie können, sondern die eigentliche Frage lautet: Was passiert dann? Wie ich Ihnen schon erzählte, können einige Menschen Ihren Alkoholkonsum gut kontrollieren. Die Gefahr liegt allerdings darin, dass man in alte Gewohnheiten zurückfällt und wieder anfängt, zuviel zu trinken. – Aber versuchen Sie nicht, diese Entscheidung jetzt zu treffen. Sie können dies immer noch entscheiden, wenn sie einige Zeit abstinent gewesen sind. Vielleicht gefällt es Ihnen ja sogar, nicht zu trinken!

Betonung der Eigenverantwortung.

Entscheidung aufschieben.

K: Und ab sofort soll ich erstmal ganz aufhören zu trinken?

T: Sie haben mich gefragt, was ich denke. Ich habe nicht gesagt, dass Sie müssen, nur dass ich dies für den sichersten Weg halte. Was Sie letztlich tun, ist Ihre Sache. Was glauben Sie denn, was Sie tun werden?

K: Aufhören klingt ja schon gut.

T: Dann erlauben Sie mir noch diese Frage: Was hindert Sie, Ihre Entscheidung umzusetzen? Falls Sie sich entschlossen haben, mit dem Trinken für einige Zeit aufzuhören, was macht es so schwierig?

K: Meine Freunde. Wir verbringen viel gemeinsame Zeit mit Trinken, und ich weiß nicht, wie ich mich da verhalten soll.

T: Was könnten Sie tun?

K: Vielleicht sollte ich dann mehr Zeit mit den Freunden verbringen, die nicht trinken. Oder ich gehe nicht mehr in Kneipen und treffe meine Freunde, wenn sie nicht trinken.

T: Glauben Sie, dass Sie das könnten?

K: Ich denke schon.

Persönliche Herausforderung.

T: Was wäre außerdem noch schwierig für Sie?

K: Ich trinke gerne Alkohol. Aber ich glaube, das wäre kein so großes Problem. Ich müsste mich nur immer wieder selber daran erinnern, dass es wichtig ist, nicht zu trinken.

T: Erlauben Sie mir noch eine Frage. Was denken Sie, würde passieren, wenn Sie Ihr Trinken nicht veränderten?

K: Ich glaube, all das, worüber wir gesprochen haben, könnte schlimmer werden – meine Leber, mein Gehirn, mein Gedächtnis. Und ich denke, meine Familie hätte es sehr schwer – ich möchte gar nicht daran denken, dass ich sie verlieren könnte. Oder ich würde meinen Job verlieren, wenn es ganz schlimm käme. Es ist nicht sehr angenehm, darüber nachzudenken.

Der Therapeut geht davon aus, dass der Klient nach wie vor ambivalent ist und versucht, die Motivation zu verstärken.

T: Wie wäre es für Sie, jetzt in diesem Moment zu trinken?

K: Die Vorstellung ist nicht sehr reizvoll.

T: Noch eins. Normalerweise ist das Trinken selbst nur ein Teil des Gesamtbildes. Was sollte sich sonst noch ändern?

K: Ich möchte mich besser mit meiner Frau verstehen.

T: Es könnte möglicherweise gut für Sie beide sein, wenn Sie gemeinsam mit jemandem sprechen, um an Ihrer Beziehung zu arbeiten. Würden Sie beide das wollen?

K: Ich denke schon.

KOMMENTAR: An diesem Punkt entschied der Therapeut, dass es an der Zeit sei, mit dem Klienten einige realistische Alternativen abzuwägen, die ihm helfen könnten, seine Pläne umzusetzen. Diese Alternativen hängen ab von den spezifischen Angeboten am Wohnort des Klienten. Eine Reihe von Optionen wurden dem Klienten vorgestellt, darunter abstinenzorientierte Selbsthilfegruppen, Behandlung mit Disulfiram, Selbstsicherheits-Training (vor allem, um in Gesellschaft Alkohol abzulehnen), schrittweise Einschränkung des Konsums oder sofortige Abstinenz, Paarberatung. Der Klient äußerte den Wunsch, „es allein zu versuchen", zeigte aber ein gewisses Interesse, zusammen mit seiner Frau zu weiteren Beratungssitzungen zu kommen. Der Therapeut fuhr mit einer Zusammenfassung fort.

T: Lassen Sie mich sehen, ob ich verstanden habe, was Sie für sich tun wollen. Sie haben sich entschieden, den Alkohol für mindestens drei Monate nicht anzurühren und dies zu Hause mit Ihrer Frau zu besprechen. Sie halten es für eine gute Idee, zusammen mit Ihrer Frau hierher zu kommen und Ihre Beziehung näher anzuschauen. Ihnen sagt es eher zu, die Probleme mit dem Trinken selbst zu bewältigen, deswegen wünschen Sie im Moment keine weitere Unterstützung, etwa die medikamentöse Behandlung, über die wir gesprochen haben, oder eine Selbsthilfegruppe. Dennoch haben Sie gesagt, dass wir für den Fall, dass Sie innerhalb der nächsten drei Monate wieder anfangen zu trinken, noch einmal über zusätzliche Unterstützung reden würden. Sie wollen nächsten Donnerstag mit Ihrer Frau wiederkommen, dann können wir diese Planung auch mit ihr besprechen und entscheiden, welches die konkreten weiteren Schritte sein sollen. Ist es das, was Sie tun wollen?

K: Ja, ich glaube schon.

T: Sie klingen noch ein wenig zurückhaltend, und ich denke, das ist verständlich. Sie haben eine große Veränderung vor. Was macht Ihnen an dieser Planung Angst? Habe ich etwas vergessen?

Reflexion der Ambivlanz.

K: Ich habe nicht richtige Angst davor. Nein, ist schon okay. Ich habe nur gerade über die schönen Zeiten nachgedacht, die ich manchmal hatte.

T: Und es ist hart, weil Sie diese gegen Ihre Gesundheit und Ihre Familie aufwiegen und gegen gute Zeiten, die vielleicht irgendwann einmal kommen werden. Es ist schwer, sich zu verabschieden.

Umformulieren und anders beleuchten.

K: Aber es ist genau das, was ich tun muss.

T: Nein, Sie müssen nicht. Es funktioniert nur das, was Sie wollen. Was Sie wirklich wollen! Ist es das, was Sie wollen?

Betonung der Eigenverantwortung.

K: Ja.

T: Dann sehe ich Sie und Ihre Frau am Donnerstag.

Dies ist lediglich ein Beispiel, wie motivierende Gesprächsführung in der Praxis funktionieren kann. Es gibt eine Menge unterschiedlicher Möglichkeiten, wie die Grundprinzipien und Strategien umgesetzt werden können. Dieser Fall zeigt sehr anschaulich einzelne Schlüsselsituationen und mögliche Vorgehensweisen eines erfahrenen Therapeuten. Für alle Praktiker bedeutet es eine Herausforderung ihrer Kreativität, motivierende Gesprächsführung individuell angemessen anzuwenden.

12. Ethische Überlegungen

ETHISCHE MAGENSCHMERZEN IN DER MOTIVIERENDEN GESPRÄCHSFÜHRUNG

Jawohl, „Magenschmerzen". Hier geht es um Themen, die schief gegangen sind. Ethische Sachverhalte beziehen sich oft auf den Versuch der Einflussnahme, und zwar nicht nur in allen möglichen Formen der Beratung und Psychotherapie, sondern auch in fast allen Bereichen zwischenmenschlicher Interaktionen. Ethische Bedenken sind immer zentral, wenn es darum geht, Leute dazu zu bringen, etwas zu tun, das sie nicht tun wollen oder sonst nicht tun würden.

Diese Themen sind besonders bedeutsam für die motivierende Gesprächsführung. Obwohl wir die Prinzipien von Respekt, Wohlwollen und Autonomie stark betonen, wird das Thema unzulässiger Beeinflussung (Manipulation) bei Diskussionen und Schulungen trotzdem immer angesprochen. Dies ergibt sich zum Teil daraus, dass es in der motivierenden Gesprächsführung darum geht, den Willen einer Person zu ändern. Die Wünsche einer Person sind normalerweise einer der Maßstäbe, an denen man ethisches Vorgehen misst. Wie jedoch sollen Methoden beurteilt werden, die versuchen, gerade die Wünsche einer Person zu verändern?

Dies ist selbstverständlich keine ungewöhnliche Situation. Besonders die Werbung und Vermarktung zielen darauf ab, Personen dazu zu bringen, dass sie bestimmte Dinge wollen, obwohl sie die meisten dieser Dinge in Wirklichkeit gar nicht brauchen. Ob Religionen, Schulen oder „motivierende Redner", es ist Teil ihres Geschäfts, bestimmte Werte zu installieren, Personen dazu zu bringen, eine Option gegenüber einer anderen zu bevorzugen oder zu wählen. Es gibt viele, die wollen, dass Sie das wollen, was sie Ihnen anbieten und die alles daran setzen, die Wichtigkeit ihrer Offerte in Ihren Augen zu erhöhen.

Therapeuten und Berater meinen oft, dass ihr Handeln wertfrei sei, oder sich zumindest an den Werten ihrer Klienten und nicht ihren eigenen orientiert. Bewusst zu verändern, was Personen wollen und Wert schätzen, kann deshalb zu einem ethisch sensiblen Thema werden. Es ruft interessante Fragen, Unbehagen und Bedenken hervor.

Das ist nichts grundsätzlich Falsches. Wir sind eher besorgt, wenn jemand motivierende Gesprächsführung einsetzt, ohne ein gewisses ethisches Magendrücken bezüglich dieser Bedenken zu verspüren oder sie als unbedeutend abtut. Genauso, wie abhängiges Verhalten eine besonders klare Linse darstellt, durch welche man den Prozess des menschlichen Wollens und der Veränderung betrachten kann, so scheint motivierende Gesprächsführung ethische Belange bezüglich der Beeinflussung durch eine Therapie in den Brennpunkt zu bringen.

Die Intentionen des Patienten

Von primärer Bedeutung sind die Wünsche und Hoffnungen, die eine Person für ihre Therapie hat. Manchmal ist dies eindeutig oder zumindest durch den Kontext impliziert. Eine Person, die sich an einen Steuerberater oder einen Kreditberater wendet, sucht höchstwahrscheinlich finanzielle Beratung. Eine Person, die durch die Türen des „Zentrums für Alkoholismus, Substanzmissbrauch und Abhängigkeit" tritt, wird sich kaum wundern, welche Themen in einem Gespräch in dieser Institution angesprochen werden.

Selbst in solchen sehr spezialisierten Einrichtungen ist der Unterschied zwischen dem, was Personen von einer Behandlung wollen und wozu sie die Behandlung letztendlich benutzen, oft recht auffällig. In einem 17-Item Fragebogen einer Einrichtung zur Behandlung von Alkoholabhängigkeit mit dem Titel „Was ich von der Behandlung wünsche" zeigten die Patienten eine große Varianz in ihren Wünschen und Hoffnungen. Weiterhin zeigte eine Katamnese, dass bessere Behandlungserfolge hinsichtlich des Alkoholkonsums damit korrelierten, inwieweit die Personen am Ende der Behandlung berichteten, die Dienstleistungen erhalten zu haben, die sie sich bei der Aufnahme gewünscht hatten. Um es einfach auszudrücken: Wenn Leute das bekommen, was sie wollen, ist eine positive Veränderung wahrscheinlicher.

Obwohl viel Aufmerksamkeit auf die Veränderungswünsche der Patienten in Bezug auf sich selbst gerichtet wird, kommt es auch vor, dass Leute ganz bestimmte Dinge von Ärzten und Therapeuten wünschen und danach fragen. Eine bekannte Frustrationsquelle für Ärzte stellen die Patienten dar, die bestimmte medizinische Dienstleistungen erbitten oder sogar verlangen, die der Arzt jedoch als nicht notwendig erachtet. So zum Beispiel der Patient, der Schmerzmittel oder Schlaftabletten will oder die Mutter, die überzeugt ist, dass ihr krankes Kind Antibiotika benötigt. Es ist daher durchaus angebracht, die Person nicht nur zu fragen, was sie will, sondern spezifischer, „Was wollen Sie von mir?"

Die Intentionen des Therapeuten: Mitgefühl, Meinung und Investition

Patienten sind nicht die einzigen Menschen mit Intentionen. Betrachten wir die typische Situation, für die MI entwickelt wurde: Die Person steht an einem Scheideweg, hat mindestens zwei verschiedene Richtungen, in die sie sich begeben kann und ist ambivalent bezüglich ihrer Entscheidung. Wir werden nun einige der unterschiedlichen Intentionen betrachten, die ein Therapeut bezüglich dieser Person haben könnte.

Zu sagen, dass es dem Therapeuten gleichgültig ist, welchen Weg die Person wählt, kann mindestens drei unterschiedliche Bedeutungen haben. Zum Ersten könnte es bedeuten, dass der Therapeut kein Mitgefühl für die Person hat und ihm das Ergebnis egal ist. Der Therapeut mag sich sehr unterschiedliche Ergebnisse vorstellen können, abhängig davon, welche Wahl die Person trifft, aber er ist nicht weiter daran interessiert. Für unsere Betrachtung setzen wir voraus, dass diese Bedeutung nicht zutrifft und dass der Therapeut wirklich am Wohlergehen der Person interessiert ist. Sollte sich ein Therapeut durch „Burnout" oder andere Umstände in einem solchen Zustand der Gleichgültigkeit befinden, in dem Therapie nur noch Routine oder eine intellektuelle Übung darstellt, ist es höchste Zeit, sich eine andere Tätigkeit zu suchen.

Zum Zweiten kann es bedeuten, dass der Therapeut die besten Interessen der Person wahrnehmen will, aber wirklich keine Meinung dazu hat, was die bessere Wahl für den Klienten wäre. In diesem Fall, den wir in Kapitel 7 „Equipoise" genannt haben, kann der Therapeut keinen professionellen Ratschlag geben. Vom Standpunkt des Therapeuten aus, scheinen beide Wege ähnliche Ergebnisse für die Person zu bringen. Der Therapeut kann dieser Person bei ihrem Entscheidungsprozess trotzdem hilfreich sein, wie auch das Beispiel von non-direktiver motivierender Gesprächsführung am Ende von Kapitel 7 gezeigt hat.

Zum Dritten könnte es auch bedeuten, dass dem Therapeuten keinerlei persönliche Vorteile aus einer spezifischen Entscheidung der Person entstehen würden. Die Auswirkungen gleichen sich, egal welche Wahl der Patient trifft. Der Therapeut ist vielleicht der Meinung, dass es zu sehr unterschiedlichen Ergebnissen für den Patienten führt, je nachdem wel-

chen Weg er wählt, und er mag ihm das Beste wünschen, hat aber keine eigenen Interessen im Sinne von persönlichem Gewinn oder Verlust.
Für unsere gegenwärtige Diskussion wollen wir diese drei Arten von Interesse als Mitgefühl, Meinung und Investition bezeichnen. Jede von ihnen kann ohne die anderen präsent sein.
Mitgefühl ist die liebevolle und selbstlose Sorge um das Wohl der Person. Eine mitfühlende Person nimmt sich die Interessen eines anderen zu Herzen. Erich Fromm beschreibt dies in seinem Klassiker „Die Kunst des Liebens".
Meinung ist ein Urteil, welche Wahl den Interessen der Person am besten dient. Man hofft, dass dieses Urteil informiert und professionell ist, obwohl die Meinungen über die relativen Vorteile einer Wahl viele Ursprünge haben können. Patienten fragen Spezialisten oft nach ihrer Meinung und suchen manchmal auch eine zweite Meinung. Die Frage hier ist: Was sind die Erwartungen des Therapeuten bezüglich der Ergebnisse des Klienten, wenn er seine Ambivalenz in eine Richtung im Gegensatz zu einer anderen löst?
Investition beinhaltet einen spürbaren Gewinn oder Verlust für den Therapeuten, abhängig von der Wahl, die der Patient trifft. Dies kann durchaus materieller Natur sein. Verkäufer zum Beispiel investieren in Entscheidungen, weil der Gewinn oder Verlust eines Verkaufes und des damit verbundenen Profits davon abhängt, ob ein Kunde einen Kauf tätigt oder nicht. Die Entscheidung, Patienten in eine Klinik aufzunehmen oder nicht, könnte durch den Stand der Belegung der Krankenbetten beeinflusst werden.
In anderen Situationen kann die Investition eher symbolischer Natur sein. Ein Therapeut, der ein ähnliches Problem gerade bearbeitet oder überwunden hat, könnte sich zu stark mit der Person identifizieren, besonders, wenn der Therapeut noch in der frühen Genesungsphase ist und zu übereifrig eine bestimmte Wahl unterstützt. Therapeuten, die Behandlungsergebnisse sehr stark mit ihrem Selbstwert und ihrer Kompetenz gleichsetzen, neigen zu einer Überinvestition in die Wahl, die ein Patient trifft. Auch sehr starke persönliche Werte eines Therapeuten können eine Tendenz in Richtung einer bestimmten Entscheidung der Person hervorrufen. Dies könnte zum Beispiel der Fall sein in Einrichtungen, die alkoholabhängige oder substanzmissbrauchende Frauen in Sachen Familienplanung, ehelicher und häuslicher Gewalt sowie Schwangerschaft beraten oder behandeln.

Investition kann auch aus der Form der Beziehung zwischen Therapeut und Patient entstehen. Vor allem Familienmitglieder sind nicht unbeteiligt, da die Entscheidungen auch sie selbst direkt betreffen. Normalerweise vermeiden Psychotherapeuten diese Verstrickungen, die durch die Behandlung von Personen entstehen könnten, mit denen sie persönliche oder geschäftliche Beziehungen haben.

Wir finden diese drei Arten von Therapeuten-Interessen in Patientenentscheidungen – Mitgefühl, Meinung und Investition – als recht hilfreich in der Beurteilung von ethisch schwierigen Situationen, die im Rahmen der motivierenden Gesprächsführung auftreten können. Solche ethischen Probleme treten natürlich nicht nur im Rahmen der motivierenden Gesprächsführung auf, sondern sind für alle, die im therapeutischen Bereich tätig sind, relevant.

Übereinstimmen der Intentionen

Es braucht nicht gesagt zu werden, dass die Intentionen von Patienten und Therapeuten nicht immer übereinstimmen. Die Übereinstimmung ist am größten, wenn beide auf das gleiche Ziel hinarbeiten. Ist dies jedoch nicht der Fall, entsteht die Frage, wie Ziele und Vorgehensweisen für die Therapie gesetzt werden sollen.

Hier können die ethischen Prinzipien von Wohlwollen und Autonomie in Konflikt geraten. Die meisten Therapeuten sind davon überzeugt, dass es das Recht des Patienten ist, frei zu wählen oder zumindest zu beeinflussen, was die Ziele der Therapie sein sollen. Was die Person anfangs jedoch von dem Therapeuten und der Therapie wünscht, mag sich sehr von der Meinung des Therapeuten, was zum Wohl des Patienten ist, unterscheiden. Einige Beispiele sollten genügen:

Ein Arzt ist besorgt über den hohen Blutdruck eines Patienten und möchte gerne Medikamente verschreiben. Die Person will keine Medikamente einnehmen und zieht es vor, den Blutdruck durch Ernährung und Körperbewegung zu regulieren.

Ein Paar begibt sich in Therapie wegen eines Ehekonflikts. Die persönlichen Überzeugungen des Therapeuten sind unvereinbar mit Scheidung und er legt großen Wert auf eheliche Treue. Ein Partner gesteht in einem Einzelgespräch mit dem Therapeuten, eine außereheliche Beziehung zu unterhalten und diese auch fortsetzen zu wollen, während er in der Therapie herausfinden will, ob die Ehe zu retten ist oder nicht. Nach Meinung des Therapeuten ist dies weder zum Wohl des Partners noch der Ehe.

Eine Person, die wegen Alkohols am Steuer verurteilt wurde, erhält eine gerichtliche Auflage zur Aufnahme einer Therapie und erklärt kontrolliertes Trinken als ihr Therapieziel. Auf Grund der Schwere der Alkoholabhängigkeit hält der Therapeut dieses Ziel nicht nur für unrealistisch, sondern auch für gefährlich für den Patienten und wünscht, dass der Patient sich für Abstinenz entscheidet.

Die Intentionen von Klienten können nicht nur mit der professionellen Meinung des Therapeuten, was zum Wohl der Person ist, in Konflikt stehen, sondern auch mit seinen persönlichen Investitionen. Das ist in mindestens zwei der obigen Szenarien der Fall. In dem Alkoholszenario können sich die Besorgnisse des Therapeuten nicht nur auf das beste Interesse des Klienten beziehen, sondern auch auf haftungsrechtliche Folgen für ihn, falls die Therapie das Ziel des kontrollierten Trinkens unterstützt und die Person unter Alkoholeinfluss jemanden verletzt oder Schaden zufügt. Hier ein weiteres Beispiel:

Ein niedergelassener Therapeut, der zur Zeit etliche Vakanzen hat, führt ein Erstgespräch mit einer Person, die unter einer Zwangsstörung leidet. Obwohl er einige Erfahrung auf diesem Gebiet hat und meint, er könne der Person helfen, kennt er eine Kollegin, die auf die Behandlung von Zwangsstörungen spezialisiert ist und zahlreiche Behandlungserfolge erzielt hat. Überdies zögert die Person, sich zu einem anderen Therapeuten überweisen zu lassen und möchte gerne mit diesem Therapeuten weiterarbeiten.

Dieses Beispiel verdeutlicht einen komplexen Sachverhalt, in dem die persönlichen Investitionen eines Therapeuten in direktem Konflikt nicht nur mit den Patientenwünschen, sondern auch mit dem eigenen Verständnis steht, was zum Wohl des Patienten ist.

Macht und ihr Gebrauch

Lassen Sie uns noch eine zusätzliche Ebene der Komplexität hinzufügen, bevor wir untersuchen, wie MI mit diesen ethischen Schwierigkeiten umgeht. Abhängig von den Rahmenbedingungen einer Psychotherapie bestehen erhebliche Unterschiede in dem Ausmaß der Macht, die ein Therapeut hat, um das Verhalten einer Person und die Ergebnisse der Behandlung zu beeinflussen. Ein Therapeut, der eine Person zum ersten

12. ETHISCHE ÜBERLEGUNGEN

Male sieht und nur eine Beratung bezüglich eines Problems anbietet, befindet sich an dem Punkt des Kontinuums, an dem der Einfluss sehr gering ist. Es muss natürlich gesagt werden, dass es immer ein Machtgefälle in der Psychotherapie gibt und dass der Therapeut höchstwahrscheinlich in der Lage ist, das Verhalten der Person zu beeinflussen; das ist schließlich ein elementarer Bestandteil der Therapeutenrolle. Trotzdem übersteigen die Schwierigkeiten mit dem Thema Macht nicht die der anderen Komplikationen, die der Psychotherapie im Allgemeinen innewohnen. Am anderen Extrem des Kontinuums könnte man sich einen Therapeuten vorstellen, der mit Straftätern arbeitet, die auf Bewährung entlassen sind und der die Macht hat, diesen Status jederzeit zu widerrufen und eine Inhaftierung zu bewirken.

Das Vorhandensein von besonderem Einfluss in einer therapeutischen Beziehung kann die ethischen Sachverhalte noch komplizieren. Der Therapeut mag nicht nur eine Meinung dazu haben, was am besten für die Person ist und eine persönliche Investition in die Entscheidungen und Ergebnisse, sondern auch die Macht besitzen, diese durchzusetzen. Ein Therapeut mit solcher Macht muss sich dann auch entscheiden, ob er diese einsetzen will, um die Person zu überreden, sich in eine bestimmte Richtung zu bewegen.

ETHISCHE KOMPLEXITÄT UND MOTIVIERENDE GESPRÄCHSFÜHRUNG

Wie gestaltet sich nun die Interaktion dieser Komplexitäten mit den besonderen Eigenschaften der motivierenden Gesprächsführung? Ist unser Verständnis dieser Methode korrekt, dann hat sie das Potenzial – innerhalb gewisser Grenzen – den Willen, die Zuversicht und die Bereitschaft einer Person zu beeinflussen, sich in die eine oder die andere Richtung zu verändern. Es entstehen also Bedenken durch die Möglichkeit, dass diese Methode tatsächlich die Motivation, den Willen sowie das damit verbundene Verhalten einer Person verändern kann. Dies ist nicht von besonderer Besorgnis, wenn die Absichten der Person mit denen des Therapeuten übereinstimmen. Gibt es jedoch Diskrepanzen, bedarf es besonderer ethischer Überlegungen. Diese berühren vor allem die Techniken, die die Wünsche der Person an die des Therapeuten annähern können. Die Situation wird noch komplizierter, wenn der Auftraggeber des Therapeuten, derjenige der die Veränderung wünscht, nicht die Person im Sprechzimmer ist, sondern eine andere Partei, zum Beispiel die Eltern, die Schule oder das Rechtssystem. Wenn sich die Intentionen der Personen von denen des Therapeuten unterscheiden, ist es auch der Fall, dass Interventionen, die dazu dienen, die Bereitschaft zur Veränderung zu verändern, in gewisser Weise ohne die Erlaubnis der Personen geschehen. Man könnte auf bestimmte Rahmenbedingungen hinweisen, die diese Besorgnis etwas mildern. Jemand, der sich freiwillig in eine Einrichtung zur Behandlung von Abhängigkeitserkrankungen begibt, mag erklären, dass er keinerlei Interesse hat, den Gebrauch von Droge A aufzugeben, obwohl die Motivation, den Gebrauch der Droge B aufzugeben, sehr hoch ist. Er wird sich nicht wundern, wenn der Therapeut versuchen würde, auch die Motivation zu erhöhen, den Gebrauch von Droge A einzustellen. Personen, die Hilfe bei konfessionellen Einrichtungen suchen, können erwarten oder sogar wünschen, dass der Therapeut Werte befürwortet, die mit ihrem derzeitigen Verhalten und Begehren in Konflikt stehen. Trotzdem kann man sich nicht der Tatsache entziehen, dass man bei dem Versuch, das Begehren einer Person zu verändern, dies in einem gewissen Sinne immer ohne die direkte Einwilligung oder Aufforderung der Person unternimmt.

Dieser Sachverhalt der Einwilligung ruft weitere Bedenken hervor, die daraus hervorgehen, dass eine Methode wie die motivierende Gesprächsführung erfolgreich sein kann, die Wünsche einer Person zu ändern, ohne dass sie sich des Prozesses bewusst wird oder weiß, wie er funktioniert. Deshalb ist zum Beispiel sublime Werbung in Kinos verboten, obwohl Werbung generell dazu dient, die Motivation zu erhöhen, ohne dass es dafür der direkten Erlaubnis einer Person oder ihres Verständnisses der zu Grunde liegenden psychologischen Prozesse bedarf. Die drei möglichen ethischen Probleme motivierender Interventionen sind also: (1) dass sie funktionieren können, (2) dass sie ohne die direkte Zustimmung der Person funktionieren können und (3) dass sie funktionieren können, ohne dass sich die Person dessen bewusst ist. Wir betrachten dies als legitime Themen für eine ethische Betrachtung und bieten im Folgenden einige Richtlinien für den Gebrauch der motivierenden Gesprächsführung bezüglich dieser Komplexitäten an.

Bevor wir jedoch zu diesen Richtlinien kommen, ist eine ausführlichere Besprechung des Themas Nötigung in der motivierenden Gesprächsführung angesagt. Dies ist natürlich mit der Frage verbunden, die aus der Fähigkeit der motivierenden Gesprächsführung hervorgeht, innerhalb

12. ETHISCHE ÜBERLEGUNGEN

gewisser Grenzen, den Willen, die Zuversicht und die Bereitschaft einer Person, in einer gewissen Weise zu handeln, zu beeinflussen. Was sind diese Grenzen? Kann eine Person durch MI zum Beispiel veranlasst werden, in einer Weise zu handeln, die ihren eigenen zentralen Werten widerspricht? Wir glauben, zum Teil basierend auf unserem Verständnis, wie diese Methode funktioniert, dass die Antwort auf diese Frage „Nein" ist. In dem Ausmaß, in dem wir mit der Behauptung richtig liegen, dass die Entwicklung einer internen Diskrepanz ein Schlüsselprozess in der motivierenden Gesprächsführung ist, stellt sich die Frage, Diskrepanz womit? Die Antwort muss sein, mit den persönlichen Zielen und Werten der Person. Wir glauben, dass es keine Basis für die Wirksamkeit der motivierenden Gesprächsführung gibt, wenn das gegenwärtige „Problemverhalten" nicht in Konflikt mit etwas steht, das die Person in höherer Wertschätzung hält. Der Fokus ist immer auf der intrinsischen Motivation zu einer Veränderung. Es ist irrelevant, ob das Verhalten der Person diskrepant mit den Werten eines anderen ist, es sei denn, diese Werte werden auch von der Person selbst hoch eingeschätzt, in welchem Fall es wiederum die intrinsische Motivation ist, die wirkt. Wenn wir hiervon ausgehen, dann veranlasst MI keine Verhaltensänderung, es sei denn, die Person nimmt eine solche Veränderung als ihren eigenen höheren Werten und damit ihren eigenen Interessen dienend wahr.

Diese schützende Eigenschaft der Übereinstimmung mit intrinsischen Werten besteht nicht für Methoden, die eine Person gezielt unter Druck setzen. Personen können manchmal zu Verhaltensweisen genötigt werden, die Werte verletzen, die für sie von hoher Bedeutung sind. Genau das ist natürlich eine Intention, die hinter Folter und Gehirnwäsche steht. Deshalb gibt es auch Ethikkommissionen, um Teilnehmer an Forschungsstudien vor Bedingungen zu schützen, die als nötigend eingestuft werden könnten, wie zum Beispiel eine hohe Aufwandsentschädigung, um Teilnehmer zu verlocken, sich erhöhten Risiken auszusetzen. Im Bereich der Psychotherapie gibt es eine Methode, die als „konstruktiver Zwang" bekannt ist und die Macht eines Arbeitgebers ausnutzt, um Arbeitnehmer zur Teilnahme an einer Behandlung zu motivieren, die sie anderweitig verweigern würden. Die „Intervention", die vom Johnson Institut befürwortet wird, beinhaltet typischerweise eine geplante und eingeübte „Überraschungs-Konfrontation" einer Person, die Probleme mit Alkohol oder anderen Drogen hat, durch eine Gruppe von Familienmitgliedern, manchmal auch Freunden und dem Arbeitgeber. Neben dem

Ausdruck von mitfühlender Besorgnis kündigen die Teilnehmer oft auch negative Konsequenzen an, sollte die Person nicht den Absichten der Gruppe nachkommen, was meist bedeutet, eine private Einrichtung zur Behandlung des Problems aufzusuchen. Solche Interventionen werden eindeutig ohne das Wissen oder den Wunsch der Person unternommen, wobei das ethische Prinzip des Wohlwollens für die Person hier größere Wichtigkeit erhält als ihre Autonomie – zumindest vorübergehend.

Wir behaupten, dass die motivierende Gesprächsführung auf Grund der Tatsache, dass sie auf die Diskrepanz mit eigenen Werten aufbaut, nicht wirksam sein kann, wenn die Autonomie der Person verletzt wird. Sie kann bewirken, dass eine Person etwas anderes tut, jedoch aus dem Grund, dass die gewünschte Veränderung letztendlich mit wichtigen eigenen Zielen und Werten übereinstimmt. In dieser Weise unterscheidet sich MI von unter Druck setzenden Strategien, die ausdrücklich entwickelt wurden, sich darüber hinwegzusetzen, was eine Person will.

In diesem Rahmen können wir jetzt die ethische Beziehung zwischen motivierender Gesprächsführung und den Intentionen des Therapeuten und der Person ansprechen. Wir identifizierten drei Bedingungen, in denen die motivierende Gesprächsführung besonderer Aufmerksamkeit bedarf. Je mehr Verknüpfungen dieser komplizierten Bedingungen in einem Fall vorliegen, desto mehr Vorsicht ist geboten und wir sind der Überzeugung, dass unter bestimmten Bedingungen der Einsatz von MI ethisch nicht vertretbar ist. Wir wollen diese Diskussion nicht alleine auf Psychotherapie beschränken, da die Anwendungen der motivierenden Gesprächsführung auch in anderen Situationen erwogen wird. Demzufolge sprechen wir in dieser Betrachtung nur von dem „Gesprächsführenden" und der „Person". Wobei der „Gesprächsführende" ein Therapeut, ein Verkäufer, ein Arzt, ein Polizist, ein Elternteil, ein Arbeitgeber oder eine beliebige interessierte Partei sein kann. Die drei ethischen Problemstellungen sind wie folgt:

1. Wenn die Intentionen der Person mit der Meinung des Gesprächsführenden, was zum höchsten Wohl der Person ist, nicht übereinstimmen.

2. Wenn der Gesprächsführende einen persönlichen Gewinn davon hat, welche Entscheidung die Person trifft.

3. Wenn der Gesprächsführende die Macht hat, die Veränderung der Person in eine bestimmte Richtung zu erzwingen.

12. ETHISCHE ÜBERLEGUNGEN

Unstimmigkeiten in den Intentionen sind nicht ungewöhnlich in der motivierenden Gesprächsführung. Obwohl es am einfachsten ist, wenn sie übereinstimmen, gibt es auch Sachverhalte, in denen MI ethisch angebracht ist, obwohl die Intentionen anfänglich auseinander klaffen. Das ethische Prinzip des Wohlwollens steht hier im Vordergrund, es beruht jedoch auf der Annahme, dass die Beurteilung des Gesprächsführenden, was zum Wohl der Person ist, auch unter unabhängiger, objektiver Betrachtung Bestand hat.

Die Sache wird erheblich nebulöser, wenn der Interviewer einen persönlichen Nutzen aus einem bestimmten Verhalten der Person zieht. In diesem Fall wird die unabhängige Beurteilung durch den Gesprächsführenden auf Grund des Interessenkonflikts fraglich. Je größer der Nutzen, umso ernsthafter sind die Bedenken. Ein besonderer Fall ergibt sich, wenn die Interessen des Gesprächsführenden – nach eigener Einschätzung oder der eines Außenstehenden – im Gegensatz zum Wohl der Person stehen. In diesem Fall sind wir ganz eindeutig der Meinung, dass motivierende Gesprächsführung nicht angebracht ist. Wir sagen dies, obwohl wir glauben, dass MI die Prinzipien der Autonomie niemals verletzt. Kann zum Beispiel jede der beiden Alternativen als im Interesse der Person und übereinstimmend mit ihren Werten beurteilt werden, jedoch nur eine der Optionen dient dem Interesse des Gesprächsführenden, dann halten wir einen Einsatz der motivierenden Gesprächsführung, um die Balance in Richtung der Lösung, die mit den Interessen des Gesprächsführenden übereinstimmen, zu bewegen, als nicht angebracht.

Diese ethischen Problemstellungen werden noch verschärft, wenn der Gesprächsführende Vollstreckungsgewalt über das Verhalten der Person hat. Natürlich könnte der Gesprächsführende sich entscheiden, diese Macht nicht zu gebrauchen, aber die Tatsache, dass er die Macht hat, kann schon eine Beeinflussung darstellen, wenn die Intentionen auseinander gehen. Wir halten deshalb besondere Vorsicht für angebracht, wenn der Gesprächsführende besondere Macht über das Verhalten und die Ergebnisse hat, die über eine normale professionelle Beziehung hinausgeht. Diese Sachverhalte werden in den folgenden Fallbeispielen und Leitlinien angesprochen.

Sind sowohl Vollstreckungsgewalt und persönliches Interesse gegeben, halten wir die Anwendung von motivierender Gesprächsführung für unangebracht. Beispiele wären ein Bewerbungsgespräch mit einem zukünftigen Arbeitnehmer oder ein Polizeibeamter beim Verhör eines Verdächtigen, obwohl in beiden Situationen gute Fertigkeiten in reflektierendem Zuhören sehr angebracht sein können.

Wir fassen diese Punkte im Kasten 12.1 zusammen, indem wir von links nach rechts die ansteigenden ethischen Problemstellungen und Kontraindikationen für den Einsatz der motivierenden Gesprächsführung beleuchten. Es gibt natürlich auch andere Kombinationen als die hier aufgeführten.

EINIGE RICHTLINIEN FÜR ETHISCHES VORGEHEN

Zum Abschluss bieten wir einige Leitlinien an, die aus der vorgehenden Diskussion abgeleitet sind. Natürlich treffen auch hier die übergreifenden ethischen Leitlinien zu, die sich aus der professionellen Berufspraxis ableiten. Grundsätzlich gilt: Wenn Sie ein ethisches Bedenken verspüren, achten Sie darauf und ergründen Sie es. (Wenn Sie nie ethisches Magendrücken beim Einsatz der motivierenden Gesprächsführung spüren, sollte Ihnen das zu denken geben!) In diesen Leitlinien haben wir uns besonders auf solche Sachverhalte konzentriert, die bei MI Bedeutung haben und für jede Fragestellung bieten wir Fallbeispiele an, von denen wir hoffen, dass sie hilfreich sind. Obwohl wir hauptsächlich in Therapeuten-Patienten Situationen denken, können diese natürlich auch auf andere klinische Methoden angewendet werden.

> Leitlinie 1: Wenn Sie ethische Bedenken oder eine Dissonanz in der therapeutischen Beziehungen spüren, klären Sie die Intentionen der Person und Ihre eigenen.

Beispiel 1: Eine junge Frau kam zu mir (Rollnick), beunruhigt über Panikattacken, die sie mehr und mehr beängstigten und beeinträchtigten. Eine motivierte Selbstverpflichtung ist ein wichtiger Bestandteil in der Behandlung von Panikattacken und Agoraphobie und ich hatte schon reichlich Erfahrung und einige ermutigende Erfolge in diesem Bereich. Wir begannen sogleich mit der Behandlung der Panikattacken und stellten einen Therapieplan auf, der auch die Aufgabe von Rauchen sowie ihre Schüchternheit beinhaltete, die beide mit den Panikattacken in Verbindung standen. In jeder Sitzung brachte sie jedoch neue Anliegen zur Sprache. Einmal berichtete sie, dass sie Anorexie habe und Rauchen als Appetitzügler einsetzte. In der nächsten Sitzung beschrieb sie, dass sie sich zu einer Mitarbeiterin hingezogen fühlte und wollte das Thema ihrer sexuellen Identität besprechen. Dieses Thema war bei der nächsten Sitzung verflogen und wir sprachen über ihre Schüchternheit mit Männern. Ich verspürte ein wachsendes Unbehagen, dass wir uns verzettelt hatten und ich ihr überhaupt nicht helfen würde, wenn wir uns nicht auf ihr Hauptanliegen konzentrieren. Aber was war ihr Hauptanliegen? Offensichtlich kam sie gerne zu unseren Sitzungen und vielleicht erfand sie immer wieder neue Anliegen, um mit den Sitzungen fortzufahren. Mein eigenes Bestreben war immer noch, ihr mit den Panikattacken zu helfen, da sie diese als eine recht einschränkende Besorgnis dargestellt hatte. Ihre eigenen Ziele für die Therapie waren für mich jedoch unklar geworden. Ich entschloss mich, dieses Dilemma direkt anzugehen: „Ich bin hier etwas verwirrt. Ich hatte den Eindruck, dass Sie besonders über Ihre Panikattacken besorgt sind, mit denen ich Ihnen gerne helfen würde, aber was wollen Sie? Ich habe das Gefühl, wir verlieren den Faden und es ist wichtig für mich zu wissen, was Sie von der Therapie wollen?" Durch den Einsatz von MI und die Festlegung einer Agenda kamen wir zu der Übereinstimmung, dass wir zwei spezifische Punkte – einer davon die Panikattacken – ansprechen würden. Wir setzten genaue Ziele und machten im Verlauf der nächsten Sitzungen sehr gute Fortschritte, ihre Panikattacken in den Griff zu bekommen.

Leitlinie 2: Wenn Ihre Meinung, was zum Wohl der Person gereicht, nicht mit dem übereinstimmt, was die Person selbst will, überdenken Sie Ihre Agenda und überarbeiten Sie diese, indem Sie ihre Besorgnisse und Vorstellungen für die Person transparent machen.

Kasten 12.1: Ethische Komplexität und motivierende Gesprächsführung

Ethische Schwierigkeit	sehr niedrig						sehr hoch
Haben Sie eine klare Meinung, welche Entscheidung zum Wohl des Patienten ist?	nein	ja	ja	ja	ja	ja	ja
Sind Ihre Bestrebungen (sowohl Meinung als auch persönlicher Vorteil) deckungsgleich mit denen des Klienten?	trifft nicht zu	ja	nein	nein	nein	nein	nein
Enthalten Entscheidungsmöglichkeiten des Klienten direkte persönliche Vorteile für sie?	nein	nein	nein	nein	ja	ja	ja
Besteht ein Widerspruch zwischen Ihren eigenen Vorteilen und dem Wohl des Klienten?	trifft nicht zu	trifft nicht zu	trifft nicht zu	trifft nicht zu	nein	ja	ja
Haben Sie die Macht, bestimmte Entscheidungen des Klienten zu erzwingen?	nein	nein	nein	ja	nein	nein	ja
Ist der Einsatz der motivierenden Gesprächsführung angebracht?	ja	ja	Vorsicht	Vorsicht	Vorsicht	nein	nein

Beispiel 2a. Eine Frau mittleren Alters kam zu mir (Rollnick), besorgt über ihre Spielsucht. Sie hatte schon viel Geld in Spielcasinos verloren. Sie äußerte den Wunsch, Strategien für den Umgang mit ihrem Glücksspielproblem zu erhalten. Als ich sie um eine Einschätzung der Wichtigkeit bat, bewertete sie diese mit 9, während ihre Zuversichts-Einschätzung bei 3 lag, ganz in Einklang mit ihrem Wunsch nach Strategien für eine Verhaltensänderung. Ich spürte jedoch ein

12. ETHISCHE ÜBERLEGUNGEN

„Unbehagen" und ich hatte den Verdacht, dass die Lösung ihres Problems nicht in Fertigkeiten lag, ihr Spielverhalten in den Griff zu bekommen, sondern in der Exploration ihrer Motivation, zu spielen.

Folglich bat ich um Erlaubnis, meinen Verdacht auszusprechen und zu erläutern. Ich versprach ihr, gegen Ende unserer ersten Sitzung, einige konkrete Verhaltensstrategien an die Hand zu geben und hoffte, dass sie willens sei, einige Zeit auf die Exploration ihrer Gründe für ihr Spielverhalten aufzuwenden. Sie stimmte zu.

„Warum haben Sie eine 9 auf der Wichtigkeitsskala und nicht eine 3?", fragte ich. „Mein Mann", antwortete sie, „hat angedroht, er würde mich wegen meines Glücksspiels verlassen". Die 9 war also eher eine Einschätzung, wie wichtig es für ihren Ehemann war, dass sie dem Glücksspiel ein Ende mache. Ihre eigene Einschätzung lag eher bei 2. Tatsache war, dass diese Frau, die Geschäftsführerin eines großen Betriebs gewesen war, sich mit ihrem Leben als Hausfrau zu Tode langweilte und das Glücksspiel ihre Zeit ausfüllte und ihre Langeweile und Einsamkeit linderte. Im Verlauf unserer Sitzung gab ich ihr folgende Zusammenfassung: „Ihr Ehemann hat also mit Scheidung gedroht wegen Ihres Glücksspiels. Ihr Leben fühlt sich recht leer an und Sie sind zu Tode gelangweilt. Sie fühlen sich einsam und gehen ins Casino, um ihre Zeit auszufüllen. Was Sie von mir möchten, sind einige Fertigkeiten, um Ihr Glücksspiel zu kontrollieren." Sie brach in Tränen aus.

Den Rest dieser und der nächsten Sitzung verbrachten wir damit, ihre Langeweile und Einsamkeit direkt anzugehen. Wir konzentrierten uns darauf, Aktivitäten zu finden, die Bedeutung und Beschäftigung in ihr Leben bringen könnten, um dadurch die Notwendigkeit, sich durch Glücksspielerei abzulenken, zu eliminieren. In der zweiten Sitzung war sie nicht mehr besorgt, ihr Spielverhalten zu ändern und sagte, es würde sich von selbst lösen und dankte mir für meine Hilfe. „Ich habe das bekommen, was ich wollte", sagte sie. Wir vereinbarten einen Termin in sechs Monaten, bei dem sie einige wichtige Veränderungen in ihrem Leben umgesetzt hatte und das Problem mit Glücksspiel war gelöst.

Beispiel 2b. Ein Karikaturist, der täglich neue Ideen für seine Bilder in der Tageszeitung entwickeln musste, kam zu mir (Miller). Er be-

MOTIVIERENDE GESPRÄCHSFÜHRUNG

nutzte verschiedene Formen von Meditation, um seine Kreativität anzuregen, in letzter Zeit wurden diese jedoch immer wieder durch eindringliche und beunruhigende Intrusionen des Gesichts eines Mannes, mit dem er einen beachtlichen Konflikt hatte, gestört. Obwohl er normalerweise seinen Kopf klären und damit Raum für seine kreativen Ideen schaffen konnte, fand er sich unfähig, diese eindringlichen Gedanken abzustellen und war in seiner Arbeit schwer beeinträchtigt. „Ich denke, Hypnose könnte mir helfen", sagte er.

Obwohl ich in Hypnotherapie ausgebildet bin, war mir bei seiner Idee nicht ganz wohl, da die Literatur bezüglich Zwangsgedanken wenig Nutzen für Hypnose aufzeigt und eher in Richtung der kognitiven Verhaltenstherapie weist. Ich erklärte ihm das und er stimmte zu, meinen Vorschlag auszuprobieren. Einige Sitzungen später wurden die Probleme noch schlimmer, obwohl er die von mir vorgeschlagenen Fertigkeiten fleißig einsetzte. Wir verhandelten erneut und ich stimmte zu, ihn in dieser Sitzung zu hypnotisieren.

Ich hypnotisierte ihn nur das eine Mal. Die eindringlichen Gedanken verschwanden und beeinträchtigten ihn nicht mehr.

Dies lehrte mich, darauf zu hören, was Patienten wollen.

Leitlinie 3: Je mehr ihr persönlicher Vorteil von einem bestimmten Behandlungsergebnis abhängt, desto unangebrachter ist der Einsatz der motivierenden Gesprächsführung. Es ist eindeutig unzulässig, wenn ihr persönlicher Vorteil nicht mit dem höchsten Wohl der Person übereinstimmt.

Beispiel 3a. Wenn ich (Miller) mich auf längeren Flügen befinde, ziehe ich mich normalerweise zurück und rede nicht mit meinen Mitreisenden, schon gar nicht über meine berufliche Tätigkeit. Diese Dame war jedoch sehr hartnäckig und erzählte mir, dass sie Privatflugzeuge an Geschäftsleute verkaufe, die diese meist nicht wirklich benötigten. Sie erklärte, dass der Schlüssel zum Erfolg darin liege, dass der Besitz eines Privatjets mehr Prestige und Komfort böte als die Flüge bei kommerziellen Gesellschaften und es deshalb zum Wohle

12. ETHISCHE ÜBERLEGUNGEN

der Geschäftsperson sei, eins zu besitzen. Mein Interesse war geweckt und ich befragte sie detailliert über ihre Methoden der Gesprächsführung und des Verkaufsabschlusses. Die Unterhaltung interessierte mich mehr und mehr und ich wies auf einige Parallelen hin, zwischen ihren Methoden und meinem Ansatz, Menschen zu helfen, Verhaltensänderungen umzusetzen. Daraufhin wurde sie sehr engagiert und wollte Details über motivierende Gesprächsführung erfahren. Plötzlich spürte ich nicht nur ein ethisches Magendrücken, sondern Feueralarm, zog mich freundlich zurück und vertiefte mich in meinen Laptop. Das Privatflugzeug habe ich auch nicht gekauft.

Beispiel 3b. Wir waren im Rückstand mit der Rekrutierung für eine Forschungsstudie (Miller). Patienten, die von dieser Behandlung hätten profitieren können, lehnten die Teilnahme aus den unterschiedlichsten Gründen ab. „Warum versuchen wir es nicht mit motivierender Gesprächsführung?", schlug jemand vor. Obwohl man dafür hätte plädieren können, dass die Teilnahme zum Wohle der Patienten war, gab es keine Möglichkeit, dies von den eindeutigen Interessen des Studienleiters zu trennen. Wir betrachten es deshalb als unethisch, MI einzusetzen, um die Bereitschaft zu einer Studienteilnahme zu erhöhen.

Beispiel 3c. Ein Rechtsanwalt, der eine Frau vertrat, deren Bein seit einem Autounfall gelähmt war, setzte sich mit mir (Rollnick) in Verbindung. Wäre ich bereit, als Psychologe, mit ihr darüber zu reden, wie diese Verletzungen ihr Leben beeinflusst hatten? Insbesondere bat der Anwalt mich, sie mit Hilfe von motivierender Gesprächsführung zu überreden, dass einige unklare Bereiche in ihrem Leben, zum Beispiel die Arbeitslosigkeit und kein zweites Kind zu haben, tatsächlich durch den Unfall beeinträchtigt worden waren, obwohl sie selbst zur Zeit keine Beziehung zwischen diesen Tatsachen und ihrer Verletzung sah. Dies würde die Schadensforderungen gegen den anderen Fahrer beeinflussen. Obwohl ich keine eigenen Vorteile an einem speziellen Ergebnis in diesem Fall hatte, würde der Rechtsanwalt ganz klar von einer größeren Schadensabfindung profitieren und dies war meiner Meinung nach nicht unbedingt zum Wohle seiner Mandantin. Ich lehnte ab.

Leitlinie 4: Je mehr Möglichkeiten Sie haben, Zwangsmaßnahmen einzusetzen, um das Verhalten einer Person zu beeinflussen, desto mehr Vorsicht ist beim Einsatz der motivierenden Gesprächsführung geboten. Ist die Möglichkeit für Zwangsmaßnahmen mit Ihren persönlichen Interessen bezüglich des Verhaltens der Person oder den Ergebnissen der Therapie verbunden, dann ist der Einsatz von MI unzulässig.

Beispiel 4a: Eine Rechtsanwältin fragte mich (Rollnick), wie sie motivierende Gesprächsführung lernen könnte, um ihren Klienten zu helfen, Ambivalenz in Sachverhalten, die in der Vertretung ihrer Klienten wichtig waren, aufzulösen. Oft ginge es nicht so sehr um eine spezielle Entscheidung, sondern eher um einen klaren Vorsatz, damit das juristische Verfahren fortgesetzt werden könne. „Oftmals schwanken Klienten hin und her, wenn sie Ambivalenz empfinden und das verschwendet viel Zeit, die ich ihnen in Rechnung stellen muss und das nur, weil sie nicht genau wissen, was sie wollen. Wenn ich ihnen helfen könnte, sich zu entscheiden, was sie wollen, dann würde es allen Beteiligten nützen." Wir bildeten sie aus, jedoch mit dem zusätzlichen Ratschlag, dass es unzulässig sei, diese Methode mit Klienten der Gegenpartei einzusetzen, da deren Interessen normalerweise ihren Interessen entgegengesetzt sein würden.

Beispiel 4b: Während eines MI-Workshops, den wir (Miller) für Bewährungshelfer veranstalteten, gab es viele Diskussionen, wie diese Methode mit der juristischen Macht vereinbar ist, die sie über ihre Mandanten haben. Unser Ratschlag war, völlig offen über ihre eigenen Absichten zu reden und insbesondere den Zweck für diese Art der Beratung darzulegen. Zum Beispiel: „Ich habe hier zwei verschiedene Aufgaben, die manchmal etwas schwierig zu vereinbaren sind. Einerseits bin ich ein Beauftragter des Gerichtes, der dafür zu sorgen hat, dass Sie die Bewährungsauflagen erfüllen. Andererseits ist es meine Aufgabe, Ihnen zu helfen, Veränderungen in Ihrem Leben vorzunehmen, die Ihnen hilfreich sein können. Es gibt sicher Veränderungen, bei denen wir gleicher Meinung sind. Es könnte aber auch Veränderungen geben, bei denen wir geteilter Meinung sind. Ich hoffe, dass wir uns in unseren regelmäßigen Gesprächen darüber unter-

12. Ethische Überlegungen

halten können und Möglichkeiten finden, diese Differenzen zu lösen. Ich bin sicher, dass ich Sie bitten werde, bestimmte Veränderungen in Erwägung zu ziehen, von denen Sie nicht begeistert sein werden und das ist verständlich. Wir werden diese Sachverhalte erörtern und sehen, ob wir zu einer Einigung kommen können. Wie hört sich das für Sie an?"

Wir möchten noch ein weiteres Beispiel eines sehr bekannten Problembereichs anführen, bei dem MI angewendet wird: Medikamenten Compliance. Obwohl das Thema eines „Machtgefälles" in diesem Sachverhalt unterschiedlich bewertet werden kann, ist es doch ein häufiges und wichtiges Problem. Wir halten es für ein hilfreiches Beispiel, weil die Sachverhalte von Macht und Interessen wichtige ethische Implikationen für den Einsatz der motivierenden Gesprächsführung in diesem Bereich haben.

Beispiel 5a: Eine Person wird wegen einer erstmalig diagnostizierten Schizophrenie behandelt. Der Psychiater erklärt, wie die verschriebenen Medikamente wirken und wie wichtig es ist, diese regelmäßig einzunehmen. Nachdem er diese Information gegeben hat, benutzt der Psychiater MI, um die Vor- und Nachteile der Medikamenteneinnahme mit dem Patienten zu erörtern.

Unsere Meinung: Dieser Gebrauch ist angebracht.

Beispiel 5b: Die gleiche Person erscheint immer wieder in der Notaufnahme, nachdem sie die Einnahme ihrer Medikamente unterbrochen hat. In Folge erhält sie Hausbesuche durch einen Krankenpfleger. Dieser hat ein persönliches Interesse daran, dass die Patientin ihre Medikamente nimmt. Er könnte zum Beispiel mitten in der Nacht für eine Krisenintervention angerufen werden. Das würde auch eine Menge von Papierkram verursachen sowie die Inanspruchnahme von anderem medizinischen Personal. Wird sie wieder eingeliefert, gäbe das einen negativen Eindruck von seiner Arbeit. Sein persönliches Interesse stimmt jedoch mit dem höchsten Wohl der Patientin überein, trotz ihrer Ambivalenz bezüglich der Medikamenteneinnahme, und er hat auch keine Macht, sie zu einem bestimmten Verhalten zu nötigen.

Unsere Meinung: Der Einsatz von MI, um die Einnahme der Medikamente zu fördern, ist angemessen.

13. Gedanken über das Lernen

Wie lernen Menschen den interpersonellen Stil der motivierenden Gesprächsführung? Was macht einen Therapeuten effektiver, die Bereitschaft für eine Veränderung in seinen Klienten zu erhöhen? Welche Erfahrungen sind am hilfreichsten, um motivierende Gesprächsführung zu lernen?
Diese Fragen faszinieren und beunruhigen uns. Im Laufe der Jahre, in denen das Interesse an der motivierenden Gesprächsführung angestiegen ist, hat sich der Schwerpunkt unserer Bemühungen von der Behandlung von Klienten über das Schulen von Therapeuten und das Forschen über die Methode zur Ausbildung von Trainern und dem Erforschen, wie man Leuten helfen kann, motivierende Gesprächsführung zu lernen, verlagert.
In diesem Kapitel bieten wir einige Gedanken über den Prozess des Lernens der motivierenden Gesprächsführung an, in der Hoffnung, dass diese für den Leser, der seine eigenen Fertigkeiten in diesem Bereich stärken möchte, hilfreich sind. In der ersten Ausgabe beinhaltete dieses Kapitel eine Reihe von Übungen zum Lehren von MI. Diesmal haben wir unseren Fokus vom Lehren aufs Lernen verlegt im Glauben, dass dies unterschiedliche Begriffe für grundsätzlich denselben Prozess sind. In einigen Sprachen ist Lernen und Lehren dasselbe Wort. Im Nachhinein wurde uns klar, dass das Leben von Carl Rogers eine ähnliche Veränderung zeigt, vom Schwerpunkt auf Technik und Training hin zur Erforschung der phänomenologischen Prozesse des Lernens und der Veränderung.
Zu Beginn möchten wir betonen, dass wir motivierende Gesprächsführung nicht durch traditionelle Schulung erlernt haben. Es gab keine Bücher, keine Trainingsvideos, keine Workshops, Kurse oder Supervisoren, die uns hätten zeigen können, wie man es macht. Tatsächlich wendete niemand motivierende Gesprächsführung an, wenigstens nicht formal, wenn jemand überhaupt jemals MI „formal" anwendet. Innerhalb unseres Fachbereiches, abhängiges Verhalten, war die Behandlung generell konfrontativ. Der Arzt oder Therapeut war der anerkannte Experte, dessen Aufgabe es war, aufzuklären, zu unterrichten, zu überre-

den, zu konfrontieren, zu manipulieren oder Patienten zu nötigen, ihre bevorzugten Gewohnheiten aufzugeben. Die Betonung lag oft auf Konditionierung, Verabreichung von Medikamenten, Bestrafungen, Training und Demütigung der Personen, um die Ziele des Behandlungsprogramms einzuhalten. Es gab recht wenige Studien über klientenzentrierte Psychotherapie, ein Ansatz, der als weitestgehend ineffektiv in der Behandlung von Abhängigkeiten verworfen wurde.

Unsere Patienten waren unsere Lehrer und unsere Studenten unsere Trainer. In gesegneter Ignoranz der damals überwiegenden Spezialmethoden für die Behandlung von Abhängigkeit, begannen wir uns mit Leuten, die Abhängigkeitsprobleme hatten, in der gleichen Weise zu unterhalten, wie wir mit unseren anderen Patienten sprachen. Wir stellten offene Fragen, um zu lernen, wie ihre Erfahrungen sie in solche scheinbar selbstzerstörerische Verhaltensmuster geführt hatten.

Wir waren daran interessiert, herauszufinden, was sie vom Leben wollten, was sie wertschätzten, was ihnen wichtig und weniger wichtig war. Wir hörten sehr viel zu und fanden diesen Prozess anregend, faszinierend, unterhaltsam und oft bewegend. Wir sahen, dass dies interessante und einfallsreiche Menschen waren, die einen bestimmten Weg gewählt hatten, aber auch andere Wege wählen könnten. Wir grübelten darüber nach, wie sie dazu gekommen waren, ihre Entscheidungen zu treffen, wie sie ihre gegenwärtige Situation verstanden und wohin sich ihr Leben aus ihrer eigenen Sicht entwickelte. Mit der Zeit lehrten unsere Klienten uns, ihnen und anderen, denen es ähnlich erging, zu helfen.

In der Folge erhielten wir regelmäßige Anfragen, andere in motivierender Gesprächsführung zu schulen. Es waren in der Tat so viele, dass wir nicht allen Folge leisten konnten und so begannen wir 1993 Trainer auszubilden. Es macht uns viel Spaß, andere auszubilden, aber dieser Prozess hatte etwas Beunruhigendes. Letztendlich wurde uns klar, was uns beunruhigte: ein traditionelles Schulungsformat gleicht zu sehr dem Expertenmodell, das wir in unserem Behandlungsansatz vermeiden wollen. Ein Experte gibt Antworten an relativ passive Zuhörer, oftmals, ohne wirklich die Fragen zu verstehen, die die Zuhörer dazu bewegt haben, an der Schulung teilzunehmen. Das ist der Grund, warum der dritte Teil dieses Buches nun Lernen an Stelle von Lehren betont.

KLIENTEN ALS LEHRER

Unser erster Punkt ist demzufolge, dass die gleichen Lehrer, von denen wir motivierende Gesprächsführung lernten, auch Ihnen zur Verfügung stehen. Einer der Gründe, weshalb es möglich ist, seine Fertigkeiten in MI zu verbessern und mehr zu lernen, besteht darin, dass eine sofortige Expertenrückmeldung zur Hand ist. Sie erhalten sie von den Personen, mit denen Sie arbeiten.

Präzise Rückmeldungen sind notwendig, um jegliche Art von Fertigkeiten zu erlangen und zu verbessern. Präzision im Bogenschießen wird dadurch geprägt, dass man sieht, wie nahe der Pfeil ans Ziel kommt. Es ist schwierig, das Golfspielen im Dunkeln zu lernen. Der Grund, warum die Antworten in einem Übungsbuch aufgeführt sind, liegt darin, dass man beim Üben sofort korrigierendes Feedback über seine Genauigkeit erhält.

Dieselbe Information steht Ihnen beim Erlernen der motivierenden Gesprächsführung zur Verfügung. Sobald Sie wissen, worauf Sie bei Ihren Klienten achten sollten, haben Sie eine hervorragende Quelle für sofortige korrigierende Rückmeldungen. Der Grund dafür liegt darin, dass die Aussagen von Menschen während der motivierenden Gesprächsführung ein relativ guter Prädiktor für Verhaltensänderung sind. Das Ziel ist, *change-talk* zu verstärken und Widerstand abzubauen, wobei beides die Selbstverpflichtung für eine Veränderung erhöht. Je mehr dies geschieht, je stärker das Ausmaß von *change-talk* der Person während des Gespräches ansteigt, desto größer ist die Wahrscheinlichkeit, dass eine Verhaltensänderung eintreten wird. *Change-talk* ist der Leuchtturm, auf den Sie zusteuern. Widerstand ist ein Signal, dass Sie von Ihrem Kurs abweichen.

Dies haben wir zuerst in Verbindung mit dem Lernen des reflektierenden Zuhörens, der Grundfertigkeit der motivierenden Gesprächsführung, bemerkt. Wenn der Therapeut eine wirksame reflektierende Aussage anbietet, wird die Person weiter sprechen, selbst wenn die vom Therapeut vermutete Bedeutung unzutreffend ist. Wenn der Therapeut jedoch eine „Hindernis"-Aussage anbietet, hält die Person inne, geht einen Schritt zurück oder begibt sich in eine andere Richtung. Die Antwort einer Person gibt daher eine sofortige Rückmeldung über die *listening-skills*[10] eines Therapeuten.

Darüber hinaus geben die Reaktionen der Klienten sofortige Information über die Genauigkeit einer Reflexion. Zum Ersten pflegt jede Reflexion von der Person mit einem direkten oder impliziten „Ja" oder „Nein" beantwortet zu werden. Das heißt, die Person sagt Ihnen, ob Sie es richtig verstanden haben oder nicht. Es gibt hier keine Strafe, falls man es falsch verstanden hat. War es eine gute, aber nicht genaue Reflexion, wird die Person weiterreden und die Teile, die sie missverstanden haben, korrigieren. Sobald Sie verstanden haben, dass die Klienten Ihre Lehrer sind und Sie deren Antworten als Spiegel Ihres Könnens verstehen, gibt Ihnen jede Person die Gelegenheit, Ihre Fertigkeiten in reflektierendem Zuhören zu erweitern und zu verbessern.

Das Gleiche gilt auch für die motivierende Gesprächsführung im Allgemeinen. Sind Sie einmal in der Lage, die Unterschiede zwischen *change-talk* und Widerstandsaussagen vor dem Hintergrund dessen, was die Person sagt, wahrzunehmen, haben Sie genau die Hinweise, die Sie brauchen, um mit jeder Person effektiver zu arbeiten und von jeder Person zu lernen. Egal mit welchem Grad an Bereitschaft eine Person die Sitzung beginnt, Sie werden merken, dass Sie auf der richtigen Bahn sind, wenn Ihr Verhalten die Selbstverpflichtungssprache des Patienten erhöht, das heißt eine Zunahme von *change-talk* und eine Abnahme von Widerstand zu beobachten ist. Das ultimative Kriterium ist natürlich, ob der Patient sein Verhalten ändert. Die meisten Kliniker erhalten jedoch selten zuverlässige Rückmeldung über langfristige Verhaltensänderungen. Außerdem ist solches Feedback zu verzögert und unspezifisch, um wirklich hilfreich in der Gestaltung effektiver Handlungsweisen zu sein. Da es mit Verhaltensänderung verbunden ist, ist das sofortige Feedback der Patientenreaktionen während den Sitzungen eine hilfreichere Anleitung und es ist dauernd erhältlich, ohne zusätzliche Kosten.

ZUM GEBRAUCH IHRES „DISSONANZ-DETEKTORS"

In der Anwendung der motivierenden Gesprächsführung ist es hilfreich, nicht nur die Reaktionen der Patienten zu beachten, sondern auch Ihre eigenen. Die Konsonanz-Dissonanz-Dimension ist spürbar. Beginnt der therapeutische Prozess in Dissonanz abzugleiten, können sowohl der Patient als auch der Therapeut dies wahrnehmen. Es mag nicht bewusst als Dissonanz in der Beziehung wahrgenommen werden, aber es gibt ein

---

10 Im Deutschen: Zuhörer-Fertigkeiten (Anm. d. Übersetzers).

inneres Gespür, das man lernen kann, als Warnsignal zu registrieren. Für einige Therapeuten ist es ein „Oh, oh"-Gedanke. Für andere ist es eher eine körperliche oder affektive Wahrnehmung. Beachten Sie Ihre eigenen inneren Reaktionen auf Dissonanz und lernen Sie, diese als Warnsignale wahrzunehmen.

Als weiteren Schritt in der Selbsterfahrung gilt es, sich bewusst zu werden, wie Sie in Ihrem äußeren Verhalten reagieren, wenn Sie Dissonanz wahrnehmen. Einige Therapeuten wechseln sofort das Thema und vermeiden das Konfliktmaterial. Wir finden dies vor allem bei Therapeuten, die in Bereichen (Settings) arbeiten, wo die Gesprächszeit kurz und sehr aufgabenorientiert ist. In einem solchen Setting kann Dissonanz auf eine möglicherweise Zeit verschlingende Interaktion hindeuten, die ein sehr beschäftigter Kliniker einfach vermeiden möchte. Es gibt natürlich auch andere Gründe, um Konflikte zu vermeiden.

Therapeuten reagieren unterschiedlich. Amerikanische Suchttherapeuten zum Beispiel wurden geschult, jedes Zeichen von Dissonanz als Manifestation von Verteidigungsverhalten, das zum Krankheitsbild der Abhängigkeit gehört, zu werten. Die Antwort, die viele Trainingsprogramme bevorzugten, war eine aggressive Konfrontation, um dieses „Verteidigungsverhalten zu brechen" und die „Verleugnung zu überwinden". Bei Therapeuten mit dieser Einstellung wird Widerstandsverhalten von Seiten der Person wahrscheinlich Verhaltensweisen hervorrufen, die dieser „Verleugnung" entgegenwirken sollen. Aus der Perspektive dieses Buches ist das natürlich genau falsch herum: der Therapeut verteidigt die „gute" Seite der Ambivalenz der Person, was weiteres Widerstandsverhalten hervorrufen und verstärken wird und die Wahrscheinlichkeit einer Veränderung vermindert.

Gleichgültig, welche Reflexionen Sie auf Dissonanz anbieten, es ist klug, Ihren Dissonanzdetektor im Auge zu behalten und bewusst zu entscheiden, wie Sie darauf reagieren. Kapitel 9 bietet eine Liste von Möglichkeiten an, wie man Dissonanz und Klienten-Widerstand vermindern kann.

ANDERE LERNHILFEN

Einige andere Quellen von Feedback haben uns beim Lernen und Verbessern unserer Fertigkeiten in motivierender Gesprächsführung geholfen. Es gibt wirklich keinen Ersatz für das Betrachten von Videobändern oder dem Anhören von Tonbandaufzeichnungen von Sitzungen. Es ist viel einfacher in einer Aufzeichnung, sei es von eigenen Sitzungen oder denen anderer, wahrzunehmen, was geschieht, als es während der Anwendung von MI im Verlauf einer Sitzung möglich ist. Hat man die entsprechende Einwilligungserklärung, ist es auch möglich, diese Aufzeichnungen mit Kollegen zu betrachten und die wahrgenommenen Prozesse zu besprechen. Außerdem kann man dann die Bänder anhalten, zurückspulen und wiederholen, was sich abgespielt hat, was natürlich während einer Sitzung nicht möglich ist.

Es kann auch recht lehrreich sein, seine Klienten nach ihren Eindrücken über die Abläufe der Sitzungen zu fragen. Als Beispiel ein Experiment mit Rauchern, die sich als Probanden zur Entwicklung von neuen Ideen in der ärztlichen Ausbildung zur Verfügung stellten. Man sagte ihnen, dass das Ziel nicht darin läge, sie zu behandeln, sondern mit verschiedenen Möglichkeiten der Gesprächsführung zu experimentieren und zu sehen, wie sie darauf reagierten. Dabei wurden ein durchsichtiger Spiegel und eine Videokamera eingesetzt. Die Therapeuten wechselten sich ab, probierten neue und alte Ideen und besprachen anschließend mit den Rauchern, was sie als hilfreich empfanden und warum. Wir lernten auf zwei Ebenen. Wir entdeckten mit Hilfe der Raucher, wie man durch einfache Fragen *change-talk* in einer Kurzintervention hervorrufen kann. Auf einer tieferen Ebene machten wir Fortschritte in unserem Verständnis des therapeutischen Prozesses. Wir benutzten eine einfache Bereitschafts-Skala auf Papier und wunderten uns, warum sich so viele in der Mitte der Linie, dem „Bin mir nicht sicher"-Abschnitt, platzierten. Um dies herauszufinden, fragten wir sie: „Warum platzieren Sie sich in der Mitte dieser Linie und nicht am „Ich bin noch nicht bereit"-Ende der Skala?" Wir fanden nicht nur heraus, dass aus dieser Frage *change-talk* hervorging, sondern wurden auch auf die Konzepte der Dringlichkeit und Zuversicht als kritische Bestandteile einer Bereitschaft für Veränderung aufmerksam. Diese Lernergebnisse führten anschließend zu der Kernaussage eines Artikels über Verhaltensänderungstherapie.

Wir haben auch verschiedene Methoden für das Kodieren von Aufzeichnungen von MI-Sitzungen entwickelt, die uns eine immer präzisere Analyse erlauben. Eine Gruppe von MI-Kollegen entwickelte etwa ein detailliertes System zur Analyse des Ausmaßes, in dem Therapeuten MI-Fertigkeiten im Rahmen eines Trainingsprogramms lernten. Dieses System benutzt drei verschiedene Analysen. Die erste ist eine Anzahl von globalen Bewertungskriterien des Therapeutenstils, der Klientenreaktionen und der Qualität der Interaktion. Die zweite und aufwändigste Analyse verlangt eine Beurteilung einer jeden einzelnen Therapeuten- und Patienten-Reaktion anhand eines Katalogs sich gegenseitig ausschließender Verhaltensweisen, zum Beispiel: offene Fragen/geschlossene Fragen, Reflexionen/Ratschläge, Erklärung beziehungsweise *change-talk*/Widerstand. Der dritte Durchgang misst die Redezeit von Klient und Therapeut und vergleicht sie miteinander. Wir hatten erwartet, dass das Kodieren von Aufzeichnungen mit diesem MISC System (Motivational Interviewing Skills Code) recht langweilig sein würde, tatsächlich jedoch fanden sowohl sehr erfahrene MI-Kliniker als auch weniger erfahrene Berater diesen Prozess als sehr spannend und faszinierend. Es ermöglicht eine tiefgehende Analyse der Abläufe innerhalb der motivierenden Gesprächsführung, die durch einfaches Abhören von Aufzeichnungen nicht zu erreichen ist.

Wir bewerteten nicht nur Sitzungen von Auszubildenden vor und nach einem Workshop, sondern auch von Therapeuten, die sehr viel Erfahrung mit MI hatten. Dies vermittelte uns einen Eindruck, wie viele Veränderungen von der Teilnahme an nur einem Workshop zu erwarten ist (siehe auch Kapitel 14). Es gab uns auch Ideen für Richtgrößen, die man in einem Training, basierend auf Modellsitzungen, anstreben sollte. Ohne detailliert auf das Rating einzugehen, gelangten wir zu folgenden allgemeinen Richtlinien:

- Reden Sie weniger als Ihr Klient.
- Bieten Sie zwei bis drei Reflexionen an pro Frage, die Sie stellen.
- Stellen Sie doppelt so viele offene Fragen wie geschlossene.
- Bei emphatischem Zuhören sollten komplexe Reflexionen mehr als die Hälfte aller angebotenen Reflexionen ausmachen, im Gegensatz zu einfachen Reflexionen.

ZUSAMMENFASSUNG

Ein wesentlicher Vorteil beim Lernen der motivierenden Gesprächsführung ist das Ausmaß, in welchem Klienten kontinuierliches und sofortiges korrigierendes Feedback geben, wenn die essenziellen Perspektiven und Grundfertigkeiten erst einmal etabliert sind. Nachdem Sie wissen, worauf Sie bei Ihren Klienten zu achten haben, werden diese zu Ihren Lehrern. Korrekt angewendete Methoden zum Hervorrufen von *change-talk* rufen *change-talk* hervor, Abweichungen rufen Widerstand hervor und verstärken ihn. Geschicktes reflektierendes Zuhören bewirkt, dass der Klient weiterhin offen exploriert. Hindernisse lenken den Prozess der Selbstexploration ab. Die meisten Reflexionen rufen eine sofortige Rückmeldung bezüglich ihrer Richtigkeit hervor und führen zu weiteren Ausführungen, welche im Verlauf der Zeit Ihre Fähigkeit zu genaueren Reflexionen verschärft. Der richtige Zeitpunkt beim Übergang zu Phase 2 führt zu einer Selbstverpflichtung für die Veränderung, ein zu frühes Drängen nach Selbstverpflichtung führt zu einem Rückzug. Es geht hauptsächlich darum, die Aufmerksamkeit auf die Person zu richten, mit dem vollen Bewusstsein, dass, was sie sagt und wie sie es sagt, nicht einfach aus ihr heraus entsteht, sondern zu einem großen Teil eine dynamische Reaktion auf Ihr therapeutisches Verhalten darstellt. Unsere Lehrer waren unsere eigenen Klienten und von ihnen haben wir die motivierende Gesprächsführung gelernt. Es gibt keine besseren Lehrer.

14. Lernen fördern

Wie man *in anderen* diese Art von qualitativen Lernerfahrungen, die wir in Kapitel 13 beschrieben haben, fördern kann, ist der Inhalt dieses Kapitels. Diese Situation ist sowohl den Teilnehmern als auch den Veranstaltern von Schulungen bekannt: eine Gruppe erwartungsvoller Menschen findet sich zusammen und das Lernen beginnt! Ändert sich anschließend jedoch irgendetwas in der täglichen Praxis? Oftmals ändert sich recht wenig.

Manchmal jedoch bekommt man eine Rückmeldung wie diese: „Meine tägliche Arbeit scheint ganz anders zu sein. Ich rede viel weniger und es ist sehr befriedigend, festzustellen, wie das reflektierende Zuhören funktioniert. Die ganze Sache scheint ruhiger und weniger hektisch abzulaufen und trotzdem machen wir gute Fortschritte und die Person redet frei über Möglichkeiten und Herausforderungen. Meine klinische Praxis hat sich eindeutig verbessert."

Dieses Kapitel ist für diejenigen, die das Lernen der motivierenden Gesprächsführung bei anderen fördern möchten. Im Zentrum steht die folgende Frage: Wie lernen Menschen motivierende Gesprächsführung, wenn man ihnen eine strukturierte Lernmöglichkeit anbietet? Wenn wir es durch eine allmähliche Transformation gelernt haben und vermuten, dass die meisten anderen es auch so lernen, wie kann dieses Lernen für andere gestaltet und unterstützt werden? Dieses Kapitel zeigt nicht, welche Inhalte wir für Lehrgänge, Workshops oder Programme vorschlagen, sondern befasst sich mit den zusätzlichen Aspekten und Prinzipien, die einen kritischen Einfluss darauf haben, wie eine Lernsituation gestaltet werden kann. Der erste Schritt besteht darin, zu verstehen, dass MI nicht in einer Schulung oder einem Workshop vermittelt werden kann, sondern dass es sich um einen kontinuierlichen Prozess handelt, in dem der Therapeut über einen Zeitraum von Monaten oder Jahren die unterschiedlichsten Lernmöglichkeiten wahrnimmt, um seine klinische Praxis zu verfeinern, neu zu formulieren und darüber nachzudenken.

Die motivierende Gesprächsführung beinhaltet die Integration von komplexen klinischen Fertigkeiten und stellt besondere Anforderung an Supervisoren und Trainer. Es ist kein Ansatz, der nur durch Lesen, Anhören von Vorträgen, dem Betrachten von Schulungsvideos oder sogar der Teilnahme an einem Workshop gelernt werden kann. Neulinge müssen ein integriertes System von therapeutischen Fertigkeiten lernen und die Urteilskraft entwickeln, wann und wie man diese einsetzt. Für erfahrene Therapeuten kann das bedeuten, gewohnte Umgangsweisen mit Patienten zu verlernen.

Einige Leitprinzipien

Motivierende Gesprächsführung zu lehren ist so ähnlich, wie sie anzuwenden. Wenn die Vermittlung gut funktioniert, hat es oft mit der Einstellung und der Geisteshaltung des Vermittlers zu tun, das heißt, sie beinhaltet Respekt und Neugier bezüglich der Standpunkte und Lernbedürfnisse von anderen. Gemeinsam begeben sich Vermittler und Schüler in einen Prozess, der von Forschungsinteresse und Partnerschaftlichkeit geprägt ist.

Die Prinzipien, die wir hier beschreiben, sind nur einige derjenigen, die wir im Verlauf unserer täglichen Praxis, anderen zu helfen, motivierende Gesprächsführung zu lernen, erfahren haben. Wenn es nicht ganz so gut mit einer Schulung läuft, gerät man leicht in die Versuchung, die Schüler als widerständig zu sehen oder nach einigen didaktischen Kniffen zu suchen, um das Problem zu lösen. Wir haben jedoch gelernt, stattdessen zu überprüfen, ob wir einige der folgenden Prinzipien verletzt haben.

Praktiziere, was du predigst

Es macht sicherlich Sinn, zu erwarten, dass man selbst ein hohes Niveau in der motivierenden Gesprächsführung erreicht hat, wenn man beabsichtigt, anderen diesen Ansatz zu vermitteln. Das bedeutet, dass man ausreichende Erfahrung in der Anwendung von MI mit verschiedenen Patienten hat, vorzugsweise mit Supervision und Rückmeldung. Der Vermittler sollte bereit, willens und fähig sein, wenn aufgefordert, sich hinzusetzen und die Anwendung von MI kompetent zu demonstrieren. Die gleichen Fähigkeiten, die einen erfolgreichen MI-Therapeuten auszeichnen, helfen auch, das Lernen bei anderen zu fördern. Das verlangt Respekt für individuelle Unterschiede, Nachsicht für Meinungsverschiedenheiten und Ambivalenz, Geduld mit allmählicher Annäherung und eine authentische Anteilnahme und Interesse an den Personen, mit denen Sie arbeiten. Der Trainer zeigt Enthusiasmus und Engagement in der Art und Weise, wie er diesen Ansatz vermittelt, fühlt sich jedoch nicht verletzt durch andere, die nicht derselben Meinung sind und andere Ansätze bevorzugen. Die motivierende Gesprächsführung ist nicht für jeden geeignet und einige Therapeuten finden, dass MI nicht zu ihrer Arbeitsweise und ihren Fertigkeiten passt. Gute Vermittlung, wie auch gute Therapie, respektiert persönliche Wahlfreiheit mit der Einstellung „Nimm', was du willst und lass' den Rest liegen". Die Fertigkeiten und Eigenschaften von MI werden durch die Art und Weise demonstriert, wie Sie mit ihren Schülern umgehen. Eine gewisse Authentizität wird durch die Art und Weise vermittelt, in der Sie den Ansatz, den Sie lehren wollen, in Ihrem Verhalten als Trainer verdeutlichen.

Auf die Schüler hören

Zuhören zu erlernen ist eine Herausforderung auf beiden Seiten des Lernprozesses. Es ist wichtig, den Erfahrungen, Absichten und Erwartungen Ihrer Schüler zuzuhören. Es kann schwierig sein, dieser Richtlinie zu folgen, wenn Sie Ihren Workshop detailliert vorbereitet haben. Es kann zum Beispiel bedeuten, dass Sie einen sorgsam ausgearbeiteten Plan in der Mitte des Trainings verwerfen müssen, auf die Kritik der Teilnehmer eingehen und ihnen ein beachtliches Mitspracherecht über das weitere Vorgehen einräumen.

Ein guter Einstieg für einen Trainer, um derart schmerzhafte Erfahrungen zu vermeiden, besteht darin, sich *im Voraus* über die spezifischen Bedürfnisse, Erwartungen und Wünsche der Teilnehmer zu informieren. Genauso, wie es unterschiedliche Patienten gibt, unterscheiden sich auch die Teilnehmer einer Schulung. Wir hatten das Vergnügen, mit Gruppen zu arbeiten, die vorbereitet waren, motivierende Gesprächsführung schon geübt und diskutiert hatten und auf eine weitere Möglichkeit gespannt waren, etwas Neues zu lernen. Wir haben auch Workshops erlebt, vor denen man den Teilnehmern gesagt hatte, „Ihr werdet motivierende Gesprächsführung lernen, ob ihr das wollt oder nicht!" Das sind natürlich völlig unterschiedliche Ausgangsbedingungen. Oftmals gibt es spezifische Beispiele und Situationen, die für den Arbeitsbereich der Teilnehmer typisch sind und diese sollten in den Lernprozess integriert werden, um die Relevanz zu erhöhen.

14. LERNEN FÖRDERN

Die Expertenfalle vermeiden

Therapeuten, die ein „Gespür" für ein neues Thema entwickeln möchten, nehmen oft an einem Seminar oder einem eintägigen Workshop teil, wo sie in einem überfüllten Raum dem Vortrag eines Experten zuhören. Die wenigsten würden dies als einen erfolgreichen Erwerb von Fertigkeiten betrachten. Viele sind jedoch recht befriedigt. Sie kehren in ihre Praxis zurück und manche denken „das tue ich ja alles schon". Falls eine Situation sie anspricht, probieren sie vielleicht eine neue Antwort aus oder denken wenigstens ein bisschen anders über die Bedingungen. Motivierende Gesprächsführung, kognitive Verhaltenstherapie und zahllose andere therapeutischen Methoden sind Klinikern auf diese Weise vorgestellt worden. Sie Lernen *über* die Methode, aber nicht, wie man sie anwendet.

Obwohl Experten-Frontalunterricht, der Schlüsselbegriffe und Fertigkeiten vorstellt, Vorteile haben kann, ist es schwer, die Parallelen zu übersehen, zwischen der Ermahnung von Klienten, etwas zu ändern und dem Rat an praktizierende Therapeuten, etwas in ihrer täglichen Routine abzuwandeln. Erklären Sie als Experte den Teilnehmern, dass es notwendig sei, etwas zu ändern, warum und wie sie es machen sollen, dann ist das Ergebnis ziemlich vorhersehbar: Desinteresse, Widerstand und das Fehlen von beständiger Veränderung in der Praxis. Die Art des Vermittelns findet sich in der Balance, neue Vorgehensweisen zu bekannten Problemen anzuregen und persönlich relevante Lösungen aus den Teilnehmern hervorzulocken. Von einem Experten gesagt zu bekommen, was man tun muss, ist genauso wenig überzeugend und einladend, als wenn man es als Klient von seinem Therapeuten gesagt bekommt.

Vermeidung des Technik-Reflexes

Es gibt kaum eine größere Annehmlichkeit für einen Experten, als technisches Können zu vermitteln. Mach' es schön, sauber, logisch, einsichtig und schrittweise. Das Lernen der motivierenden Gesprächsführung ist jedoch nicht allein eine Sache der Methode. Therapeuten müssen sich nicht nur zu einer Veränderung und zur Entwicklung von Kompetenzen in einem neuen Ansatz *fähig* fühlen, sondern auch *willens und bereit* sein, diesen umzusetzen. Sie müssen das Gefühl haben, dass er wichtig und hilfreich für sie ist und dass ihre Bedenken über seine Relevanz oder

Wirklichkeitsnähe verstanden werden. Im Verlauf des Lernens der motivierenden Gesprächsführung entwickeln sich auch komplexe alltägliche, professionelle, kulturelle und klinische Themen. Auf diese umfassenderen Bedenken konstruktiv einzugehen, kann genauso wichtig sein, wie sich auf Aspekte der Technik zu konzentrieren. Andererseits werden die Lernenden frustriert, wenn die Schulung nur der Illustration dient und die Methode selbst nicht vermittelt wird. Ein Trainingsprogramm sollte eine gesunde Mischung dieser beiden Aspekte sein.

Kontakt zum Alltagsleben der Lernenden

Das Ziel einer Förderung ist es, sich dem Kern der täglichen Erfahrung eines Therapeuten anzunähern, um sich auf dessen Routine und die gelegentlichen Triumphe und Niederlagen auszuwirken. In diesem Punkt kann das Fördern von Lernen bei Therapeuten einfacher sein, als das Unterfangen, das gleiche Ziel mit Klienten zu erreichen. Ein Trainer kann begleiten und Erfahrungen besprechen, kurz nachdem sie geschehen sind. Durch den Einsatz von Audio- und Videoaufzeichnungen kann ein Fenster in den Alltag des Therapeuten geöffnet werden. Man kann Zeitabschnitte für stilles Nachdenken, das Beobachten des Schülers in Rollenspielen oder tatsächlichen Situationen, das Anbieten von Anregungen (natürlich mit Erlaubnis), Übungen usw. einplanen. Kurz gesagt, man kann sich in den Kontext des Therapeuten begeben. Diese Vorteile zu ignorieren, wäre vergleichbar mit dem Versuch, Golf oder Tennis im Klassenzimmer zu trainieren. Um diese Vorteile geschickt zu nutzen, bedarf es eines wachen Auges für Lernmöglichkeiten.

Passen Sie sich individuellen Lernpräferenzen an

Menschen haben unterschiedliche Präferenzen, was und wie lange sie an einem bestimmten Zeitpunkt lernen können. Diese scheinbar banale Beobachtung kann im Bezug auf die Arbeit mit Gruppen doch recht schwierig sein. Aus praktischen Gesichtspunkten gibt es die Tendenz, allen die gleichen Möglichkeiten anzubieten. Stellen Sie sich zum Beispiel vor, dass eine Person bereit ist, die Bedeutung des Zuhörens zu besprechen, während eine andere lieber unter Supervision praktische Übungen machen möchte, eine dritte möchte wiederum eine Demonstration sehen und eine vierte Person ist überzeugt, dass sie das alles schon

weiß. Diese unterschiedlichen Erwartungen zu ignorieren, wäre sehr unglücklich, oft fühlt man sich jedoch gerade bei einem Training dazu gezwungen.
Es ist aber möglich, vor allem, wenn man mit einem Co-Trainer arbeitet, mehr Abwechslung für die Teilnehmer anzubieten. Diejenigen, die sich erfahrener fühlen, können Rollenspiele leiten oder als Trainer in der Kleingruppenarbeit dienen. Diejenigen, die lieber beobachten wollen, können dies auch in den Übungsgruppen tun. In einer Ecke des Raumes kann ein Trainer eine Demonstration vorführen, während andere Übungen praktizieren. Wir haben einmal eine Reihe von Alternativen für eine Gruppe von Hausärzten mit unterschiedlichen Lernbedürfnissen so gestaltet, dass sie eine Sequenz von Lernstationen durchliefen. In einer Station betrachteten zwei Teilnehmer ihre eigenen Videos, eine dritte Person besprach die Auswirkungen ihres Gesprächsführungsstils mit einem gespielten Klienten, zwei andere versuchten, eine neue Technik mit einem der Trainer einzuüben, ein weiterer Teilnehmer war in Supervision mit dem zweiten Trainer und eine Person entschied, dass sie eine Pause benötigte. Es ist nicht immer möglich, so flexibel mit den Lernmöglichkeiten zu sein, aber als ein Prinzip für einen guten Workshop sollte man es sicherlich im Kopf haben.

Machen Sie es einfach

Einer unserer Kollegen, Steve Berg-Smith, der schon seit vielen Jahren als Trainer arbeitet, wurde einmal gefragt: „Was ist das Hilfreichste, was Sie gelernt haben?" Seine Antwort war ein einziges Wort: „Einfachheit". Es kann sehr hilfreich sein, den Unterschied zwischen Vor- und Hintergrund zu beachten, wenn man Personen neue Inhalte vorstellt. Wird die erste Vorstellung (Vordergrund) einfach gestaltet, erlaubt es den Lernenden, die komplexeren Hintergrundinhalte in einer Auflösung und Geschwindigkeit zu betrachten, die ihren eigenen Bedürfnissen entsprechen.
Wie andere, die dieses Verfahren vermitteln, suchen wir dauernd nach Wegen, um den *spirit*, die Prinzipien und die Fertigkeiten von MI in einer einfachen Sprache darzustellen, die dem Kontext der Lernenden angepasst ist. Wenn wir mit Ärzten arbeiten, haben wir selten genug Zeit, gutes reflektierendes Zuhören zu vermitteln, aber wir finden, dass wir die Kerngedanken sehr gut vermitteln können, indem wir die Teilneh-

mer bitten, uns „kurze Zusammenfassungen" dessen zu geben, was Patienten in bestimmten Situationen sagen. Metaphern, wie zum Beispiel „Tanzen statt Tauziehen", können sehr schnell die Grundeinstellung dieses Ansatzes darstellen. Es ist wichtig, eine angemessene Balance zwischen kreativer Einfachheit und Übervereinfachung zu finden.

Einige praktische Gesichtspunkte zum Schulen

Es mag recht schwierig erscheinen, diese Prinzipien im Bewusstsein zu halten, weil es so viel in einer sehr kurzen Zeit zu bedenken gibt. Der erste Impuls ist oft, gleich zur Sache zu kommen! Um diesem Lernbedürfnis zu dienen, machen wir uns im Folgenden einige Gedanken zu den praktischen Aspekten von Schulungen.

Welche Themen sollten bearbeitet werden?

Das erste praktische Thema ist eines, das von Trainern am häufigsten zur Sprache gebracht wird und das wir in diesem Buch nicht beantworten. Es lautet: Was sollte ich in meinem Lehrgang anbieten? Die Antwort ist fast ausschließlich kontextabhängig. Dieser Kontext beinhaltet die Erfahrung des Trainers, das Setting, in dem die Lernenden arbeiten, deren Erfahrungen und Intentionen, die Problematik ihrer Klienten, wie viel Zeit zur Verfügung steht usw.[11] Kreative Vermittlung beinhaltet ein Verständnis der Bedürfnisse der Lernenden und dem Schaffen von Lernmöglichkeiten, diese zu erfüllen.

In diesem Sinne sind Gedanken über den Inhalt nicht immer der beste Ausgangspunkt. Andere Fragen, die aus dem Kontext der Teilnehmer hervorgehen, sind:

Was wollen die Teilnehmer? Auf Grund welcher Erfahrungen sehen sie die motivierende Gesprächsführung als wichtig oder unwichtig für sich an? Wie gehen sie zur Zeit mit diesen Herausforderungen um? Hat man diese Fragen erst einmal beantwortet, ergeben sich die zu behandelnden Themen meist wie von selbst.

---

11 Einige Ressourcen sind bereits von den MI-Trainern entwickelt worden. Siehe *www.motivationalinterview.org* und in der ersten Ausgabe dieses Buches (Anm. d. Übersetzers).

14. LERNEN FÖRDERN

Wie steht es mit den listening-skills?

Emphatisches Zuhören ist ein unabdingbares Basiselement, ohne das die motivierende Gesprächsführung nicht angewendet werden kann. Der essenzielle *spirit* dieses Ansatzes beinhaltet ein Interesse und eine Bereitschaft, der inneren Welt einer Person zuzuhören. Es ist deshalb die wohl wichtigste Aufgabe eines Trainers, das Interesse an diesem Thema zu fördern, zusammen mit der Bereitschaft und der Geduld, wirkliche Kompetenz in reflektierendem Zuhören zu entwickeln.

Einen Fehler, den zu vermeiden wir gelernt haben, ist die Annahme, dass die Teilnehmer schon ausreichende Kompetenz in reflektierendem Zuhören besitzen. Das schließt Psychotherapeuten, Psychologen, Psychiater, Berater, Seelsorger, Sozialarbeiter usw. mit ein. Fragen Sie eine Gruppe dieser Leute, ob sie gute Zuhörer sind, werden sie mit „Ja" antworten und überdies angeben, bereits die Anwendung klientenzentrierter Reflexionen zu beherrschen. Bitten Sie jedoch um eine Demonstration dieser Fertigkeit, werden sie in drei oder vier von fünf Fällen – abhängig von der Gruppe – meist Gesprächshürden, versetzt mit ein paar einfachen Reflexionen vorfinden. Kompetentes reflektierendes Zuhören ist eine Fertigkeit, die wirklich schwer zu beherrschen ist und erheblich mehr Leute glauben, es zu können, als dies tatsächlich zutrifft. Genauso wie andere komplexe Fertigkeiten entwickeln sich emphatische Fertigkeiten kontinuierlich und reifen im Verlauf eines therapeutischen Arbeitslebens. Die Botschaft: Vernachlässigen Sie *listening-skills* nicht, bis Sie ganz sicher sind, dass Ihre Schüler in einem ausreichenden Maß in diesen Fertigkeiten versiert sind.

Hier ist also eine Herausforderung, die Trainer immer wieder vorfinden. Ohne Fertigkeiten in reflektierendem Zuhören können ihre Schüler keine Fortschritte in motivierender Gesprächsführung machen. Es ist natürlich möglich, bestimmte Techniken oder Werkzeuge, wie zum Beispiel die Bereitschaftsskala, zu vermitteln, durch die man die Grundlagen dieses Ansatzes erkennen kann, ohne sich die Zeit für die Entwicklung von klinischen Fertigkeiten zu nehmen. Wenn Sie jedoch versuchen, die Methode der motivierenden Gesprächsführung zu vermitteln, dann ist gutes reflektierendes Zuhören eine Grundvoraussetzung. Häufig werden Sie aber auf Teilnehmer treffen, die an der Wichtigkeit zweifeln, die Zeit mit Zuhören zu verbringen und es eher als „eine grundlegende therapeutische Fertigkeit, die ich schon beherrsche" ansehen. Dies stellt natürlich eine

Konfrontationsfalle dar, in die Sie sehr schnell tappen können, „Nein, Sie wissen wirklich nicht, wie man das tut und Sie müssen es erst einmal lernen".

Zum Glück hat ein Vermittler von MI wahrscheinlich ein gutes Verständnis für die Dynamik von Widerstand sowie die Fähigkeit, ihn aufzulösen. Erkennen Sie an, dass die Teilnehmer tatsächlich schon einiges Geschick in dieser Fertigkeit entwickelt haben. Reflektieren Sie die Bedenken. Bitten Sie die Teilnehmer um eine Beschreibung mit Beispielen, wie sie reflektierendes Zuhören erfolgreich einsetzen, warum es ihnen Spaß macht und besprechen Sie, warum es ein grundlegender Ausgangspunkt für die fortgeschrittenen Fertigkeiten von MI ist. Manchmal konstruieren wir ein imaginäres Maßband entlang der einen Wand des Schulungsraums und bitten die Teilnehmer, sich an verschiedenen Punkten darauf zu stellen, gemäß ihrer Einschätzung, wie gut sie reflektierendes Zuhören schon beherrschen oder wie sehr sie daran interessiert sind, ihre Fertigkeit darin zu verbessern. Dann unterhalten wir uns kurz mit einigen Leuten an diesen Punkten der Skala. Dies sind einfache Beispiele, wie man die gleichen Methoden, die man bei Widerstand von Patienten anwendet, auch im Prozess der Vermittlung dieser Methode kreativ nutzen kann.

Wie wichtig sind Übungen, Rückmeldungen und Rollenspiel?

Ein Schlüssel zum Erlernen der notwendigen Fertigkeiten für einen Einsatz von motivierender Gesprächsführung, wie auch bei fast allen anderen Kommunikations- und komplexen Fertigkeiten, ist das Üben mit Rückmeldung. Rollenspiele werden oft als die elementare Methode zum Üben von Fertigkeiten und zeitnahem Feedback angesehen. Eine große Anzahl kreativer Übungen sind von Trainern entwickelt worden, um dafür zu sorgen, dass dies eine anregende Erfahrung für die Teilnehmer ist. Oft werden auch typische, von Schauspielern dargestellte Patienten in der Schulung von Gesundheitspersonal eingesetzt.

Die Teilnehmer, besonders im Gesundheitswesen, haben oft nicht den gleichen Enthusiasmus für Rollenspiele wie die Trainer. Tatsächlich kann die Reaktion oft an Verachtung grenzen, und man hört Geschichten von schlechten Erfahrungen, die meist das Ergebnis von schlecht vorbereiteten Übungen waren. Unbehagen und Widerstand entstehen oft wegen der „gekünstelten" und „gestellten" Natur dieser Übungen.

Wenn Sie Gruppenteilnehmer fragen, ob sie im Rollenspiel üben wollen, ist die Antwort oft weniger begeistert und die passive Rolle des Zuhörens und Beobachtens von Demonstrationen wird bevorzugt. Wenn Sie diese Passivität jedoch akzeptieren, dann haben Sie ein Publikum an Stelle einer Lernerfahrung.

Wie viele Trainer entdeckt haben, ist es möglich, sogar die härtesten Skeptiker mit unterhaltsamen und interessanten Rollenspielszenarios zu gewinnen. Gibt es unterschiedliche Rollen in einer Übung, zum Beispiel Patient, Therapeut, Zuhörer, dann lassen Sie die Teilnehmer sich die Rolle aussuchen, die ihnen am liebsten ist. Wenn Sie es gestatten oder sogar vorschreiben, dass Fehler gemacht werden, kann das den Druck erheblich abbauen. Eine Demonstration der Übung kann auch die nachfolgende Durchführung fördern.

Abstrakte Prozesse und tägliche Praxis

Weiterbildung wird manchmal als eine Art Urlaub vom Arbeitsleben betrachtet, eine Gelegenheit, um einen Schritt zurückzutreten und darüber nachzudenken, was man tut, und um vielleicht ein flexibleres Repertoire an klinischen Fertigkeiten aufzubauen. Schulungen präsentieren die Prinzipien und Prozesse eines neuen Ansatzes oft in einer abstrakten Form, die von dem Kontext des alltäglichen Einsatzes entfremdet ist. So könnte ein Trainer den Fokus auf die allgemeine Anwendung bestimmter Fertigkeiten, wie zum Beispiel spezielle Aspekte des reflektierenden Zuhörens, legen. Damit werden die alltäglichen klinischen Erfahrungen der Teilnehmer ausgeklammert und es bleibt ihnen überlassen, wie sie die neuen Fertigkeiten in ihren Arbeitsalltag integrieren.

Bei der Vermittlung von Kommunikationsfertigkeiten ist dieser Fokus auf das Abstrakte recht geläufig. In der Grundausbildung macht dies auch Sinn, da die Studenten diese Fertigkeiten lernen müssen, bevor sie in die alltägliche Praxis einsteigen. Beim Vermitteln der motivierenden Gesprächsführung arbeiten wir jedoch meist mit erfahrenen Therapeuten und nicht mit Anfängern. Macht es dann immer noch Sinn, die täglichen Erfahrungen auszuklammern und uns auf eher allgemeine Prinzipien und Methoden der Kommunikation zu fokussieren?

Was geschähe, wenn wir die tägliche Praxis in den Vordergrund rücken, anstatt sie in den Hintergrund zu drängen? In diesem Falle richtete sich der Fokus auf die praktischen Probleme der klinischen Situation und die neue Methode würde in Verbindung mit diesen Situationen eingebracht. Ein Trainer, der den klinischen Alltag in den Vordergrund stellt, kann tatsächliche Fälle heranziehen, Übungen entwerfen, die tatsächliche Herausforderungen ansprechen, Video oder Tonaufnahmen sowie Fallbeschreibungen zu Hilfe nehmen, usw. Sogar tatsächliche Klienten könnten bei der Schulung helfen.

Eine wirksame Vermittlung integriert eine gesunde Balance zwischen diesen beiden Ansätzen. Wenn die Bedürfnisse und die Arbeitsfelder der Teilnehmer sehr unterschiedlich sind, kann es eine große Herausforderung sein, die Schulung an den Arbeitsalltag anzupassen. Wenn man mit den Mitarbeitern einer Institution arbeitet, mag es sinnvoller sein, den Arbeitsalltag in den Vordergrund zustellen. Vor allem bei hausinternen Schulungen haben wir gute Erfahrungen mit dem „kontextbezogenen" Ansatz gemacht, der sich auf die besonderen Herausforderungen eines Settings bezieht. Kommunikationsfertigkeiten und MI-Methoden werden eher im Hintergrund gehalten und nur eingebracht, wenn sie in der Behandlung eines spezifischen Problems hilfreich sein können. Nach unserer Erkenntnis ziehen erfahrene Therapeuten meist diesen Ansatz einem abstrakten Seminar in Kommunikationsfertigkeiten vor.

DAS SCHAFFEN VON LERNMÖGLICHKEITEN

Vielleicht wird es mittlerweile klar, warum wir kein spezifisches Programm, Übungen oder Aufbau für Schulungen beschrieben haben. Das Lernen der motivierenden Gesprächsführung ist ein Prozess, kein Curriculum. Die Inhalte eines Lernprogramms sollten sich am persönlichen und professionellen Kontext der Lernenden orientieren. Hat man erst einmal eine Vorstellung dieses Umfelds, dann kann man eine entsprechende Auswahl von Lernmöglichkeiten aus einer Liste von Optionen zusammenstellen, die Einzel- und/oder Gruppen-Supervision, Fern- und/oder Selbststudium, sowie Seminare, Workshops oder Referate enthalten kann.

Nutzen und Grenzen von Workshops

Obwohl die meisten professionellen Fortbildungen im Rahmen eines Workshops vermittelt werden und ganze Trainingsorganisationen auf diesem Format aufbauen, lässt uns unsere Erfahrung und Forschung in Frage stellen, ob dies wirklich der beste Ansatz für das Lernen ist. Sicherlich ist es manchmal vorteilhaft für Personen, sich aus den Anforderungen des täglichen Arbeitslebens zu entfernen, um einen auswärtigen Workshop zu besuchen. Das kann eine Gelegenheit für Reflexion, das Treffen mit Kollegen, die Beobachtung von anderen und das Besprechen von klinischen Situationen sein, frei von der täglichen Verantwortung und von Ablenkungen. Klinische Herausforderungen und Fertigkeiten in einem anderen Umfeld zu untersuchen beziehungsweise zu üben, hat einen klaren Nutzen. Wer hat schließlich das Autofahren im Stoßverkehr gelernt? Mit Geschick können Workshops so gestaltet werden, dass sie der Alltagspraxis sehr nahe kommen.

Es lohnt sich jedoch, auch die Nachteile dieser Vorgehensweise zu betrachten, nicht um Workshops zu verwerfen, sondern um die Entwicklung zu fördern und zur Teilnahme an zusätzlichen Lernmöglichkeiten zu ermutigen. Das Thema des Losgelöstseins vom Alltag wurde schon erwähnt. Die Einmaligkeit eines Workshops passt nicht sehr gut zu dem, was wir über das Lernen wissen. Eine der ältesten Fragen, die in der Lernpsychologie angesprochen wird, ist der Wert von geballtem Üben (intensiv, alles auf einmal) im Gegensatz zu gestreutem Üben (zeitlich versetzt). Auf sehr vielen Gebieten ist ein verzögertes Üben gewöhnlich viel effektiver im Ausbilden einer Verhaltensänderung, die andauert, während Inhalte, die durch geballte Übung gelernt werden, wie zum Beispiel das Büffeln vor einem Test, sehr oft schnell vergessen werden. Befangenheit ist ein anderes Thema bei Workshops. Wie viele Leute wagen es, ungewohnte Dinge in gestellten Situationen vor ihren Kollegen und Vorgesetzten auszuprobieren? Zum Abschluss soll noch gesagt werden, dass es bei Workshops mit unterschiedlichen Teilnehmern schwierig sein kann, Themen oder Übungen zu finden, die alle ansprechen, da es große Unterschiede gibt, im Niveau der Fertigkeiten, der Art zu Lernen, des Umfelds und der besonderen Interessen, die jemanden zu dem Training geführt haben.

Spezielle und hausinterne Lernmöglichkeiten

Wenn Gärtner, Tennislehrer und Kfz-Mechaniker größtenteils in der tatsächlichen Arbeitssituation ausgebildet werden, warum sollte man Therapeuten nicht in einer ähnlichen Weise schulen? Die Antwort auf diese Frage ist ungeklärt und erfordert sowohl Kreativität, als auch Demut in der Art und Weise, wie wir Lernen fördern. Unsere Vermutung ist, dass die Nähe zur täglichen Arbeitswelt einen ersichtlichen Vorteil haben kann.

Gestellte Klienten

Für Schulungen im Gesundheitswesen ist es geläufig, gestellte Patienten in der einen oder anderen Form einzusetzen. Diese sind ideal geeignet, um den Erwerb von Fertigkeiten in motivierender Gesprächsführung zu fördern. Schauspieler können den gleichen Fall für jedes Mitglied einer Gruppe darstellen und damit eine gemeinsame Erfahrung für eine Besprechung vorbereiten, oder sie können für jeden Einzelnen ein besonderes Szenario darstellen. Bei einem hausinternen Training kann ein gewisses Maß von Intimität hergestellt werden, indem der Schauspieler mit jeder Person einzeln arbeitet. Die Teilnehmer können dann nach bestimmten Erfahrungen und Reaktionen gefragt werden, um sie mit einem Kollegen oder in einer größeren Gruppe zu besprechen. Schauspieler können auch geschult werden, um ein spezifisches Feedback über die motivierende Gesprächsführung zu geben. Überdies verleihen geschulte Schauspieler den Übungen ein gewisses Maß an Realität und die Nachteile, die durch das Rollenspiel mit Kollegen oder Vorgesetzten entstehen können, werden vermieden. Die Interaktionen mit gestellten Patienten können mittels Audio- oder Videobändern aufgezeichnet und dann später vom Lernenden begutachtet werden, alleine oder im Beisein anderer.

Der Gebrauch von gestellten Klienten durch Schauspieler eröffnet die Möglichkeit, die Kompetenz im Gebrauch von MI-Fertigkeiten zu beurteilen. Ist ein Schüler nicht in der Lage, diese Fertigkeiten in einer gestellten Situation anzuwenden, ist es höchst unwahrscheinlich, dass diese Fertigkeiten sich im täglichen Umgang mit tatsächlichen Klienten manifestieren werden. Die Fähigkeit, MI-Fertigkeiten in einer Demonstration kompetent darzustellen, ist jedoch auch keine Garantie dafür, das diese auch effektiv in der täglichen Praxis benutzt werden.

Aufzeichnungen und Transkripte

Wenn es darum geht, das Verhalten eines Menschen in einer klinischen Situation durch Training zu beeinflussen, gibt es dann besseres Informationsmaterial als das Beispiel einer tatsächlichen Interaktion? In manchen Situationen, wie zum Beispiel der Supervision neuer Therapeuten oder in klinischen Prüfungen, werden alle Sitzungen aus Trainings- oder Qualitätsgründen aufgezeichnet, wobei die Therapeuten nicht wissen, welche Bänder überprüft werden. In anderen Fällen werden nur bestimmte Interaktionen oder Sitzungen aufgezeichnet. Wenn der Schüler aussuchen kann, welche Sitzung oder welches Band vorgestellt wird, kann eine Verzerrung in Richtung auf „Bestes Verhalten" auftreten. Manchmal wurden sogar gestellte Patienten zu Therapeuten – ohne deren Wissen – geschickt, um natürliches Verhalten zu bewerten und anschließend Rückmeldungen zu geben.

Wenn man mit Gruppen arbeitet, können Aufzeichnungen von Sitzungen oder Transkripte eine ausgiebige Grundlage für das Lernen sein, egal ob sie von tatsächlichen oder gestellten Patienten stammen. Teilnehmer können gebeten werden, diese mitzubringen, um sie dann in verschiedenen Weisen einzusetzen, so zum Beispiel für private Beobachtungen und Reflexion, die Besprechung mit einem Kollegen, eine Analyse der Kommunikationsfertigkeiten usw. Hausinterne Schulungen können auf diesen Aufzeichnungen aufgebaut werden. Wenn beispielsweise alle Teilnehmer den gleichen gestellten Patienten ein oder zwei Tage vor einem Seminar sehen, könnten sie ihre eigenen Bänder oder Transkripte vor dem Training begutachten, so dass alle ihre Erfahrungen vergleichen und besprechen können. Dies sorgt für eine aktuelle, gemeinsame Erfahrung aller Teilnehmer, die dann untersucht werden kann.

Es ist natürlich eine interessante Frage, ob der Trainer diese Bänder oder Transkripte bewerten soll, was natürlich eine starke Versuchung in Anbetracht derart vorzüglichen Rohmaterials darstellt. Nach unserer Erfahrung ist es gewöhnlich besser, den Teilnehmern Zeit zu geben, darüber nachzudenken oder sogar aufzuschreiben, was ihnen gefallen hat und was sie ändern möchten, bevor jemand anderes, wie etwa ein Trainer oder Supervisor, Bemerkungen dazu macht. Die Bemerkungen eines „Experten" können tatsächlich einer viel eindrücklicheren Erfahrung im Wege stehen: sein eigenes therapeutisches Verhalten zu betrachten. Wir haben eine beachtliche Veränderung im Interesse und der Neugierde an einem Thema sowie der Bereitschaft, etwas zu ändern, bei Therapeuten beobachten können, die diese Art einer persönlichen Bewertung ihrer Arbeit erfahren haben. Wir konnten auch feststellen, dass Lernende, die ihre eigene Arbeit beobachten, häufig die gleichen Punkte ansprechen, die uns auch aufgefallen sind.

Ist es durchführbar, Aufzeichnungen von Sitzungen vor einem Training zu erhalten, kann dies auch eine Möglichkeit sein, die Fertigkeiten der Therapeuten zu erfassen. Die meisten Leute sind damit einverstanden, wenn die Trainer Transkripte analysieren und sie mit der Gruppe besprechen. Beispiele von besonders geschickten Interaktionen von Kollegen können eine gute Lernquelle sein.

Austausch mit Kollegen

Ein Nachteil eines externen Trainers ist, dass er „außen" steht. Der Prozess des Lernens der motivierenden Gesprächsführung findet nicht plötzlich statt, als Folge einer Trainingseinheit, sondern eher über einen Zeitraum, mit Übungen, Rückmeldungen und Ermutigungen. Das ist einer der Gründe, weshalb Institutionen empfehlen, nicht nur einen Therapeuten zu einer Schulung zu schicken, sondern mindestens zwei Leute oder einen Trainer in ihre Abteilung zu holen und mit mehreren Mitarbeitern zu arbeiten. Dann können diejenigen, die diesen Ansatz lernen wollen, miteinander verschiedene Austausch- oder Supervisionsformate entwickeln, um voneinander zu lernen und sich gegenseitig zu unterstützen und zu ermutigen, zum Beispiel beim Durchsprechen von Fällen, Betrachten von Aufzeichnungen und Üben von Fertigkeiten. Ein Trainer kann in diesen Prozess durch gelegentliche Besuche oder das Betrachten und Kommentieren von Fallbeispielen involviert sein. Der Hauptanteil des Lernens geschieht jedoch im Kontext der Zusammenarbeit der Lernenden.

SCHULUNGEN EVALUIEREN

Falls es scheint, dass wir in diesem Kapitel Schulungen etwas allgemein diskutiert haben, liegt das daran, dass die Forschungsbasis für Schulungen erheblich dünner ist als für die Arbeit mit Klienten. Tatsächlich glauben wir, dass viel zu wenig Aufmerksamkeit auf den Prozess gerichtet ist, wie Therapeuten ihr Geschick in Psychotherapie entwickeln. Wir würden nicht erwarten, dass Patienten ihr Verhalten auf Dauer dadurch ändern, dass sie einen eintägigen Workshop besuchen. Jedoch ist dies die Methode, die am häufigsten eingesetzt wird, um Fortbildungen in klinischer Arbeit zu erreichen.

Wenn wir mit unseren Annahmen über die Wirkungsweise von motivierender Gesprächsführung richtig liegen, beinhaltet sie die kunstvolle Anwendung von reflektierendem Zuhören, das Wahrnehmen und Eingehen auf subtile Veränderungen in der Spannung und das gezielte Hervorrufen und Verstärken bestimmter Sprechweisen der Patienten. Daraus folgt, dass die Kunstfertigkeit derer, die eine solche Therapie anwenden, für ihren Erfolg unabdingbar ist. Ein Nachteil von Forschungsstudien besteht darin, dass sie selten Instrumente zur Bewertung und Qualitätssicherung der von ihnen untersuchten MI-Interventionen einsetzen. Die Ergebnisse von Klienten können sich signifikant unterscheiden, abhängig von dem Niveau der Fertigkeiten des behandelnden Therapeuten.

Mit der Entwicklung besserer Instrumente zum Messen des Erwerbs und der Anwendung von MI-Fertigkeiten, wird es Zeit, die Wirksamkeit des Trainings mit der gleichen Sorgfalt zu untersuchen, die bei der Bewertung von Therapieerfolgen angewandt wird. Im Endeffekt hängt der Erfolg dieses – oder auch jedes anderen – Therapieansatzes davon ab, inwieweit Therapeuten fähig sind, ihn zu lernen und anzuwenden. Die Personen, die für die Bereitstellung und Durchführung von Weiterbildungen für Mitarbeiter zuständig sind, sollten in der Lage sein, festzustellen, ob die Mitarbeiter die gewünschten Fertigkeiten erlangt haben und ob weiteres Training notwendig oder wünschenswert ist. Dies wiederum verlangt ein besseres Verständnis dafür, was notwendig ist, um gute Lernerfahrungen zu entwickeln, die einen kompetenten Einsatz in der Praxis sicherstellen sowie zusätzlicher Angebote, wenn sie es nicht tun. Zu untersuchen, was eine effektive Schulung ausmacht, würde nicht nur die Bewertung von Therapieergebnissen optimieren, sondern auch Trainern helfen, die Bedürfnisse ihrer Schulungsteilnehmer besser anzusprechen.

VERÄNDERUNG DER KULTUR

Wer Personen behandelt, deren Gesundheitsprobleme mit ihrem Verhalten in Beziehung stehen, weiß, dass es nicht nur wichtig ist, die Person zu verstehen und anzusprechen, sondern auch das soziale Umfeld,

in dem sie lebt. Das Gleiche gilt für das Vermitteln von MI. Hier vier Beispiele:
Einige Bewährungshelfer waren frustriert darüber, dass ihre Anstrengungen, ihren Klienten zu helfen, eine sicherere und weniger zerstörerische Lebensführung anzunehmen, durch das Bewährungssystem selbst untergraben wurde, da es Misstrauen zwischen ihnen und den Klienten erzeugte. Eine von ihnen las über motivierende Gesprächsführung und entschied sich, zu versuchen, ihre Sitzungen mit Klienten neu zu gestalten. Sie besuchte einen zweitägigen Workshop. Für einige Monate kämpfte sie mit ihrem Vorgesetzten und in ihrer Arbeitspraxis, um die Rollen von Berater und Bewährungshelfer zu integrieren. Trotzdem berichtete sie, dass sie gute Fortschritte gemacht hatte durch den Gebrauch von „aufmerksamem Zuhören und bewusst gewählten Reflexionen". Der Weiterbildungsbeauftragte nahm Notiz von ihrer Arbeit und ermutigte weitere Mitarbeiter, eine Ausbildung wahrzunehmen. Einige dieser Kollegen kamen zurück zu ihrem Job und waren nicht davon überzeugt, dass sie diesen Ansatz in ihre Arbeit integrieren könnten. Eine kleine Gruppe jedoch initiierte eine Supervisionsgruppe und lud später sogar einen ehemaligen Klienten zu diesen Sitzungen ein, um mit ihm über bessere Wege zu diskutieren, ihren Klienten zu helfen.
Die Leiterin einer Psychosozialen Beratungsstelle las über motivierende Gesprächsführung, besuchte einen Workshop und begann, ihre Mitarbeiter mit Hilfe von Büchern und individueller Supervision zu schulen. Dies führte dazu, dass sie eine Ausbildung für Trainer besuchte und intensivere Workshops für ihre Mitarbeiter durchführte. Im Verlauf der nächsten fünf Jahre besuchten auch andere Mitarbeiter des therapeutischen Teams die Trainerausbildung und begannen, Mitarbeiter anderer Beratungsstellen auszubilden. Die Kultur der Beratungsstelle änderte sich dementsprechend von einer eher locker strukturierten und eklektischen Organisation zu einer, in der MI die gemeinsame Grundlage für Interventionen wurde, verbunden mit anderen Ansätzen wie Paartherapie und kognitiver Verhaltenstherapie. Mit gegenseitiger Unterstützung und Zusammenarbeit begann das Team, regelmäßige Schulungen im ganzen Land durchzuführen und wurde zudem eine Forschungsstelle für die Wirksamkeit von MI und anderen Ansätzen.
Die Mitarbeiter einer Spezialklinik für Jugendliche mit insulinabhängiger Diabetes hatten sich einen Expertenstatus in der Behandlung von Jugendlichen erarbeitet. Trotzdem hielten sich die Patienten oft nicht an

die recht aufwändigen Behandlungsvorgaben, wie zum Beispiel das genaue Überwachen von Ernährung und Injektionen, die für ein Management ihrer schweren Krankheit notwendig sind. Eine Bearbeitung ihrer Transkripte zeigte, dass die Mitarbeiter sehr gut darin waren, Konflikte und schwierige Probleme in den Gesprächen zu vermeiden, sie fühlten sich jedoch unfähig, Fortschritte mit ihren jungen Patienten zu erzielen. Drei Mitarbeiter, ein Arzt, eine Schwester und eine Psychologin, wurden ermutigt, MI zu lernen. Basierend auf Gesprächen mit Mitarbeitern und Patienten, führten sie eine kleine Studie durch, um zu sehen, wie man motivierende Gesprächsführung am besten in ihren Arbeitsalltag integrieren könnte. Sie analysierten Transkripte der Beratungsgespräche. Jeder neue Patient erhielt eine „Bezugperson", die motivierende Gesprächsführung gleich vom ersten Besuch an einsetzte. Auf diese Weise erfuhren sie, dass weniger Patienten sich im Verlauf der Zeit von der Einrichtung entfernten und dass die Compliance mit den Behandlungsvorschriften anstieg.

Eine Drogenberatungsstelle hatte ein bekanntes Problem: viele Personen, die zu einem Erstgespräch erschienen, kamen nie wieder zurück. Einige der Mitarbeiter hatten eine hausinterne Schulung in motivierender Gesprächsführung erhalten. Sie kamen zu dem Schluss, dass ihr Aufnahmesystem die Anwendung von MI erschwerte. Die Klienten begannen um 7:00 Uhr morgens in der Schlange zu stehen bis die Tür um 8:00 Uhr öffnete, damit sie sich für eine begrenzte Anzahl von Aufnahmegesprächen für den Tag eintragen konnten. Die Übrigen sollten am nächsten Tag wiederzukommen, was viele natürlich nicht taten. Weiterhin verlangte die normale Aufnahme ein Ausfüllen von Formularen, das mindestens zwei Stunden dauerte und von drei verschiedenen Mitarbeitern durchgeführt wurde, bevor ein Termin für eine erste Sitzung mit einem Therapeuten festgelegt wurde, der oft erst zwei bis drei Wochen später war. Viele potenzielle Klienten verschwanden im Verlauf dieses Papierkrieges und selbst unter denen, die diese ganze Phase hinter sich brachten, erschienen viele nicht mehr zu ihrem ersten Beratungsgespräch. Die Therapeuten waren natürlich frustriert mit der langen Verzögerung, bevor sie die Klienten sehen konnten sowie der sehr hohen Ausfallrate. Im Verlauf von sechs Monaten wurde das Aufnahmesystem geändert. Ein angenehmer Warteraum wurde eingerichtet und anstatt jeden Morgen zu einer bestimmten Zeit erscheinen zu müssen, wurden Möglichkeiten für direkte Gespräche entwickelt. Diese Aufnahmegespräche wurden von MI-geschulten Therapeuten durchgeführt. Die Mitarbeiter entschieden, welche Formulare unbedingt beim Erstgespräch ausgefüllt werden mussten, was nur noch 20 Minuten in Anspruch nahm und erst nach dem Gespräch erfolgte. Wenn Patienten zu dieser Einrichtung kamen, sprachen sie nun zuerst mit einem Therapeuten, der ihnen für etwa eine halbe Stunde zuhörte, um ihre Probleme zu verstehen, über ihre Bedürfnisse informiert zu werden und ihre Motivation, etwas zu ändern, verstärken konnte, bevor sie sich überhaupt mit den Formularen herumschlagen mussten. Die Anzahl der Patienten, die die Aufnahme beendeten und eine Therapie begannen, wurde erhöht, Ausfälle wurden verringert und die Warteliste erübrigte sich. Dies verringerte den Arbeitsfrust so weit, dass auch die anderen Mitarbeiter Interesse entwickelten, in motivierender Gesprächsführung geschult zu werden.

Was diese vier Beispiele aus der Praxis gemeinsam haben, ist, dass neben dem Training in bestimmten Fertigkeiten noch etwas Zusätzliches geschah. Diejenigen, die MI gelernt hatten, erkannten, dass auch eine Änderung in der Art und Weise, wie die Dienste ihrer Einrichtung angeboten wurden, erfolgen musste und ergriffen wirksame Schritte, dies umzusetzen.

Es ist schön und gut für einzelne Therapeuten, zu lernen, wie man Empathie ausdrückt, Diskrepanzen entwickelt, mit Widerstand umgeht und Selbstwirksamkeit fördert. Man befindet sich jedoch oft in einer Situation, in der Mitarbeiter, Elemente des Behandlungskonzepts oder das Selbstverständnis der Einrichtung die praktische Anwendung der motivierenden Gesprächsführung schwierig machen oder sogar dagegen arbeiten. Eine solche Situation präsentiert eine systemische Herausforderung: wie kann man allmählich das ganze Selbstverständnis, die Kultur der Einrichtung ändern, so dass Klienten konsequent vom ganzen System, das heißt allen Mitarbeitern, Therapeuten, Ärzten, Bürokräften, Verwaltung usw. mit Respekt und Verständnis behandelt werden, dass man ihnen zuhört, sie ermutigt und befähigt, ihre eigenen Ressourcen in Richtung einer Veränderung einzusetzen.

Wir haben unsere Diskussion der motivierenden Gesprächsführung mit einer Erklärung und Betonung der grundlegenden Geisteshaltung der Methode angefangen. Diese fördernde Grundhaltung kann nicht nur Einzelpersonen, die diese Methode anwenden, auszeichnen, sondern auch die Systeme, in denen sie arbeiten. Weise Therapeuten wenden ihre Aufmerksamkeit nicht nur dem Klienten, der in ihrem Gesprächszimmer sitzt, zu, sondern auch der sozialen Umwelt der Person, da sie einen wichtigen Einfluss auf den Erfolg und die Aufrechterhaltung einer Veränderung nimmt. In ähnlicher Weise sollten diejenigen, die anderen helfen wollen, motivierende Gesprächsführung zu lernen, sowohl die Fertigkeiten des Lernenden ansprechen als auch das Umfeld mit einbeziehen, in dem diese Fertigkeiten angewendet werden sollen.

Literatur[12]

Amrhein, P.C. (1992). The comprehension of quasi-performative verbs in verbal commitments: New evidence for componential theories of lexical meaning. Journal of Memory and Language, 31, 756-784.

Aubrey, L.L. (1998). Motivational interviewing with adolescents presenting for outpatient substance abuse treatment. Doctoral dissertation, University of New Mexico.

Bem, D.J. (1967). Self-perception: An alternative interpretation of cognitive dissonance phenomena. Psychological Review, 74, 183-200.

Bien, T.H., Miller, W.R., & Boroughs, J.M. (1993). Motivational interviewing with alcohol outpatients. Behavioural and Cognitive Psychotherapy, 21, 347-356.

Bien, T.H., Miller, W.R., & Tonigan, J.S. (1993). Brief interventions for alcohol problems: A review. Addiction, 88, 315-336.

Brehm, S.S., & Brehm, J.W. (1981). Psychological reactance: A theory of freedom and control. New York: Academic Press.

Brown, J.M.(1998). Self-regulation and the addictive behaviors. In W.R. Miller & N. Heather (Eds.), Treating addictive behaviors (2nd ed., pp. 61-73). New York: Plenum Press.

Brown, J.M., & Miller, W.R. (1993). Impact of motivational interviewing an participation and outcome in residential alcoholism treatment. Psychology of Addictive Behaviors, 7, 211-218.

Chamberlain, P., Patterson, G., Reid, J., Kavanagh, K., & Forgatch, M. (1984). Observation of client resistance. Behavior Therapy, 15, 144-155.

Frank, J.D., & Frank, J.B. (1991). Persuasion and healing: A comparative study of psychotherapy (3rd ed.). Baltimore: Johns Hopkins University Press.

Fromm, E. (1956). The art of loving. New York: Harper & Row.

Glasgow, R.E., & Rosen, G.M. (1978). Behavioral bibliotherapy: A review of self-help behavior therapy manuals. Psychological Bulletin, 85, 1-23.

Gordon, T. (1970). Parent effectiveness training. New York: Wyden.

Gould, R.A., & Clum, G.A. (1993). A meta-analysis of self-help treatment approaches. Clinical Psychology Review, 13, 169-186.

Handmaker, N.S., Miller, W.R., & Manicke, M. (1999). Findings of a pilot study of motivational interviewing with pregnant drinkers. Journal of Studies an Alcohol, 60, 285-287.

---

12 Die Literaturliste ist gekürzt. Das vollständige LIteraturverzeichnis der Originalausgabe von *Motivational Interviewing* kann auf der Website des Verlags unter www.lambertus.de eingesehen werden.

Harris, K.B., & Miller, W.R. (1990). Behavioral self-control training for problem drinkers: Components of efficacy. Psychology of Addictive Behaviors, 4, 82-90.
Hughes, R. (1987). The fatal shore: The epic of Australia's founding. New York: Knopf.
Janis, I.L., & Mann, L. (1977). Decision-making: A psychological analysis of conflict, choice, and commitment. New York: Free Press.
Johnson, V.E. (1986). Intervention: How to help those who don't want help. Minneapolis, MN: Johnson Institute.
Jones, R.A. (1977). Self-fulfilling prophecies: Social, psychological and physiological effects of expectancies. Hillsdale, NJ: Erlbaum.
Kanfer, F.H. (1986). Implications of a self-regulation model of therapy for treatment of addictive behaviors. In W. R. Miller & N. Heather (Eds.), Treating addictive behaviors (pp. 29-47). New York: Plenum Press.
Leake, G.J., & King, A.S. (1977). Effect of counselor expectations an alcoholic recovery. Alcohol Health and Research World, 11(3), 16-22.
Luborsky, L., McLellan, A.T., Woody, G.E., O'Brien, C.P., & Auerbach, A. (1985). Therapist success and its determinants. Archives of General Psychiatry, 42, 602-611.
Manohar, V. (1973). Training volunteers as alcoholism treatment counselors. Quarterly Journal of Studies an Alcohol, 34, 869-877.
Miller, W.R. (1983). Motivational interviewing with problem drinkers. Behavioural Psychotherapy, 11, 147-172.
Miller, W.R. (1985). Living as if: How positive faith can change your life. Philadelphia: Westminster Press.
Miller, W.R. (1994). Motivational interviewing: III. On the ethics of motivational intervention. Behavioural and Cognitive Psychotherapy, 22, 111-123.
Miller, W.R. (Ed.). (1999a). Enhancing motivation for change in substance abuse treatment (Treatment Improvement Protocol [TIP] Series No. 35). Rockville, MD: Center for Substance Abuse Treatment.
Miller, W.R. (2000). Rediscovering fire: Small interventions, large effects. Psychology of Addictive Behaviors, 14, 6-18.
Miller, W.R. (Ed.). (in press). Project COMBINE Combined Behavioral Intervention: Therapist manual. Rockville, MD: National Institute an Alcohol Abuse and Alcoholism.
Miller, W.R., & Baca, L.M. (1983). Two-year follow-up of bibliotherapy and therapist-directed controlled drinking training for problem drinkers. Behavior Therapy, 14, 441-448.
Miller, W.R., Benefield, R.G., & Tonigan, J.S. (1993). Enhancing motivation for change in problem drinking: A controlled comparison of two therapist styles. Journal of Consulting and Clinical Psychology, 61(3), 455-461.
Miller, W.R., & Brown, J.M. (1991). Self-regulation as a conceptual basis for the prevention and treatment of addictive behaviours. In N. Heather, W.R.

Miller, & J. Greeley (Eds.), Self-control and the addictive behaviours (pp. 3-79). Sydney: Maxwell Macmillan Publishing Australia.

Miller, W.R., & C'de Baca, J. (2001). Quantum change: When epiphanies and sudden insights transform ordinary lives. New York: Guilford Press.

Miller, W., & Mount, K. (2001). A small study of training in motivational interviewing: Does one workshop change clinician and client behavior? Behavioural and Cognitive Psychotherapy, 29, 457-471.

Miller, W.R., Taylor, C.A., & West, J.C. (1980). Focused versus broad spectrum behavior therapy for problem drinkers. Journal of Consulting and Clinical Psychology, 48, 590-601.

Miller, W.R., Zweben, A., DiClemente, C.C., & Rychtarik, R., (1992). Motivational enhancement therapy manual: A clinical research guide for therapists treating individuals with alcohol abuse and dependence (Project MATCH Monograph Series, Vol. 2). Rockville, MD: National Institute an Alcohol Abuse and Alcoholism.

Parker, M.W., Winstead, D. K., & Willi, F.J.P. (1979). Patient autonomy in alcohol rehabilitation: I. Literature review. International Journal of the Addictions, 14, 1015-1022.

Patterson, G.R., & Forgatch, M.S. (1985). Therapist behavior as a determinent for client noncompliance: A paradox for the behavior modifier. Journal of Consulting and Clinical Psychology, 53, 846-851.

Premack, D. (1970). Mechanisms of self-control. In W. A. Hunt (Ed.), Learning mechanisms in smoking (pp. 107-123). Chicago: Aldine.

Project MATCH Research Group. (1997a). Matching alcoholism treatments to client heterogeneity: Project MATCH posttreatment drinking outcomes. Journal of Studies an Alcohol, 58, 7-29.

Project MATCH Research Group. (1997b). Project MATCH secondary a priori hypotheses. Addiction, 92, 1671-1698.

Roberts, M. (1997). The man who listens to horses. New York: Random House.

Roffman, R. (2000). The Teen Marijuana Check-up. Grant proposal submitted to the National Institute an Drug Abuse.

Rogers, C.R. (1959). A theory of therapy, personality, and interpersonal relationships as developed in the client-centered framework. In S. Koch (Ed.), Psychology: The study of a science: Vol. 3. Formulations of the Person and the social contexts (pp. 184-256). New York: McGraw-Hill.

Rogers, E.M. (1995). Diffusion of innovations (4th ed.). New York: Free Press.

Rokeach, M. (1973). The nature of human values. New York: Free Press.

Rollnick, S., Butler, C.C., & Stott, N. (1997). Helping smokers make decisions: The enhancement of brief intervention for general medical practice. Patient Education and Counseling, 31(3), 191-203.

Rollnick, S., Kinnersley, P., & Butler, C. (2001). Context-bound communication skills training: Development of the SPICE training method. Manuscript submitted for publication.

Rollnick, S. Mason, P., & Butler, C. (1999). Health behavior change: A guide for practitioners. London: Churchill Livingstone.

Rollnick, S., & Miller, W.R. (1995). What is motivational interviewing? Behavioural and Cognitive Psychotherapy, 23(4), 325-334.

Rubino, G., Barker, C., Roth, T., & Fearon, P. (2000). Therapist empathy and depth of interpretation in response to potential alliance ruptures: The role of therapist and patient attachment styles. Psychotherapy Research, 10, 408-420.

Saunders, B., Wilkinson, C., & Allsop, S. (1991). Motivational intervention with heroin users attending a methadone clinic. In W. R. Miller & S. Rollnick, Motivational interviewing: Preparing people to change addictive behavior (pp. 279-292). New York: Guilford Press.

Saunders, B., Wilkinson, C., & Phillips, M. (1995). The impact of a brief motivational Intervention with opiate users attending a methadone programme. Addiction, 90, 415-424.

Schmidt, M.M., & Miller, W.R. (1983). Amount of therapist contact and outcome in a multidimensional depression treatment program. Acta Psychiatrica Scandinavica, 67, 319-332.

Shapiro, A.K. (1971). Placebo effects in medicine, psychotherapy, and psychoanalysis. In A.E. Bergin & S.L. Garfield (Eds.), Handbook of psychotherapy and behavior change: An empirical analysis (pp. 439-473). New York: Wiley.

Smart, R.G. (1974). Employed alcoholics treated voluntarily and under constructive coercion: A follow-up study. Quarterly Journal of Studies an Alcohol, 35, 196-209.

Smith, D.E., Heckemeyer, C.M., Kratt, P.P., & Mason, D.A. (1997). Motivational interviewing to improve adherence to a behavioral weight-control program for older obese women with NIDDM: A pilot study. Diabetes Care, 20(1), 53-54.

Sobell, M.B., & Sobell, L.C. (1993). Problem drinkers. New York: Guilford Press.

Trice, H.M., & Beyer, J.M. (1983). Social control in worksettings: Using the constructive confrontation strategy with problem-drinking employees. In D.A. Ward (Ed.), Alcoholism: Introduction to theory and treatment (Rev. ed., pp. 314-339). Dubuque, IA: Kendall/Hunt.

Trigwell, P., Grant, P.J., & House, A. (1997). Motivation and glycemic control in diabetes mellitus. Journal of Psychosomatic Research, 43, 307-315.

Truax, C.B., & Carkhuff, R.R. (1967). Toward effective counseling and psychotherapy. Chicago: Aldine.

Truax, C.B., & Mitchell, K.M. (1971). Research an certain therapist interpersonal skills in relation to process and outcome. In A. E. Bergin & S. L. Garfield (Eds.), Handbook of psychotherapy and behavior change: An empirical analysis (pp. 299-344). New York: Wiley.

Valle, S.K. (1981). Interpersonal functioning of alcoholism counselors and treatment outcome. Journal of Studies an Alcohol, 42, 783-790.

Yahne, C.E., & Miller, W.R. (1999). Evoking hope. In W.R. Miller (Ed.), Integrating spirituality into treatment: Resources for practitioners (pp. 217-233). Washington, DC: American Psychological Association.

Yates, F. (1984). Does treatment work? Yes, but not the way we plan it. In N. Heather, 1.
Robertson, & P. Davies (Eds.), Alcohol misuse: Three crucial questions (pp. 148-157). London: Methuen.

Die Autoren

William R. Miller, PhD, is Distinguished Professor of Psychology and Psychiatry at the University of New Mexico, where he is also Codirector of the Center on Alcoholism, Substance Abuse, and Addictions.

Stephen Rollnick, PhD, is on the faculty in the Department of General Practice at the University of Wales College of Medicine. He has also worked for many years as a clinical Psychologist in the British National Health Service.

Der Übersetzer

Rigo Brueck, M.A., absolvierte sein Psychologiestudium in den USA, wo er 23 Jahre lebte und unter anderem an der University of New Mexico in Bill Miller's Center on Alcoholism, Substance Abuse, and Addictions (CASAA) im Qualitätsmanagement des Project COMBINE tätig war.

Derzeit ist er Leitender Psychologe im Bereich „Sucht" am Uniklinikum Freiburg, Abteilung für Psychiatrie und Psychotherapie. Hier betreut er eine BMBF-geförderte multi-zentrische Studie zur Prüfung der Wirksamkeit einer neuen ambulanten alkoholismusspezifischen Psychotherapie (ASP), die in den USA unter der Leitung von Bill Miller eigens für das Project COMBINE des National Institute on Alcohol Abuse and Alcoholism (NIAAA) entwickelt wurde.